U0909670

我国长期照护人力资源问题研究

廖少宏　宋春玲／著

人民日报出版社
北京

图书在版编目（CIP）数据

我国长期照护人力资源问题研究 / 廖少宏，宋春玲著. -- 北京：人民日报出版社，2024. 10.
-- ISBN 978-7-5115-8481-6

Ⅰ. D669.6

中国国家版本馆 CIP 数据核字第 20240FU528 号

书　　名：我国长期照护人力资源问题研究
WOGUO CHANGQI ZHAOHU RENLI ZIYUAN WENTI YANJIU
著　　者：廖少宏　宋春玲

出 版 人：刘华新
责任编辑：万方正
装帧设计：新成博创 XIN CHENG BO CHUANG

出版发行：人民日报出版社
社　　址：北京金台西路 2 号
邮政编码：100733
发行热线：（010）65369509　65369527　65369846　65363528
邮购热线：（010）65363531　65363527
编辑热线：（010）65369521
网　　址：www.peopledailypress.com
经　　销：新华书店
印　　刷：北京鑫瑞兴印刷有限公司

开　　本：710mm × 1000mm　1/16
字　　数：300 千字
印　　张：18.25
版次印次：2025 年 4 月第 1 版　2025 年 4 月第 1 次印刷

书　　号：ISBN 978-7-5115-8481-6
定　　价：58.00 元

目　录

CONTENTS

第一章 研究概述

一、引言

目前，我国人口老龄化趋势日益显著，第七次全国人口普查数据显示，65 岁以上的人口占总人口的比例达到 13.50%，比第六次人口普查 8.87% 比例增长了 4.63%，达到 1.906 亿人，比第六次人口普查的 1.188 亿人增长了 7180 万人[①]。我国人口老龄化与高龄化促使失能老人数量迅速增长。根据中国老龄科学研究中心发布的《中国老龄产业发展报告（2021—2022）》显示，截至 2022 年年末，我国 60 岁及以上老年人达到 2.8 亿人，其中大约 4400 万人处于失能、半失能状态，需要他人照料。家庭规模小型化与子女数量减少使家庭照护可获得性逐步下降，这会引发对长期照护服务的大量需求，导致人力资源的需求急剧增加。虽然现代照护服务效率持续提高，各种新型智能化技术快速发展，但未来不断减少的劳动年龄人口及较弱的行业吸引力会导致长期照护人力资源的短缺。从发达国家现有情况来看，长期照护人力资源的短缺问题是一个持续多年、但仍未有效解决并且长期困扰社会公众的社会问题。因此，在我国如何提供充足人力资源以满足日益增长的长期照护需求，促进老年服务体系不断完善，无疑向现有长期照护人力资源政策提出了极大的挑战。

---

① 参见国家统计局：《第七次全国人口普查公报（第五号）》，http://www.stats.gov.cn/sj/tjgb/rkpcgb/qgrkpcgb/202302/t20230206_1902005.html。

二、研究目的与意义

由于发达国家普遍进入老龄化社会较早，对于长期照护人力资源需求及相关人力资源的供给政策问题的探讨一直在持续。目前，我国积极应对人口老龄化正成为国家战略，长期照护人力资源问题也逐渐成为学术界和政策制定者关注的焦点。长期照护人力资源的需求与供给政策研究不仅涉及老年人的生活质量和健康保障，也关乎经济社会的可持续发展。

国内外对长期照护人力资源的研究，主要包括人力资源需求与供给两方面。

（一）长期照护人力资源需求研究

国外研究一般通过收集失能发生率、个体特征以及居住安排等数据预测失能老人数量及照护需求，并进一步考察影响需求变动的可能因素，以此预测人力资源需求。国内研究侧重于分析失能老人数量和变动趋势及区域层面、个体层面失能老人的照护需求。

（二）长期照护人力资源的供给及其政策研究

主要集中在以下三方面。（1）研究人力资源供给趋势及其影响因素。一般以现有人力资源供给状况为基础，结合长期照护人力资源流入（培训教育、移民与重新进入）与流出（退休、死亡和临时退出）的影响因素及特定年龄/性别群体的参与状况，预测未来人力资源供给。（2）研究宏观层面长期照护人力资源供给政策。涉及职业资格认证制度、教育培训、服务递送组织整合、非正式照护人员激励等方面政策及效果评估。（3）研究微观层面长期照护人力资源建设状况。多采用实地调查研究的方法，从人力资源配备及素质状况、工作满意度、工作压力与离职倾向、激励与团队合作及绩效评估等方面进行研究。我国有学者还借鉴国外长期照护体系的经验，指出我国人力资源建设方面存在的问题并提出相应的政策建议。

从西方国家的研究来看，对长期照护人力资源需求与供给的研究已经覆盖理论预测与政策操作层面，目前研究重点是对相关政策的评估与反思，而我国由于长期照护服务体系尚处于起步阶段，尚不完善，大部分研究仅仅关注到长期照护需求趋势与现有人力资源供给存在的问题，从宏观层面根据长期照护需求的变动预测人力资源需求的研究还比较少。另外，从政策层面与实践层面探讨长期照护人才培育的研究较多，结合工业化国家长期照护人力资源政策对我国现有政策进行反思，并提出更具针对性建议的研究相对较少。

正因为如此，从微观层面解决人力资源供给问题的政策建议相对零散，可操作性不强。因此，还需要系统、定量地分析人力资源供给状况及未来供给趋势，探寻人力资源需求与供给存在的差距及其影响因素，制定长期照护人力资源供给规划并出台相关政策，以满足长期照护人力资源阶段性需求。本书将在宏观人力资源需求预测与供给政策两方面进行积极探索，这对于政府制定合适的政策及相关措施，以满足未来日益增长的老年长期照护需求具有重要的意义。

具体而言，研究目的与意义可以概括为以下四方面。

1. 应对人口老龄化挑战，提高老年人生活质量

通过研究我国老年失能流行率估计及变动趋势，准确把握失能老年人口的现状和未来发展趋势。这不仅有助于政府和社会各界提前做好应对准备，也为相关政策的制定提供参考。同时，对失能老年人口及其照料时间的预测，可以更精确地评估长期照护服务的需求量，为资源配置和服务体系建设提供科学依据。

通过对老年长期照护人力资源需求进行预测，可以帮助政府和相关机构提前做好人才培养和引进计划，避免人力资源供需失衡。通过合理的政策措施和资源配置，促使不同收入水平、不同地区的老年人获得适当的长期照护服务，从而提高老年人整体生活质量，促进社会公平正义。

2. 优化长期照护服务体系，提高照护质量

研究长期照护人力资源需求与供给状况，优化长期照护服务体系，提高长期照护服务质量。这包括正式和非正式两方面的照护。

在正式照护方面，研究老年护理职业选择意愿可以帮助我们了解影响护理人员职业选择的关键因素，从而有助于制定更有针对性的政策措施，吸引和留住优秀的护理人才。同时，通过研究西方工业化国家的相关政策和措施，可以借鉴国际先进经验，制定符合我国国情的长期照护服务标准，推动长期照护服务的标准化和专业化。这不仅有利于提高护理人员的专业水平，也能促进长期照护服务质量的整体提升。

在非正式照护方面，研究非正式照料者照料供给影响因素，更好地理解和支持家庭照护者的需求。这不仅有利于提高非正式照料的质量，也能为制定相关支持政策提供依据。通过建立健全的长期照护服务体系，可以为家庭提供必要的支持和补充，从而减少因照料压力而产生的家庭矛盾和社会问题。

3. 完善长期照护政策体系，促进社会和谐发展

研究长期照护人力资源供给政策，其重要意义在于完善我国长期照护政策体系，促进社会和谐发展。通过系统研究我国老年长期照护人力资源供给政策和家庭照护者相关支持政策，可以发现现有政策中的不足，提出改进建议，从而构建更加公平、可持续的长期照护服务体系。

本书研究结论可以帮助政府制定更加科学合理的政策措施，包括人才培养政策、就业支持政策、薪酬激励政策等，以吸引更多人才进入长期照护行业。同时，通过研究家庭照护者支持政策，可以帮助减轻家庭照护者的负担，提高其生活质量，维护家庭和谐。

此外，完善的长期照护政策体系还可以推动长期照护产业的发展，为社会创造更多就业机会，促进经济增长。通过政策引导和社会宣传，可以改变人们对老年护理工作的传统观念，提高老年护理工作的社会地位和认可度，吸引更多年轻人加入这个行业。

4. 推动学科发展与理论创新，为国际比较研究提供中国案例

从学术角度看，这项研究具有重要的理论意义。长期照护人力资源需求与供给政策是一个跨学科的研究领域，涉及人口学、社会学、经济学、公共管理学等多个学科。通过系统性研究，可以推动相关学科的理论创新和方法创新。

同时，这项研究还可以为国际比较研究提供中国案例。人口老龄化是全球性挑战，不同国家和地区都在探索应对之策。中国作为拥有 14 亿多人口的发展中大国，其人口老龄化进程和应对策略具有独特性。系统研究中国的长期照护人力资源相关政策，可以为国际学术界提供宝贵的经验，也能为其他发展中国家提供参考，丰富全球人口老龄化研究的理论和实践。

三、研究内容

本书界定为宏观层面长期照护人力资源需求预测与供给政策及微观个体的选择意愿和家庭照护者压力等方面的研究。具体包括以下四方面。

（一）老年人长期照护需求预测及影响因素研究

本部分内容首先明确长期照护人力资源的概念和类型，建立科学的需求预测模型。深入分析影响长期照护人力资源需求的各种因素，包括人口老龄化趋势、老年人健康状况变化、家庭结构转变等。重点估计我国老年失能流行率及其变动趋势，这涉及失能概念的界定和影响因素的分析。基于老年人口现状及发展趋势，预测未来老年失能人口规模。基于长期照护服务体系发展目标，明确影响不同照护方式（机构、社区和居家）人员配备及素质要求的各种因素，根据长期照护需求预测结果，建立人力资源需求预测模型，预测分城乡性别的机构照护、社区照护及家庭照护的人力资源需求数量。

（二）我国长期照护人力资源供给现状及预测研究

首先全面了解我国老年长期照护人力资源的供给现状，包括数量、结构、分布等方面。在此基础上，运用适当的模型对未来供给进行预测。深入分析我国长期照护人力资源队伍建设情况，找出存在的问题及原因。特别关注老年护理职业选择意愿问题，这涉及青年人对老年护理职业的认知状况、选择意愿及其影响因素。另一个重要方面是非正式照护者（主要是家庭成员）的照料供给研究，调查家庭照护者的基本状况、需求和期望，分析影响家庭照护者压力的各种因素。此外，还研究老年家庭照护者的负担感及其影响因素，探讨压力形成的机理。

（三）长期照护人力资源政策国际经验借鉴研究

系统考察其他国家，特别是经济合作与发展组织（OECD）国家的长期照护人力资源需求态势和供给政策。分析经合组织国家现有长期照护人力资源的特征，深入探讨其长期照护人力资源供给政策，包括人才培养、职业吸引力提升、劳动力市场调节等方面。特别需要关注家庭照护者的支持政策，包括经济支持政策（如税收优惠、照料者津贴等）和非经济支持政策（如喘息服务、培训等）。研究选取典型国家进行深入案例分析，详细考察其具体政策措施。同时，需要评估这些政策的实施效果，总结成功经验和存在的问题。

（四）我国长期照护人力资源政策研究

基于前面的需求预测、供给分析和国际经验研究，指出我国目前长期照护人力资源队伍建设面临的机遇与挑战，并结合国际经验，提出长期照护人力资源政策。政策内容主要从下面四方面展开：增加人力资源供给的政策、现有人力资源的充分利用政策、减少长期照护人力资源需求的政策和家庭照护者支持政策。在政策工具选择上，综合运用经济激励、行政管理、社会动员等多种手段，并特别关注政策的协同性和可操作性。研究还创新性地提出了政策实施的路径设计，包括近期行动计划和中长期发展规划，为政策落地提供了具体指引。

四、基本思路与研究方法

本书研究的基本思路是：首先，运用人口预测的方法，通过分析相关人口数据及影响老年人长期照护需求各种因素，建立失能老人长期照护需求模型，并对不同类别长期照护需求进行预测。其次，在长期照护需求预测结果基础上，依据长期照护服务体系发展目标，明确不同长期照护方式的人员配置与基本素质要求，预测不同类别人力资源需求数量与素质水平。再次，整理和分析调查数据，深入研究影响人力资源供给的各种因素，从现有人员状况、人员流入流出及供求缺口三方面构建长期照护人力资源供给存量与流量模型，预测未来人力资源供给。最后，通过分析当前及未来长期照护人力资源需求与供给存在的差距，深入探究目前长期照护人力资源供给存在的问题，总结和借鉴工业化国家人力资源供给战略及经验教训，从增加人力资源供给数量、现有人力资源充分利用两个角度，提出我国长期照护人力资源供给政策建议。

根据本书研究的内容和思路，具体的技术路线和研究方法如图 1–1 所示。

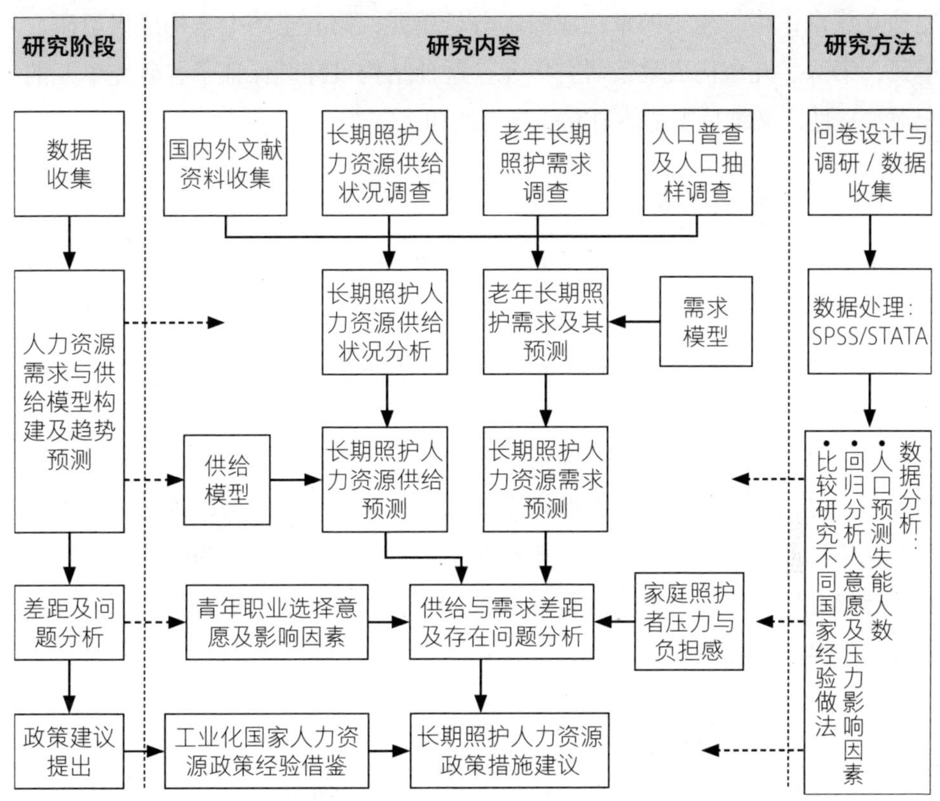

图1-1　研究基本思路与技术路线

五、本书结构安排

本书紧紧围绕老年长期照护人力资源这一主题展开深入研究。全书可以分为四个主要部分，共九章，具体结构安排如下。

（一）整体框架设计

本书采用“理论—实证—政策”的经典研究范式，通过九个章节系统展开研究。整体框架呈现出清晰的逻辑递进关系：首章奠定理论基础，中间章节展开实证分析，最后两章进行政策研究。这种结构安排既符合学术研究的规范要求，也便于读者循序渐进地理解研究内容。

在具体章节安排上，形成了“1+3+3+2”的结构模式。第一章作为研究概述独立成章，第二至第四章构成需求分析单元，第五至第七章构成供给研究单元，第八、九章构成政策研究单元。这种结构设计既保证了各研究单元的相对独立性，又维持了整体研究的连贯性和系统性。

（二）研究层次划分

本书的研究层次可以清晰地划分为宏观、中观和微观三个层面。在宏观层面，主要体现在政策体系研究上，包括第八章的国际经验借鉴和第九章的中国政策建议，着眼于整体制度设计和政策框架构建。这一层面的研究为解决实际问题提供了政策指导。在中观层面，主要通过供需预测分析展开，包括第二、三、四章的需求预测和第五章的供给预测。这些章节运用科学的预测方法，对长期照护人力资源的供需状况进行定量分析，为政策制定提供了数据支撑。而在微观层面，主要体现在第六、七章对个体行为的研究，包括职业选择意愿和非正式照料者行为分析，这为理解长期照护人力资源问题的微观基础提供了重要见解。

（三）研究方法运用

本书在研究方法上采用多元化的方法组合，以实现定量与定性分析的有机结合。在定量研究方面，主要运用预测模型、计量经济学方法等，特别是在人口预测、失能人口预测、人力资源需求预测等方面，采用科学严谨的量化方法。这些定量分析为研究结论提供了坚实的数据支撑。

在定性研究方面，本书通过文献研究、政策分析、案例研究等方法，对长期照护人力资源问题进行深入探讨。特别是在国际经验借鉴和政策建议研究中，采用比较研究方法，系统分析了不同国家的政策经验，并结合中国实际提出了具有针对性的政策建议。这种定性与定量相结合的研究方法，使研究结论更加全面和可靠。

（四）内容逻辑关系

本书的内容安排遵循明确的逻辑关系，形成了一个完整的研究链条。首先是问题导向，通过第一章明确研究问题和理论框架；其次是现状分析，通过第二、三章分析老年人口失能状况和长期照护需求；然后是预测研究，通过第四、五章对未来需求和供给进行预测；接着是行为研究，通过第六、七章分析微观个体行为；最后是政策研究，通过第八、九章提出政策建议。

这种逻辑关系的设计使研究问题的分析更加深入和系统。每个研究环节都建立在前一环节的基础之上，同时为后续研究提供支撑。特别是在政策建议部分，充分利用了前期研究的发现，使政策建议更具针对性和可操作性。

（五）创新特色

本书在研究视角上展现出明显的创新特色。首先是将非正式照护纳入研究框架，这突破了传统研究主要关注正式照护的局限。通过第七章专门研究非正式照料者的行为和需求，深化了对长期照护人力资源问题的理解。同时，本书还特别关注了照护者的职业选择行为，这为解决人力资源供给问题提供了新的思路。

在研究方法和政策研究上也体现出创新性。本书构建了系统的需求预测模型，采用了多元统计方法，并在政策研究中建立了多层次的政策框架。特别是在第九章中，不仅提出了具体的政策建议，还详细设计了政策实施路径，这种注重政策可操作性的研究特色，使研究成果具有较强的实践指导意义。

第二章 长期照护人力资源需求预测及影响因素

一、长期照护人力资源概念及类型

（一）基本概念

1. 长期照护

根据经合组织（OECD）国家的相关界定，长期照护（Long-term Care）由一系列医疗、个人护理和帮助服务组成。一般是指因为功能性障碍、身体或认知功能受损而必须依赖他人提供基本日常生活活动（ADL）帮助，如洗澡、穿衣、吃饭、上下床、室内活动和上厕所的人群所提供的一系列服务[①]。长期照护经常与基本医疗服务结合起来，提供伤口敷药、疼痛管理、吃药、保健监测、预防、恢复或临终关怀等方面的服务。长期照护服务同样包括提供相对较低层次的工具性日常生活活动（IADL）的照料，如做家务、做饭、购物以及乘坐交通工具等。

简言之，长期照护（LTC）是指为功能能力（身体或认知）降低，因而长期依赖他人帮助完成基本日常生活活动（ADL）的人群所提供的一系列服务。这种“个人护理”部分通常与基本医疗服务相结合，如护理、预防、康复或

---

① OECD,“OECD Health Data 2008,”OECD, Paris, 2008.

姑息治疗服务。长期照护服务还可以与较低级别的护理相结合，如“家务帮助”或协助完成工具性日常生活活动（IADL）①。

世界卫生组织（WHO）将长期照护定义为：“长期照护（LTC）是指他人所采取的活动，以确保那些已经或有可能持续显著失去内在能力的人，能够保持与其基本权利、基本自由和人类尊严相一致的功能水平。”②

这两个定义都强调了为功能能力降低的个体提供长期照护服务。经合组织（OECD）的定义更具体地说明了所包含的服务类型，而世界卫生组织（WHO）的定义则更侧重于维持功能能力和尊严的目标。

在我国，长期照护（或长期护理）的概念和定义正在不断发展和完善。虽然目前还没有一个统一的官方定义，但可以从一些官方文件和政策中找到相关的描述和解释。

国家卫生健康委员会 2019 年发布的《关于开展老年护理需求评估和规范服务工作的通知》，对长期照护的概念进行了描述：“长期照护是指对因年老、慢性病或残疾等原因而日常生活不能自理的人员，在一定时期内为其提供的生活照料、医疗护理、康复护理、安宁疗护等服务。”

在推进长期护理保险制度试点工作中，人力资源和社会保障部对长期护理保险的保障对象进行了描述，间接反映了对长期照护的理解：“长期护理保险主要保障因年老、疾病等原因而失能，需要长期照料的人员。”

中国老年学和老年医学学会对长期照护的定义是：“长期照护是指对生活不能自理的老年人，在较长时期内为其提供的以生活照料为主，包括医疗护理、康复护理、心理和社会支持等方面的服务。”

总的来说，虽然中国目前还没有一个统一的官方的长期照护定义，但从这些不同的界定中可以看出，对长期照护的理解主要包括以下几方面：（1）服务对象主要是因年老、疾病、残疾等原因而日常生活不能自理的人；（2）服务内容包括生活照料、医疗护理、康复护理、心理支持等；（3）服务时间一般较长；（4）服务目的是为了维持失能人员的生活质量，为其提供必要的照顾和

---

① Organisation for Economic Co-operation and Development, “Who cares? Attracting and retaining care workers for the elderly,” OECD Publishing, 2020.

② World Health Organization, “World Report on Ageing and Health,” WHO Press, Geneva, 2015.

支持。

长期照护的不同定义反映了我国对长期照护概念的理解，为相关政策的制定和实施提供了基础。随着人口老龄化的加剧和长期照护需求的增加，预计未来中国可能会出台更加明确和统一的长期照护官方定义。

2. 长期照护人力资源

长期护理人员是指在家庭或在长期照护机构（医院除外）为长期照护服务接受者提供护理的人员，即居家或在长期照护机构为基本日常生活活动（ADL）或工具性日常生活活动（IADL）需要长期帮助的人提供长期照护服务的人员。

长期照护机构是一个能提供照料和住宿的集中居住场所，一般拥有专门设计的机构或与医疗相类似的设施，主要提供长期照护服务。居家长期照护主要是向因功能受限居住在自己家里的人提供照料，也包括一些临时性为居家照料提供支持的机构，如社区日间照料中心、社区养老服务中心、暂替照料设施等。居家照护还包括为那些需要定期帮助的人专门设计或改装的，同时保证高度的自治和自我控制能力和适应 / 支持的生活安排。

（二）长期照护人力资源的类型

在不同国家，由于长期照护体系的差异性，长期照护人力资源的类型和数量存在较大的差异[①]。长期照护可由正式和非正式的护理者来提供。

1. 经合组织（OECD）国家长期照护人力资源类型

在经合组织（OECD）国家，一般长期照护人员分为正式照护人员与非正式照护人员两大类。正式的长期照护人员包括两个主要专业类别：执业护士和护理人员。执业护士包括辅助护士、实习护士和职业护士等。正式的长期照护人员与接受照护的人员（或机构或代表接受照料人员的第三方）之间有着正式的契约责任。一般来说，雇佣合同将会具体说明照护提供者的照护工作任务、年休假以及薪酬（工资和其他货币补偿）。

相比专业护士，执业护士的护理资格要求更低，更多地参与不能自理人

① R. Fujisawa and F. Colombo, "The long-term care workforce: Overview and strategies to adapt supply to a growing demand," 2009.

群的照料。完成基本护理教育项目后，他们获准在全国范围内工作。执业护士可直接为长期照护机构（如护理院）、一般医院的长期照护部门、专科医院及居家照料机构的病人提供护理服务。护理人员包括提供长期照护服务的护理助理和护理员，他们无须拥有任何护理方面的认可或认证。

正式照护人员还包括家庭成员、邻居或朋友，他们订立正式契约或被社会保障系统认定为照料者。非正式照料人员与照料接受者间并无正式合同或被社会保障当局承认。非正式照料人员分为三类。

（1）未付酬的非正式照护人员。包括不通过照护活动获取报酬的家庭成员或朋友（他们接受某种类型的替代照料，如短期安排）；完全不付酬的长期照护自愿提供者；照料者接受的报酬仅仅作为家庭收入支持的一部分。

（2）接受现金补贴的非正式照护人员。这类照料者通常是家庭成员或朋友，他们提供长期照护服务并接受报酬、现金支付或津贴作为现金项目或消费者选择项目服务的一部分，以补偿他们在照护活动中的付出。一些经合组织国家引入了现金报酬项目（如个人预算、津贴及现金支付），主要为了支持那些未付酬的照料者或接受照料者在照料人员的选择上有更大的自主权。此外，在某些经合组织国家，通过改革来改善非正式照料者的社会保障水平，如为非正式照护者缴纳养老金提供补贴。

（3）不公开或非法的非正式照护人员。这类照护人员一般由接受照料者支付薪水或报酬，但他们并不与接受照料者订立合同或获得相关的社会保障机构认可；非法移民照料者并不与接受照料者订立合同或被相关的社会保障机构认可。

以上三类非正式照料者一般在家中提供长期照护服务。

2. 我国长期照护人力资源类型

我国尚未建立起完善的失能老人长期照护体系，对于长期照护人力资源类型的区分并不十分严格，一般参照经合组织国家分为正式照护人员与非正式照料人员，但是概念和含义略有不同。

正式照护人员一般是在养老机构、老年护理院或者在社区为失能老人提供照料的人员，包括执业护士和养老护理员，可以提供居家和社区照料服务。2017 年 10 月，国务院取消养老护理员职业资格证书的办理，取消了《国家职业资格目录》中护理员（护工）、养老护理员等工种。人力资源和社会保障部、民政部在2019年联合颁布《养老护理员国家职业技能标准（2019年版）》，对养老护理员进行了界定，即从事老年人生活照料、护理服务工作的人员。[①] 虽然该定义没有明确说明其工作地点，但涵盖了几乎所有从事长期照护的人员。2024年3月，为适应长期护理制度发展，人力资源和社会保障部、国家医疗保障局发布了健康照护师（长期照护师）国家职业标准。这是我国首个长期照护师国家职业标准，对长期照护师的职业技能等级、职业培训要求、职业道德等进行了规范。根据国家职业标准，长期照护师是指运用基本生活照料及护理知识、技能，在家庭、社区、养老机构、医疗机构等场所，为享受长期护理保险待遇人员等人群提供基本生活照料及与之密切相关的医疗护理、功能维护、心理照护等服务的从业人员。

非正式照料人员一般是指由家属、亲戚朋友等作为照料提供者，也包括由家庭长期雇佣的家政服务人员或临时雇佣的钟点工，虽然老年家庭与服务人员或者与家政服务机构有正式的合同，但这类人员一般也属于非正式照料人员。

在本书后续的研究中，将长期照护人力资源类型界定为正式照护人员与非正式照护人员两大类。正式照护人员是指在养老机构、护理院和社区提供长期照护的护理人员（包括执业护士和养老护理员），也包括在家庭内为失能老人提供上门服务的社区养老护理员和执业护士。而非正式照护人员是指在家庭提供老年长期照护的人员，主要包括家庭成员、亲戚朋友或为失能老人提供家政服务和照护服务的人员。

事实上，因为照料方式的差异，在养老机构或老年养护院、社区以及家庭的照料所需时间有着显著不同，长期照护人力资源也呈现出自身的特点。

二、长期照护人力资源需求预测模型

由于劳动力需求的派生性特征，老年长期照护人力资源的需求一方面来源于失能老人的长期照护服务需求，另一方面则来自不同服务提供方式下的

① 参见人力资源和社会保障部：《人力资源和社会保障部办公厅　民政部办公厅关于颁布养老护理员国家职业技能标准的通知》，http://www.mohrss.gov.cn/xxgk2020/fdzdgknr/rcrs_4225/jnrc/201910/t20191016_337051.html。

人力资源配备标准。失能老人长期照护服务需求则取决于失能老人的数量和不同的长期照护服务利用水平。其中，服务利用水平受到失能程度、长期照护服务市场发育状况、接受服务的意愿、收入水平和相关政策等因素的影响。人力资源配备标准则同样取决于长期照护服务市场情况、经济条件、失能程度等因素。图 2–1 展示了老年长期照护人力资源需求预测模型基本框架。

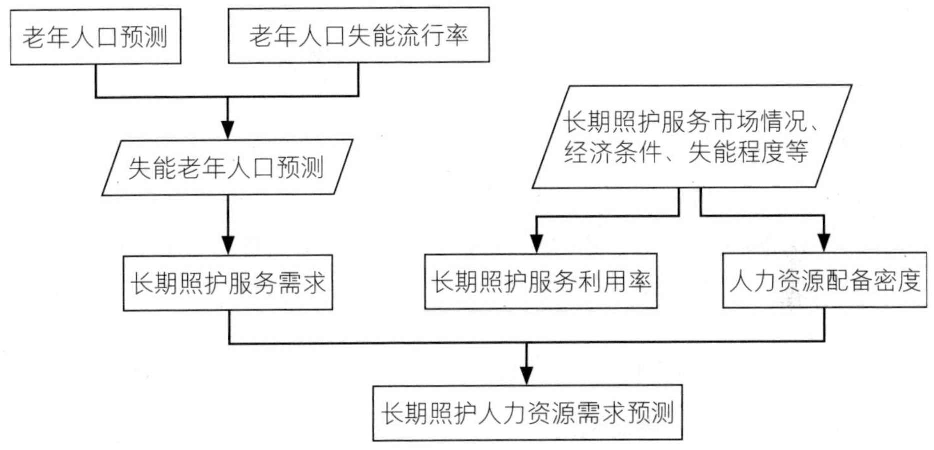

图2–1　长期照护人力资源需求预测模型基本框架

根据基本分析框架，预测未来某年长期照护人力资源需求可由计算公式（1）得到。

$$LTCHR_{j,Y}=\sum_{l=urban}^{rural}\sum_{s=female}^{male}\sum_{a=1}^{7}\sum_{d=1}^{3}P_{l,s,a,d,j,Y}\times EU_{j,Y}\times H_{j,Y} \qquad \text{公式（1）}$$

$$j=homes,\ communities,\ institutions$$

其中，

$LTCHR_{j,Y}$：第 Y 年第 j 种长期照护服务利用方式的人力资源需求量；

$P_{l,s,a,d,j,Y}$：第 Y 年分城乡（l）、性别（s）、年龄段（a）和失能程度（d）的老年人口数；

$EU_{j,Y}$：第 Y 年第 j 种长期照护服务利用率；

$H_{j,Y}$：第 Y 年第 j 种长期照护服务人力资源配置标准。

老年人口划分为 7 个年龄段：65~69 岁、70~74 岁、75~79 岁、80~84 岁、85~89 岁、90~94 岁、95 岁及以上；失能程度划分为轻度失能、中度失能和严重失能三种类型；长期照护服务利用划分为居家照料、社区照料和机构照料三类。

根据长期照护人力资源需求预测模型，影响长期照护人力资源需求最为关键的因素为老年失能程度及不同失能程度的流行率、失能老年人口的数量、不同失能程度的长期照护服务方式利用率、不同服务提供方式的人员配备标准和比例（密度）四方面。

三、长期照护人力资源需求的影响因素

预测未来长期照护人力资源需要考虑诸多因素的影响。因为家庭规模及结构变化的不确定性，对未来30~50年非正式照护人员的规模状况无法进行有效的预测，同样，对于正式照护机构和人员需求的预测无法做到精准。还有许多其他因素可能会影响人员的需求。

（一）失能程度及特征的变化

根据长期照护人力资源需求预测模型，失能程度与不同程度失能流行率是影响需要提供照料的人力资源的重要因素。失能程度衡量了个体在日常生活活动中的自主能力，而失能流行率则反映了特定人群中失能个体的比例，这两者直接影响着长期照护服务的需求量和类型。

老年失能程度与流行率在国家层面上是评估长期营养与健康发展的关键指标，其变动受到生活水平和健康状况的直接影响。随着医疗技术的不断进步和健康服务的提升，人口的健康水平和寿命正在不断提高。然而，这也伴随着带病生存的延长，导致失能的风险增加。

人口预期寿命的延长是一个积极的趋势，但也伴随着一定的挑战。尽管人们能够享受更长的寿命，但在健康状况受限的情况下，需要更多的长期照护服务。从当前我国的趋势来看，分年龄失能程度有逐渐下降的趋势，这可能得益于医疗卫生水平的提高和健康意识的增强。然而，总体上，由于人口年龄结构的老化，整体失能流行率仍然呈上升趋势。

值得一提的是，这种趋势也会受到人口年龄结构的变化和特定疾病流行情况的影响，因此具有一定的不确定性。因此，在制定长期照护政策和规划人力资源配置时，必须考虑到这些复杂因素，以确保社会能够有效地满足不

同失能程度个体的照护需求。

（二）长期照护政府投入资金的变化

在经合组织国家的实践中，长期照护已逐步成为政府的重要职责，政府建立了相对完善的长期照护服务体系。政府通过直接拨款或长期护理保险等方式，投入了大量资金以有效解决失能老人的日常护理需求。然而，受政府政策的影响，每年的资金投入量存在一定的波动，这将直接影响长期护理机构的经费预算，可能导致扩大性的人力资源需求或者限制性人力资源需求的出现，进而使得长期照护服务的提供方式和强度发生相应调整以保持平衡。这些因素均可能对长期照护人力资源需求水平产生深远影响。

在我国，尚未完全建立覆盖全民的长期护理保险制度，失能老人的居家照料或机构照料仍受到政府支持的影响。在经济相对发达的地区，政府预算资金较为充足，通过补贴床位、购买服务等方式向失能老人提供更多正式照料服务，相应的正式照料人力资源需求量逐渐上升。而在经济相对欠发达的地区，政府的投入相对有限，社会化的长期照护比例较低，所以人力资源需求量相对较少。因此，长期照护政府投入资金的变化自然会对长期照护的人力资源需求产生显著影响。在长期照护政策制定和资源配置方面，我国政府需要充分考虑地区差异，确保资源的合理配置，以满足失能老人不同层次的照护需求。

（三）宏观经济的变化对私营部门长期照护投资影响

随着许多国家长期照护服务体系的构建，私营部门已成为其中不可或缺的参与者，提供了社会化的长期照护服务。老年照护作为新兴服务行业吸引了大量资本涌入，由私营部门投资运营的长期照护养老机构在整个长期照护服务体系中扮演着极为重要的角色，吸引着许多需求旺盛的老年家庭。在宏观经济繁荣时期，养老服务业同样会迎来较大的发展，私营部门会采取增设基础设施、扩建床位或投资兴建新的养老机构等方式进行投资，从而使长期照护人力资源需求上升。然而，在经济陷入衰退阶段时，希望接受社会化照料的老年人比例可能会下降，这将使得私营部门的投资减少，从而导致长期照护人力资源需求减少。

（四）私人长期护理保险的可获得性

长期护理保险作为许多国家正式实施的保险制度，为许多老人在失能时提供了重要的保障。不同国家长期照护保险的获取方式和途径存在差异，直接影响到其在长期照护服务中的作用和影响力。在那些建立了完善的长期照护保险制度的地区，老年人可以更便捷地获取照护保障，从而加大了他们选择社会化照料服务的倾向，并增加了对正式长期照护人力资源的需求。然而，在一些地区，由于私人长期照护保险制度尚未得到全面建立或存在较多的限制，会导致一部分老年人更依赖家庭或非正式的照护资源。在这种情况下，需求可能更多地体现在家庭成员或义务照护者身上，减少了对专业人力资源的需求。

（五）监控或辅助服务技术在长期照护服务提供中的作用

技术进步是影响长期照护人力资源需求的一个极为重要的因素。随着技术的快速发展，监控或辅助服务技术在长期照护中扮演着越来越重要的角色。家庭机器人、远程监控系统等先进技术的引入，极大地提高了老年人的居家生活质量和安全性。这些技术的应用可以减轻照护者的负担，提升了长期照护服务的效率和可靠性。此外，技术的不断创新也为长期照护提供了更多解决方案，如智能医疗设备、虚拟医疗服务等，将为未来长期照护服务的发展带来新的可能性。随着技术在长期照护中的广泛应用，将减少部分基础性照护工作的人力需求，为高度专业化、差异化的长期照护服务提供更有力的支持。

（六）养老机构、护理院、居家养老服务中心等雇佣长期照护人员的方式

因为技术进步或管理效率的提高，在养老机构、护理院或居家养老服务中心，长期照护人员的配备比例会发生变化。如 2021 年北京市颁布的地方标准《养老机构服务质量星级划分与评定》（DB11/T 219—2021），明确规定三级及以下养老机构的人员配备要求是“能力完好老年人 1:15 ；轻中度失能老年人 1:6 ；重度失能老年人 1:3”，而四星级与五星级养老机构的要求是“能力完好与轻度失能老年人 1:10 ；中度失能老年人 1:4 ；重度失能老年人

1:2”，存在一定程度的差异。随着老年护理院人员素质的不断提高和服务手段的不断进步，未来老年护理院长期照护人力资源的需求可能会有所降低。另外，因为管理效率的提升和组织的重构，直接提供照料的人员可能会进一步分化或细化，形成新的职业分类，这对于未来人力资源需求变化可能会有重要的影响。

（七）长期照护行业的结构及提供机构的类型的变化

随着我国养老服务业的持续发展，失能老人照料需求的规模与相关器械、产品的供给量均呈现迅速扩张的趋势。同时，老年服务行业也吸引了大量资本的投入，导致整体行业竞争逐渐显现。政府在此背景下加大了对养老院和老年福利院的投资建设，私营机构也迎来了快速的发展。养老地产的兴起也为行业结构带来了显著的改变。尽管总体上我国长期照护服务仍面临严重不足，但从行业整体来看，已经取得了显著进展。

在服务模式方面，机构照料、社区照料与居家照料之间的照料人员配置存在显著的差异。机构照料往往依托专业的护理人员团队，拥有较高的护理密度和医疗资源，以满足失能老人的高度护理需求。而社区照料强调社会参与和家庭支持，侧重于提供日常生活的协助与社交活动，对照料人员的专业要求相对较低。居家照料则强调在老年人居家环境中提供个性化的护理服务，照料人员需要具备较高的灵活性和专业技能，以满足失能老人的个性化需求。

这些服务模式的多样性与灵活性，使得长期照护服务体系得以逐步完善与拓展。在此过程中，长期照护人力资源需求也随之呈现出显著的增长趋势。同时，随着科技的发展与智能化辅助工具的广泛应用，也将为长期照护人力资源的高效配置提供更多可能性，进一步推动我国养老服务业的发展与优化。

（八）长期照护机构的规制

随着我国养老服务体系的不断完善，长期照护机构的地位和发展势头逐渐凸显。尽管政府当前政策仍以家庭为基础，但对长期照护机构的规范和监管也日益趋严，体现了对服务质量和安全的高度关注。我国已颁布了一系列养老机构和护理院建设服务质量的标准，而且随着养老机构数量的增加，这些标准有望得到进一步提升，必将对长期照护机构的人力资源素质和服务质量提出更为严格的要求。

另一方面，政府对居家照料服务机构补贴政策的完善，将进一步刺激居家照料服务的需求。这将引导更多的失能老人选择在家庭或社区获得照料服务，从而推动了居家或社区服务机构长期照护人力资源需求的增长。这种趋势也将促使相关服务机构在人力资源培训、管理和服务品质方面不断提升，以满足日益增长的失能老人群体的多样化、个性化需求。

总体上看，影响长期照护需求的因素很多，有的因素会影响需求的数量，而有的因素则会影响人力资源需求的质量，多方面因素的共同作用则会影响最终的人力资源需求数量。

第三章　我国老年失能流行率估计及变动趋势

毫无疑问，长期照护人力资源需求规模与失能老人数量有着极为密切的关系，因为照料老人属于劳动密集型的活动，劳动力需求的规模效应不明显，因此，失能老人数量的增长直接带来对护理人员需求的增加。而失能老人人数的变化由两个因素决定：其一为分年龄性别的老年人口的数量变动，这与整体人口年龄结构和总人口规模有关；其二为分年龄性别老年失能流行率的变动，这与不同年龄、性别老年人的失能流行率有关，反映了老人中失能状况的流行情况。因此老年失能人口的预测首先需要确定这两个相关变量。本章将探讨老年失能流行率及其发展趋势。

一、失能概念界定与影响因素

（一）失能相关概念界定

1. 对失能 / 残疾与生活不能自理的界定

在 2011 年 5 月世界卫生组织公布《国际功能、残疾和健康分类》（International Classification of Functioning，Disability and Health，简称 ICF）之前，对于残疾或失能的定义一般是根据 1980 年世界卫生组织出版的《国际残损、残疾和残障分类》（International Classification of Impairment，Disability and Handicap，简称 ICIDH）进行的。在 ICIDH 中将残疾分为残损、残疾和残障三种。残疾或

失能（disabled）则指由于病损或某些疾病所造成的人体某些功能的降低以致不能以正常的方式从事正常范围的个人日常生活活动。包括：行为失能、语言失能、运动失能及各种活动失能。新的ICF将残疾或失能的界定范围进行了拓展，包括残损、活动受限和参与限制三方面的内容，而且受环境因素的影响。许多经合组织国家正积极依据ICF框架设计新的调查工具。

根据国际上许多学者的观点，对于老年失能情况的研究应该更注重严重失能（severe disability），主要原因有两方面：其一，被调查者报告的严重失能可能更为可行；其二，因为更为严重的限制与长期照护需求更可能密切相关。所以，研究长期照护的需求更应该聚焦于日常生活活动（ADL）的限制[①]。因此，失能更加关注日常活动的限制而不是疾病本身，因为某些慢性病（如关节炎）可能会有长期照护的需求，但是疾病的存在并不反映需求的水平。另外，疾病的存在经常需要借助专业性的诊断，这种方法更可能受到获取的健康照料而不是功能性能力评估的影响。在许多发达国家，长期护理或社区护理项目一般都以申请人的功能性能力评估结果作为资格认定的标准[②]。通常意义上的生活不能自理即指此项残疾或失能，反映出日常生活需要他人帮助的程度。

2. 失能或生活不能自理的测量

国际上一般采用卡茨（Sidney Katz）编制的生活自理能力量表来测量日常活动能力（ADLs），包括吃饭、穿衣、上厕所、上下床、洗澡、室内走动等六项[③]。但在如何界定“生活能够自理”与“生活不能自理”方面因研究目的不同，其界定存在一定的差异。

有学者将各项目中有一项不能自理即定义为“生活不能自理”，而各项指

① G. Lafortune and G. Balestat, “Trends in Severe Disability Among Elderly People: Assessing the Evidence in 12 OECD Countries and the Future Implications,” OECD Publishing, 2007.

② S. R. Kunkel and R. A. Applebaum, “Estimating the prevalence of long-term disability for an aging society,” 1991.

③ S. Katz, A. B. Ford, R. W. Moskowitz, B. A. Jackson, and M. W. Jaffe, “Studies of illness in the aged. The index of ADL: A standardized measure of biological and psychosocial function,” Journal of the American Medical Association, vol. 185, pp. 914~919, 1963.

标全部能够自理则被认为生活能够自理[①②③]。还有学者认为这6项能力中至少有一项完全需要他人帮助就是生活不能自理[④]，有的还以其中至少有一项“有点困难”或“做不了”视为生活不能自理[⑤]。有的研究则在此基础上进一步区分“完全失能”与“部分失能”。如中国老龄科学研究中心课题组界定6项ADL中任何一项回答“做不了”的定义为“完全失能”，任何一项都能做，但是“有困难，需要人帮助”的定义为“部分失能”[⑥]。还有学者将这6项ADLs完全能够自理、不需要他人帮助认定为“完全自理”，而1~2项需要他人帮助认为是“轻度残障”，有3项及以上活动均需他人帮助则定义为“严重残障”[⑦]。尹尚菁等将1~2项ADL障碍认为“中度依赖”，3项以上进一步细分为3~4项和5项及以上，分别定义为“重度依赖”与“极重度依赖”[⑧]。近几年来有关失能的测量一般借鉴了上述的测量方法[⑨]。

除专业性的“客观”测量外，还有学者在调查中采取1~2个包含了多个维度对生活自理能力的“主观”评价来判断活动受限情况。因为个体经验和对活动限制理解存在差异性，可以用来有效评价功能受限影响日常生活（如社会角色和参与）的程度[⑩]。我国第六次、第七次人口普查调查60岁及以上老

① G. Lafortune and G. Balestat, “Trends in Severe Disability Among Elderly People: Assessing the Evidence in 12 OECD Countries and the Future Implications, ” OECD Publishing, 2007. doi: 10. 1787/217072070078.

② 顾大男、曾毅：《1992—2002年中国老年人生活自理能力变化研究》，《人口与经济》2006年第4期。

③ 杜鹏、武超：《中国老年人的生活自理能力状况与变化》，《人口研究》2006年第1期。

④ 周云等：《中国老年人的照料需求与社会养老机构》，载于曾毅等：《老年人口家庭、健康与照料需求成本研究》，科学出版社2010年版。

⑤ 杜鹏、尹尚菁：《中国老年人残疾与生活不能自理状况比较研究》，《残疾人研究》2011年第2期。

⑥ 中国老龄科学研究中心课题组：《全国城乡失能老年人状况研究》，《残疾人研究》2011年第2期。

⑦ 曾毅、沈可：《中国老年人口多维度健康状况分析》，《中华预防医学杂志》2010年第2期。

⑧ 尹尚菁、杜鹏：《老年人长期照料需求现状及趋势研究》，《人口学刊》2012年第2期。

⑨ 张文娟、付敏：《长期护理保险制度中老年人的失能风险和照料时间——基于Barthel指数的分析》，《保险研究》2020年第5期。

⑩ M. Bajekal, T. Harries, R. Breman, and K. Woodfield, “Review of disability estimates and definitions, ” HMSO, London, 2003.

人的健康状况时，就以“生活不能自理”作为其中一个选项。

3. 失能流行率与失能发生率

在国内外相关研究文献中，经常会出现失能流行率（Disabled Prevalence Rate）与失能发生率（Disabled Incident Rate）的概念，但两者的定义并不相同。借鉴医学患病率（prevalence rate）和发病率（incidence rate）的概念，失能流行率是指某特定时间内总人口中失能人数所占比例。失能发生率指在一定期间内，一定人群中失能出现的频率。从某种意义上来说，前者反映了失能发生的累计情况，后者则反映了失能出现的概率。根据本章的研究目的，以老年群体中失能老人所占比例即老年失能流行率的界定更为准确。但在估计和预测时，仍可采用失能发生率来判断老人可能面临的失能风险。

（二）失能流行率估计及影响因素

1. 失能流行率及其变动趋势

老年人失能问题是一个全球性的问题，其复杂性和多样性体现在多个层面。老年人失能的全球状况显示出国家间的显著差异。Lee 等人的研究显示，60 岁及以上人群的失能流行率在健康状况最差的国家约为健康状况最好的国家的四倍。这一巨大差距突显了国家卫生系统、社会经济条件以及对老龄化和失能的文化态度的影响①。例如，Cherry 等人在孟加拉国的研究强调了家庭支持对老年护理的重要性，同时指出城市化威胁着传统家庭结构，可能导致老年人日益孤立，从而增加失能的流行率②。类似地，Peng 等人的研究表明，中国的城乡差异显著影响了老年人失能的流行率。这些发现凸显了社会文化因素在塑造老年人失能状况中的重要作用③。

我国学者对老年人失能流行率的研究呈现出一些看似矛盾的结果。顾大

① J. Lee, S. Lau, E. Meijer, and P. Hu, “Living longer, with or without disability? A global and longitudinal perspective, ” The Journals of Gerontology: Series A, vol. 75, no. 1, pp. 162~167, 2019.

② N. Cherry, M. Chowdhury, R. Haque, C. McDonald, and Z. Chowdhury, “Disability among elderly rural villagers: report of a survey from gonoshasthaya kendra, bangladesh, ” BMC Public Health, vol. 12, no. 1, 2012.

③ X. Peng, S. Song, S. Sullivan, Qiu J. , and W. Wang, “Ageing, the urban-rural gap and disability trends: 19 years of experience in china - 1987 to 2006, ” Plos One, vol. 5, no. 8, 2010.

男和曾毅利用1992年中国老年人供养体系调查和2002年中国老年人健康长寿调查数据的研究显示，1992—2002年的十年间中国老年人的生活自理失能率以年均1%幅度下降[①]。然而，杜鹏等采用2004年全国人口变动抽样调查与1994年调查数据进行对比分析，发现各个年龄段老年人生活不能自理的比例都在提高[②]。周国伟指出，这种差异可能源于调查方法和指标的不同，突显了失能测量的复杂性和标准化的重要性[③]。

人口中失能老人数量信息的收集实际上面临着非常复杂的测量问题。因为调查目的不同，对于失能的界定存在显著的差异，而且问卷工具可能也不同。从世界范围来看，不同国家在人口普查或抽样调查中对涉及的失能测量所采用的方法差异十分明显，经常采用损伤、功能限制、失能和活动受限等专业术语。例如，加拿大2001年所报告的失能率的变动范围为13.7%~31.3%，这种差异源于不同调查对失能的定义和考虑因素的不同。

从国际比较来看，一般来说，发展中国家报告的失能率要低一些，而富裕国家的失能率要高一些，因为富裕国家老年人数较多、失能老人的存活率更高。然而，这种简单比较可能具有误导性，因为当采用同一方法来测量发达国家与发展中国家的失能率时，失能率的差异将会变得比较小。事实上，不同的调查结果可能经常无法比较，因为所采用的定义不同，对于失能程度的阈值标准不同，也可能因为不同调查的时间、地理位置和年龄群体不同[④]。

我国的人口普查数据从整体上展现了老年人的失能率状况。2010年第六次全国人口普查以单一的“生活是否能够自理”中不能自理作为失能测量时所报告的60岁及以上人口总失能率的依据，为2.95%，远低于之前文献报告的水平[⑤]。根据测算，第七次全国人口普查报告的60岁及以上老年人口总失能率为2.34%，较六普有所下降。这种差异可能源于人口普查采用相对简单的

① 顾大男、曾毅：《1992—2002年中国老年人生活自理能力变化研究》，《人口与经济》2006年第4期。

② 杜鹏、武超：《中国老年人的生活自理能力状况与变化》，《人口研究》2006年第1期。

③ 周国伟：《中国老年人自评自理能力：差异与发展》，《南方人口》2008年第1期。

④ M. Bajekal, T. Harries, R. Breman, and K. Woodfield, “Review of disability estimates and definitions,” HMSO, London, 2003.

⑤ 潘金洪、帅友良等：《中国老年人口失能率及失能规模分析——基于第六次全国人口普查数据》，《南京人口管理干部学院学报》2012年第4期。

单一问题来评估失能状况，而非更为详细的抽样调查。Zhang 等根据对中国 56 项研究的荟萃分析，日常生活活动（ADL）失能率为 20.5%（95% 置信区间：17.7%~23.3%）；高龄老年人（80 岁及以上）的日常生活活动（ADL）失能率显著高于年轻老年人（30.0%，95% CI：26.2%~33.9%）。根据日常生活活动（ADL）的类型、性别、年龄和地区，估计结果有所不同[①]。

实际上，失能率表现出明显的动态性趋势。失能是一个动态的过程，反映了有损伤的个体与他们所居住环境之间的互动。Lafortune & Balestat 对 12 个经合组织国家失能流行趋势的研究表明，不同国家呈现出不同的趋势：有的下降（如丹麦、美国），有的上升（如比利时、日本），还有一些保持稳定（如澳大利亚、加拿大）[②]。Manton 的研究则发现，1999—2004 年间美国 65 岁及以上老人失能流行率以年均 2.2% 的速度下降[③]。这些证据表明，作为一个动态性的概念，报告的失能变化来源于个人功能性状态的改变和生理、社会以及有利于或阻碍参与环境变化之间的互动。

鉴于失能测量和预测的复杂性，未来研究需要进一步深化失能调查的可靠性评估，以更好地从测量误差中分解出真实变化程度[④]。其一，要发展更加统一和标准化的失能测量方法，以便进行更可靠的国际比较。其二，加强对失能动态过程的研究，包括个体功能状态的变化以及与环境因素的互动。其三，改进长期照料需求的预测模型，考虑失能流行率的动态变化和潜在的测量误差。

总的来看，老年人失能问题的研究面临着测量标准化、国际比较、动态变化追踪等多重挑战。因为国家个体与环境及其互动方式的差异，失能流行率呈

---

① P. Zheng, Z. Guo, X. Du, H. Yang, and Z. Wang, “Prevalence of disability among the Chinese older population: a systematic review and meta-analysis, ” International Journal of Environmental Research and Public Health, vol. 19, no. 3, p. 1656, 2022.

② G. Lafortune and G. Balestat, “Trends in Severe Disability Among Elderly People: Assessing the Evidence in 12 OECD Countries and the Future Implications, ” OECD Publishing, 2007.

③ K. Manton, “Recent declines in chronic disability in the elderly population: risk factors and future dynamics, ” Annual Review of Public Health, vol. 29, pp. 91~113, 2008.

④ N. A. Mathiowetz, “Methodological issues in the measurement of work disability, ” in Survey Measurement of Work Disability: Summary of a Workshop, N. Mathiowetz and G. Wunderlich, Eds., National Academy Press, 2000.

现出更为复杂的变动趋势，其预测偏差会导致长期照料需求预测的困难。未来的研究需要在方法学上不断创新，同时加强跨学科和跨国合作，以便全面、准确地把握老年人失能的全球状况和变化趋势。这不仅有助于深化我们对老年健康的理解，也将为制定更有效的老年健康政策和干预措施提供重要依据。

2. 失能发生率的影响因素

老年群体尤其易受各类健康问题的困扰，深入探究导致失能的诸多因素对制定有效干预策略具有重要意义。现有研究已对多个国家老年人口失能的流行状况进行了广泛调查，结果表明，失能现象受社会经济、文化背景以及健康相关因素的影响显著，各国间存在明显差异。这一发现为进一步研究老年人失能问题提供了重要的实证基础。

众多的研究均表明，年龄对于老年失能的发生有着重要影响。随着年龄的增长，人体身体机能逐渐老化，出现失能的可能性更高。因此，几乎在所有研究失能的影响因素中，年龄处于首要地位，甚至有的研究将年龄视为影响老人失能状况的唯一因素。Zheng 等人发现，平均年龄每增加一年，失能的风险大约增加 0.09 个百分点[①]。这一趋势在多项研究中是一致的，包括在印度进行的研究，Paul 等人指出，久坐的生活方式导致了老年人失能的发生[②]。此外，慢性疾病在老年人群体中更为普遍，是导致失能的重要因素。Filho 等人强调，糖尿病和关节炎等慢性病显著影响老年人进行日常活动的能力，从而导致失能率上升[③]。

性别也是另外一个导致老年失能的重要影响因素。虽然性别与失能之间的关系研究历史悠久，但对于性别如何影响失能的途径和机制仍未达成共

① P. Zheng, Z. Guo, X. Du, H. Yang, and Z. Wang, “Prevalence of disability among the Chinese older population: a systematic review and meta-analysis,” International Journal of Environmental Research and Public Health, vol. 19, no. 3, p. 1656, 2022.

② R. Paul, S. Srivastava, T. Muhammad, and R. Rashmi, “Determinants of acquired disability and recovery from disability in indian older adults: longitudinal influence of socio-economic and health-related factors,” BMC Geriatrics, vol. 21, no. 1, 2021.

③ A. Filho, J. Mambrini, D. Malta, M. Lima - Costa, and S. Peixoto, “Contribution of chronic diseases to the prevalence of disability in basic and instrumental activities of daily living in elderly brazilians: the national health survey (2013),” Cadernos De Saúde Pública, vol. 34, no. 1, 2018.

识[①]。不过，很多研究都表明，女性自我报告的失能流行率比男性要高，然而其影响大小与失能测量以及采用的其他协变量密切相关。女性之所以自我报告的失能流行率高，是因为女性和男性在因疾病导致的失能的严重程度或流行程度方面存在着较大的差别。然而，至今依然不清楚为何在大量的研究中，性别对失能的影响作用差异明显。

居住地的城乡差异也可能对老年失能状况有着重要影响。在我国大量的研究中能发现，城镇与农村在预期寿命方面存在着较大的差异，可能是因为城镇与农村在生活设施条件、医疗卫生条件、家庭收入等方面存在着较大的差别，对健康造成较大的影响。与性别一样，城乡的差异如何影响老人的失能状况，并没有发现一致的结论。不过，众多的研究事实上发现了老人健康状况的显著城乡差异，农村男性老人的预期寿命显著低于城镇男性老人。

教育程度对失能状况也表现出较大的影响。教育程度较高的人可能会有较多的健康知识，在疾病预防和个人健康方面有着更大的主动性，更加注重较为健康的生活方式，而且更有可能获取较多的收入，在健康方面投资更多，因此，失能风险可能会更低。

居住状况对失能也可能产生某种程度的影响。与家人同住可以接受较多的照顾，能够在身体较差时及时就医，而且失能后更有可能恢复到健康状态。而独居时因为接受照料少，心理上感觉更为孤独，遭遇到失能的风险更大。

社会经济因素在决定老年人失能流行率方面也起着至关重要的作用。在沙特阿拉伯进行的一项研究中，Bindawas 和 Vennu 报告称，65 岁及以上的成年人中有 35.5% 存在某种形式的失能。这一发现与全球估计相符，后者表明在 54 个国家中，近 39.4% 的老年人存在失能[②]。个体的社会经济地位会影响他们的医疗保健获取、生活质量，最终影响失能流行率。例如，在孟加拉国，Tareque 等人发现年龄与失能存在正相关，表明老年人更有可能报告失能，而

① L. Wray and C. S. Blaum, "Explaining the Role of Sex on Disability: A Population-Based Study," Gerontologist, vol. 41, pp. 499~510, 2001.

② S. Bindawas and V. Vennu, "The national and regional prevalence rates of disability, type, of disability and severity in saudi arabia—analysis of 2016 demographic survey data," International Journal of Environmental Research and Public Health, vol. 15, no. 3, p. 419, 2018.

非年轻人[①]。社会经济状况的改善（包括教育、收入水平上升和居住条件改善）和某些健康风险因素逐渐减少（如吸烟）在改善老年人的健康状况和功能性状态方面发挥积极的作用。

慢性疾病是导致老年人失能的一个重要因素。研究表明，老年人群体中，老年性耳聋、白内障和脑血管疾病导致失能占据了显著比例[②]。在比利时，Yokota 等人指出，失能流行率的估计与慢性疾病的流行及其对失能的影响密切相关[③]。这一关系强调了需要针对慢性病的医疗干预，以减轻其对老年人失能的影响。某些慢性病发生率上升，如关节炎和糖尿病，以及某种特定风险影响，如高血压和肥胖，则会增加老年人相关的功能性及 ADL 限制。

此外，身体活动与失能之间的相互作用也得到了充分的证实。Ávila-Fuñes 等人指出，低水平的身体活动与虚弱老年人的失能增加有强关联[④]。定期参与身体活动可以提高身体健康，降低慢性疾病的风险，从而可能降低失能率。这对于生活在农村地区的老年人尤其相关，因为他们可能享受不到充足的休闲设施。Tian 等人的研究结果表明，参与社区活动和康复锻炼可以显著改善失能老人的健康状态[⑤]。

心理健康也是影响老年人失能率的重要因素。研究表明，认知障碍和心理疾病对这一人群的失能负担贡献显著。Shang 等人强调，老年人群体中普遍

---

① M. Tareque, S. Begum, and Y. Saito, “Inequality in disability in bangladesh, ” Plos One, vol. 9, no. 7, 2014.

② Y. Chen and F. Sloan, “Explaining disability trends in the u. s. elderly and near - elderly population, ” Health Services Research, vol. 50, no. 5, pp. 1528~1549, 2015.

③ R. Yokota et al. , “Contribution of chronic diseases to the disability burden in a population 15 years and older, Belgium, 1997 - 2008, ” BMC Public Health, vol. 15, no. 1, 2015.

④ J. Ávila-Fuñes, S. Piña - Escudero, S. Aguilar-Navarro, L. Robledo, L. Ruiz-Arregui, and H. Amieva, “Cognitive impairment and low physical activity are the components of frailty more strongly associated with disability, ” The Journal of Nutrition Health & Aging, vol. 15, no. 8, pp. 683~689, 2011.

⑤ Y. Tian, Y. Zhang, Y. Yan, H. Zhang, and X. Li, “The active aging level of the rural older adults with disability in China: A cross-sectional study, ” Frontiers in Public Health, vol. 11, 2023.

存在的痴呆症是导致失能的主要因素，进一步复杂化了老年人的健康状况[①]。通过社区支持和医疗服务解决心理健康问题对于减少失能流行率至关重要。

总之，老年人失能流行率会受到多种因素的影响，包括年龄、慢性疾病、社会经济地位、身体活动水平和心理健康。失能流行率综合反映了整个国家疾病的流行程度、恶劣的工作安全措施以及社会安全网提供程度等方面的影响[②③④]。针对这些因素的有针对性的干预措施可以显著减少老年人群体中的失能负担。随着全球人口老龄化，理解失能及其影响因素的动态变化对于制定有效的公共卫生政策、改善老年人的生活质量至关重要。

二、数据来源、变量界定与估计方法

（一）数据来源

本书使用的数据来自中国健康与养老追踪调查（China Health and Retirement Longitudinal Survey，CHARLS）数据，是由北京大学国家发展研究院主持、北京大学中国社会科学调查中心与北京大学团委共同执行的大型跨学科调查项目。全国基线调查于 2011 年开展，样本覆盖全国随机抽取的 150 个县区、450 个村居的万余户家庭。此后，分别于 2013、2015、2018、2020、2021—2023 年继续开展全国追踪调查[⑤]。

CHARLS 的抽样过程分为多个阶段，首先将全国划分为不同层次，然后依次随机抽取县（区）、村（居委会）和家庭户，最后调查选中家庭中的 45 岁及以上成员。这种方法确保了样本在地理分布和社会经济特征上的代表性。

---

① L. Shang, Y. Huang, Z. Liu, and H. Chen, “A cross-sectional survey of disability attributed to mental disorders and service use in China,” Chinese Medical Journal, vol. 130, no. 12, pp. 1441~1445, 2017.

② A. A. Andreev, “To work or not to work: Labor supply decisions of Russia’s disabled,” Duke Journal of Economics, vol. 20, 2008. [Online]. Available: http://econ.duke.edu/dje/2008Symp/Andreev.pdf

③ A. Seitenova and C. M. Becker, “Disability in Kazakhstan: An evaluation of official data,” World Bank, 2008.

④ C. M. Becker and D. S. Urzhumova, “Pension burdens and labor force participation in Kazakstan,” World Development, vol. 26, no. 11, pp. 2087~2103, 1998.

⑤ 关于 CHARLS 项目的详细情况，参见 https://charls.pku.edu.cn/gy/gyxm.htm。

在后续跟踪调查中，研究团队持续更新样本信息，处理样本流失问题，并补充新样本以维持代表性。CHARLS 数据的纵向追踪特性使研究者能够分析中国中老年人群在健康、经济和社会方面的动态变化。这些全面的数据为研究中国人口老龄化问题提供了宝贵资源，可用于多学科研究，包括公共卫生、社会学、经济学和人口学等领域，为相关政策的制定和实施提供科学依据。

本书选取 2011、2013、2015、2018 年 4 次追踪调查数据展开深入分析。这 4 次调查覆盖 50 岁以上人群，经过样本加权调整后，能够较好地代表我国老年人的整体分布情况。表 3-1 展示了历次追踪调查样本量分布情况。

从样本量历年分布可以看出，共有 9170 个样本出现过 4 次，4513 个样本出现过 3 次，4014 个样本出现过 2 次，4308 个样本出现过 1 次。

表3-1　历次追踪调查样本量分布（50岁以上人群）　单位：个

样本出现次数	2011年	2013年	2015年	2018年	合计
1	1044	404	527	2333	4308
2	1209	1451	2767	2601	8028
3	2218	3995	4110	3216	13539
4	9170	9170	9170	9170	36680
合计	13641	15020	16574	17320	62555

数据来源：CHARL2011—2013—2015—2018 harmonized data

（二）变量界定与处理

1. 失能的测量

本书重点在于研究与长期照护需求相关的失能流行率的估计，因此失能的测量以需要人来照护为基本的出发点。参考曾毅等与尹尚菁等的界定，设定 1~2 项 ADL 障碍为“轻度失能”，3~4 项为“重度失能”，5~6 项为“极重度失能”，无 ADL 失能的为生活自理，没有考虑 IADL 有困难的情况。CHARLS 数据提供了六项 ADL（包括穿衣、吃饭、洗澡、上下床、上厕所和控制大小便）的情况，分为“1 没有困难”“2 有困难但仍可以完成”“3 有困难，需要帮助”和“4 无法完成”4 个选项，一般认为 1、2 两项可以自理，3、4 两项表示不能自理。在实际的失能测量中，统计六项 ADL 不能自理的项数，根据出现的次数确定失能程度。

2. 变量处理

综合考虑各个因素的影响，需要对变量进行适当处理。婚姻状况划分为有配偶和无配偶两种情形；城乡划分中将城市与镇合并，最后分为城镇和乡村两类。

表3-2 不同年份调查老人基本情况（单位：%，人）

年龄组	2011	2013	2015	2018	小计
50~54岁	19.71	19.45	21.66	20.54	20.4
55~59岁	26.15	23.34	18.58	16.86	20.89
60~64岁	20.62	21.41	21.76	19.74	20.87
65~69岁	13.52	14.24	15.73	17.91	15.5
70~74岁	9.45	10.03	10.39	11.14	10.31
75~79岁	6.41	6.6	6.72	7.38	6.81
80~84岁	2.88	3.41	3.44	4.18	3.52
85~89岁	0.98	1.13	1.27	1.69	1.29
90岁以上	0.27	0.39	0.44	0.56	0.43
男性	49.66	49.37	48.98	48.33	49.04
女性	50.34	50.63	51.02	51.67	50.96
有配偶	84.72	84.85	84.63	83.76	84.46
无配偶	15.28	15.15	15.37	16.24	15.54
合计	13641	15020	16574	17320	62555

注：样本分布未经加权处理。

从表 3-2 可以看出，随着样本追踪时间变长，2011—2018 年调查的年龄分布有向更高年龄段变动的趋势，在后续的分析中需要进行加权处理。详见本项追踪调查历年详细说明。

3. 失能状况分布

根据整理的数据进行分析，按照前面进行的失能程度界定，对各年失能程度进行样本加权分析，得到分年份和不同年龄组失能分布情况，如表 3-3 所示。从失能分布情况来看，在低年龄组失能分布各年总体上较为相似，但在高年龄组阶段，因为调查样本较少的原因，失能分布情况波动较为剧烈，并没有表现出明显的一致性。因此，对失能流行率进行估计还需要进行平滑处理，防止因样本过少导致的估计偏差问题。

表3-3 分年份和不同年龄组失能分布情况（样本加权）

调查年份	年龄组	无失能	轻度失能	重度失能	极重度失能	合计
2011年	50~54岁	90.12	7.82	1.28	0.78	100.00
	55~59岁	87.15	9.35	2.43	1.07	100.00
	60~64岁	82.15	12.55	3.65	1.65	100.00
	65~69岁	78.69	14.65	4.42	2.24	100.00
	70~74岁	72.59	18.32	5.90	3.19	100.00
	75~79岁	67.09	16.93	8.71	7.27	100.00
	80~84岁	53.38	23.79	10.53	12.29	100.00
	85~89岁	42.34	23.9	14.75	19.01	100.00
	90岁以上	43.43	27.45	12.21	16.91	100.00
	合计	80.65	12.62	4.02	2.7	100.00
2013年	50~54岁	89.56	8.49	1.60	0.35	100.00
	55~59岁	86.44	10.75	2.15	0.66	100.00
	60~64岁	82.9	12.49	2.84	1.76	100.00
	65~69岁	78.42	15.74	4.23	1.62	100.00
	70~74岁	72.55	19.3	4.64	3.52	100.00
	75~79岁	67.58	20.77	7.07	4.59	100.00

续表3-3

调查年份	年龄组	无失能	轻度失能	重度失能	极重度失能	合计
2013年	80~84岁	58.82	27.08	8.12	5.98	100.00
	85~89岁	50.93	28.43	12.77	7.87	100.00
	90岁以上	40.49	20.57	33.80	5.15	100.00
	合计	80.5	13.93	3.69	1.88	100.00
2015年	50~54岁	88.66	9.36	1.47	0.52	100.00
	55~59岁	85.1	11.52	2.24	1.14	100.00
	60~64岁	80.22	14.82	3.38	1.58	100.00
	65~69岁	75.74	17.7	4.62	1.94	100.00
	70~74岁	69.29	20.52	6.57	3.62	100.00
	75~79岁	64.01	21.24	8.94	5.82	100.00
	80~84岁	60.92	25.89	8.88	4.31	100.00
	85~89岁	46.9	29.47	13.16	10.48	100.00
	90岁以上	42.75	21.51	13.23	22.52	100.00
	合计	78.38	15.25	4.13	2.25	100.00
2018年	50~54岁	92.00	6.28	1.18	0.54	100.00
	55~59岁	88.81	8.58	2.08	0.54	100.00
	60~64岁	83.91	11.59	3.26	1.23	100.00
	65~69岁	77.82	15.97	3.99	2.23	100.00
	70~74岁	72.65	18.88	5.23	3.24	100.00
	75~79岁	67.96	19.94	6.71	5.39	100.00
	80~84岁	57.96	23.14	9.70	9.20	100.00
	85~89岁	51.71	25.02	11.14	12.14	100.00
	90岁以上	38.98	24.71	12.79	23.53	100.00
	合计	80.77	13.07	3.75	2.41	100.00

（三）估计方法的选择：有序离散变量面板数据估计

1. 估计方法选择

失能流行率的估计一直是研究失能相关问题的关键问题，但与出生、死亡和人口数等相对确定的事件相比，失能本身的界定并未达成共识，因此其估计显得更为复杂，并不存在一个估计失能流行率的黄金准则。除失能界定外，所采用的方法也会对估计结果产生影响，如人口抽样、接受帮助的决策以及调查背景等，甚至调查问题次序都有可能影响到其结果①。从现有文献和实际运用的方法来看，估计方法大致可归结为三大类。

（1）人口学模型估计。许多人口学事件，如死亡、出生和迁移等，会随着年龄的变动而发生巨大的变化。人口学家目前采取一些模型来总结这些基本规律和模式。人口学模型有效地提供了衡量失能流行率与年龄之间的关系。虽然因为调查的原因导致失能流行率的变动并不规律，但通过人口模型可以平滑一些奇异点，改善失能流行率的估计结果②。一般采用数理模拟、生命表技术和相关模型（Relational models）。

（2）综合性估计方法。综合性估计方法主要是通过整合各种不同类型的数据来估计某地区失能流行率的方法。这一方法采取基于模型的技术，整合那些包含研究人员感兴趣的问题涉及的变量，运用到局部地区进行估计。

（3）微观模拟估计。微观模拟估计一般通过提取包含个体信息的抽样调查数据（如普查数据），并尽可能地匹配所要研究区域内的个体状况以模拟个体失能的变动。近年来，由于数据的可获得性和计算机运算能力的增强，逐步消除了个体微观模拟技术面临的障碍，使得微观模拟技术获得了广泛的应用。

从上面对失能流行率估计方法来看，需要有大量的数据作为支撑，而且跟踪调查数据可能更好。从我国目前情况来看，在全国范围内针对老年人的调查数据相对较少，而且大部分是刚刚起步，由于客观原因，调查样本规模受到诸多限制，对失能流行率的测算与估计还处于初级阶段。如果采用微观

---

① A. Marshall, "Developing a methodology for the local estimation and projection of limiting long term illness and disability," University of Manchester, 2009.

② P. Congdon, "Statistical graduation in local demographic analysis and projection," Journal of the Royal Statistical Society. Series A. Statistics in Society, vol. 156, no. 2, pp. 237~270, 1993.

模拟技术，不仅需要较大的初始样本量，而且需要搜集更多影响个人失能的因素，这需要有多年的追踪调查数据作为基础，才能使参数的设定更符合现实情况。如果采用多状态生命表技术，需要测算不同状态之间的转移概率，在数据量较小和年份较少的情况下，转移概率的估计结果具有较大的不稳定性，对失能流行率的研究并不合适。

因此，从方法上来说，目前阶段估计失能流行率采用宏观人口模型中的数理模拟方法较为适宜，若考虑到失能流行率的变动趋势，则需要进一步分析近期内失能流行率的变化特点及其影响因素，基于充分利用信息原则可以采取面板数据估计方法进行。

2. 有序离散变量面板数据估计方法

（1）方法介绍。由于“中国健康与养老追踪调查”项目采取的是 PPS 抽样，而且经过样本加权，具有较好的代表性，但因为高龄老人样本量总体还是较少，对失能发生率的估计不能简单以调查获得的数据直接进行样本加权计算，甚至在大样本情况下也会受到较多的干扰。为了解决这一问题，需要假定失能发生率会随年龄和时间平稳变化，利用原始的特定年龄的失能状况进行估计，并按照年龄和年份进行平滑处理。有学者采用 Logistic 回归模型，引入时间变量进行估计①，还有学者采用重叠多项式方法来平滑失能报告中可能存在的奇异点，以便更加真实地反映失能发生的概率②。这样做法固然具有一定的优势，但是仅引入时间变量因素仍不足以解释失能发生概率的变化情况。

本研究四次调查数据（2011—2018），时间跨度为 8 年，而且对相当比例的样本进行了跟踪调查。失能程度实际上反映了老人从生活自理状态到轻度失能、重度失能甚至极重度失能在程度上逐步加重的过程，可以视为具有有序性质的变量。因此，为了更加充分地利用调查数据的信息，使得失能发生率的估计更具准确性与客观性，更适宜采取有序离散面板数据估计方法。

当选择有序离散选择模型的具体估计方法时，首先需要考虑调查样本的

① 顾大男、曾毅:《1992—2002 年中国老年人生活自理能力变化研究》,《人口与经济》2006 年第 4 期。

② B.-K. Yoo, J. Bhattacharya, K. M. McDonald, and A. M. Garber, “Impacts of informal caregiver availability on long-term care expenditures in OECD countries, ” Health Services Research, vol. 39, no. 6, Pt. 2, pp. 1401~1432, 2004.

个体异质性与临界值是否相同这两个关键问题。个体失能程度不仅会受到年龄、性别等因素的影响，而且还与社会经济因素相关变量（如收入、教育、婚姻状况等）或健康相关的变量以及一系列可以测量或无法测量因素有着密切的关系。因此，简单假定存在零均值和同方差以及相同临界值有问题的[①]，并不适宜采取随机效应模型（Random effects model），更适合采用固定效应模型（Fixed effects model）以避免可能出现的偏差。因为固定效应模型放松了个体特定误差项的分布及其与解释变量的相关性的假设[②]。固定效应模型的这一特点在因果效应估计中非常有用，因为可以控制由时不变特征引起的任何潜在内生性问题。

（2）面板固定效应有序 Logit 模型的基本框架。考虑一个附加隐变量未观测到的异质性有序 logit 模型：

$$y_{it}^{*}=\alpha_i+X_{it}\beta+u_{it},\ t=1,\cdots,T\geq 2. \qquad (1)$$

对任何个体 i 存在回归向量 $X_{it}\in R^{1\times K}$，以及相关的回归系数向量 $\beta\in R^{K\times 1}$。误差项假定与回归向量 $X_i=(X_{i1},\cdots,X_{iT})$ 以及未观测到的个体异质性 $\alpha_i\in\beta$ 不相关，并遵循标准 Logistic 分布：

$$(u_{i1},\cdots,u_{iT})\,|\,(\alpha_i,X_i)\sim iid\ LOG(0,1). \qquad (2)$$

有序因变量 $y_{it}\in\{1,\cdots,J\}$ 的观测值通过间断点 $y_j\in R$ 与隐变量 y_{it}^{*} 采取如下方式建立关联：

$$y_{it}=\begin{cases}1 & 若\ y_{it}^{*}<r_1\\ 2 & 若\ \gamma_{it}^{*}<r_2\\ \vdots & \vdots\\ J & 若\ \gamma_{J-1}\leq y_{it}^{*}\end{cases} \qquad (3)$$

（1）~（3）组成固定效应有序 Logit 模型。

随机 n 个样本量 $(y_i,x_i)=(y_{i1},\cdots,y_{iT},X_{i1},\cdots,X_{iT})$ 可以用来估计回归系数和分界点。在渐近分析中，截面个体数量趋近于无穷大，但时间 T 比较小，只要 $T\geq 2$ 即可。

---

① W. H. Greene and D. A. Hensher, Modeling ordered choices: A primer. Cambridge University Press, 2010.

② J. M. Wooldridge, Econometric analysis of cross section and panel data, 2nd ed. MIT Press, 2010.

在协方差 X_i 和个体异质性 α_i 条件下，有序因变量 y_{it} 的值为 j 的概率为：

$$P(y_{it}=j \mid X_i, \alpha_i)=P(\gamma_{j-1} < \alpha_i+X_{it}\beta+u_{it} < \gamma_j \mid X_{it}, \alpha_i)$$
$$=\Lambda(\gamma_j-\alpha_i-X_{it}\beta)-\Lambda(\gamma_{j-1}-\alpha_i-X_{it}\beta)$$

Riedl 和 Geishecker 对有序 Logit 面板回归固定效应的 6 个估计方法进行比较发现，“Blow Up and Cluster”（简称 BUC）估计方法[①]的偏差最小，其效率几乎与广义矩估计法（GMM）和经验似然估计法等更复杂的方法相当[②]。BUC 方法主要由两个过程组成：首先，给定有序类别 K 的值，在第一阶段 BUC 用（k–1）个观测值替换单一观察值，并将每个观察值处理成二分变量。随后，采用新的总体样本进行固定效应 logit 估计。因为新样本构成影响，观察值并非独立，所以需要采取个体簇进行估计。本书将讨论 BUC 估计量以及 Baetschmann 提出的估计量[③]，该估计量允许拟合额外的模型参数。在 Stata 中采用 feologit 命令进行估计。

三、结果分析

（一）回归分析结果：离散有序Logit模型

为了对离散有序随机效应模型与离散有序固定效应模型的结果进行比较分析，在 Stata17.0 中分别采用 xtologit 和 feologit 命令进行面板有序随机效应回归分析和 BUC 估计量回归。在 BUC 回归中自动去掉 4 次调查中失能程度无变化的个体。最终分析结果表明，年龄变量在两个回归模型中均显著为正，但在 BUC 模型中有配偶显著为负，但随机模型中并不显著。性别在随机模型中显著，但在 BUC 模型中并不显著。失能状况受到更多其他因素的影响。因此，根据选择变量进行回归分析后，估计不同年份的失能概率（失能发生率），分性别进行整理后得到分性别的失能流行率的估计结果，如表 3–4 所示。

① G. Baetschmann, K. E. Staub, and R. Winkelmann, “Consistent estimation of the fixed effects ordered logit model,” Journal of the Royal Statistical Society: Series A (Statistics in Society), vol. 178, no. 3, pp. 685~703, 2015.

② M. Riedl and I. Geishecker, “Keep it simple: Estimation strategies for ordered response models with fixed effects,” Journal of Applied Statistics, vol. 41, no. 11, pp. 2358~2374, 2014.

③ 同②。

表3-4　离散有序Logit面板回归结果（随机模型与BUC模型比较）

变量	xtologit					feologit
	disabled	cut1	cut2	cut3	sigma2_u	disabled
55~59岁	0.552***					0.390**
	(0.100)					(0.171)
60~64岁	1.069***					0.747***
	(0.102)					(0.208)
65~69岁	1.707***					1.286***
	(0.105)					(0.242)
70~74岁	2.133***					1.614***
	(0.111)					(0.276)
75~79岁	2.765***					2.240***
	(0.118)					(0.310)
80~84岁	3.622***					3.203***
	(0.132)					(0.353)
85~89岁	4.197***					3.859***
	(0.160)					(0.402)
90~94岁	4.930***					4.677***
	(0.228)					(0.495)
95~99岁	6.296***					6.712***
	(0.407)					(0.955)
100岁及以上	3.587***					3.911***
	(0.532)					(0.879)
sex	−0.197***					0
	(0.0661)					(0)
hukou	−0.0731					−0.433***

续表3-4

变量	xtologit					feologit
	disabled	cut1	cut2	cut3	sigma2_u	disabled
	（0.0456）					（0.0725）
married	–0.203***					–0.616***
	（0.0745）					（0.162）
education	–0.138***					–0.0299
	（0.0170）					（0.0410）
cut1						0
						（0）
cut2						2.238***
						（0.0534）
cut3						3.447***
						（0.0815）
Constant		5.296***	7.371***	8.514***	6.068***	
		（0.143）	（0.154）	（0.163）	（0.261）	
Observations	63，983	63，983	63，983	63，983	63，983	58，122
N. of obs. copies						9249
Number of ID	22，527	22，527	22，527	22，527	22，527	
N. of panel units						2739

注：括号内为标准差，*** p<0.01，** p<0.05，* p<0.1

估计的失能率较好地拟合了不同年度不同年龄失能率的差异，而且平滑了各年龄可能存在的奇异点，能够总体上反映出各年龄的失能水平，呈现出随年龄指数增长的态势。

表3-5　分性别失能概率估计结果（2011—2018）

性别	年龄组	无失能	轻度失能	重度失能	极重度失能
女性	65~69岁	93.68%	5.60%	0.50%	0.22%
	70~74岁	90.64%	8.26%	0.77%	0.33%
	75~79岁	82.70%	15.09%	1.54%	0.67%
	80~84岁	61.98%	31.75%	4.31%	1.97%
	85~89岁	44.25%	43.64%	8.15%	3.96%
	90~94岁	24.27%	50.55%	16.03%	9.15%
	95~99岁	31.95%	48.47%	12.69%	6.89%
	100岁及以上	39.63%	46.40%	9.35%	4.62%
男性	65~69岁	92.45%	6.69%	0.61%	0.26%
	70~74岁	89.66%	9.12%	0.85%	0.37%
	75~79岁	81.66%	15.98%	1.65%	0.72%
	80~84岁	61.74%	31.90%	4.37%	2.00%
	85~89岁	43.11%	44.07%	8.58%	4.24%
	90~94岁	24.53%	49.84%	16.18%	9.46%
	95~99岁	30.93%	48.44%	13.27%	7.36%
	100岁及以上	37.32%	47.04%	10.36%	5.27%
女性	65~69岁	95.66%	3.86%	0.34%	0.14%
	70~74岁	93.64%	5.64%	0.51%	0.22%
	75~79岁	87.38%	11.09%	1.07%	0.46%
	80~84岁	71.06%	24.71%	2.93%	1.30%
	85~89岁	54.33%	37.31%	5.70%	2.65%
	90~94岁	34.09%	48.54%	11.45%	5.92%
	95~99岁	47.43%	40.57%	8.00%	4.00%
	100岁及以上	60.76%	32.61%	4.55%	2.08%

续表3-5

性别	年龄组	无失能	轻度失能	重度失能	极重度失能
男性	65~69岁	94.76%	4.66%	0.41%	0.18%
	70~74岁	92.68%	6.48%	0.59%	0.25%
	75~79岁	86.28%	12.04%	1.18%	0.51%
	80~84岁	69.17%	26.18%	3.21%	1.44%
	85~89岁	53.43%	37.78%	5.98%	2.81%
	90~94岁	29.77%	49.58%	13.39%	7.25%
	95~99岁	43.08%	42.72%	9.35%	4.86%
	100岁及以上	56.40%	35.85%	5.30%	2.46%

注：由于CHARLS数据高龄（80岁及以上）样本量相对较少，即使进行了平滑处理，估计的失能概率仍然可能存在一定程度的误差，对后续的整体失能率的估计造成影响

（二）失能流行率的变动趋势

根据上述估计结果，分析2011—2018年总体失能率的变化趋势（表3-6），可以发现，不同年龄总体失能率有所变化，在75~89岁均有所下降，在65~74岁有所上升，90岁及以上虽然估计结果不稳定，但大体略有上升。实际上，随着老年人生活条件的改善，总体失能率会有所下降。

表3-6　2011—2018年估计总体失能率的变化

年龄组	2011年	2013年	2015年	2018年
65~69岁	1.32%	1.34%	1.35%	1.42%
70~74岁	2.17%	2.12%	2.06%	2.16%
75~79岁	4.37%	4.27%	4.13%	4.06%
80~84岁	10.47%	10.15%	9.87%	9.96%
85~89岁	18.06%	18.03%	18.28%	17.71%
90~94岁	31.44%	31.79%	31.93%	32.32%

续表3-6

年龄组	2011年	2013年	2015年	2018年
95~99岁	62.55%	66.70%	66.71%	66.67%
100岁及以上	9.59%	12.78%	10.68%	10.65%

数据来源：根据 CHARLS2011—2018 年数据估计

近年来，多项研究指出，中国老年人失能率呈现显著下降趋势。这一积极变化与社会经济发展、医疗卫生进步以及生活方式的改善等多种因素密切相关。

首先，研究表明老年人总体失能率的下降在城市地区尤为明显。Zheng 等人对 1990—2010 年间的分析显示，城市老年人受益于更完善的医疗卫生和社会服务，失能率显著降低①。与此相对，Peng 等人的研究发现，由于医疗资源和社会经济条件的限制，农村老年人仍面临较高的失能风险②。这凸显了在农村地区实施针对性干预措施的重要性，以缩小城乡健康差距。

功能健康状况的改善是失能率下降的关键因素之一。Feng 等人通过对上海地区老年人基本日常生活活动（ADL）和工具性日常生活活动（IADL）的研究，发现 1998—2008 年间老年人功能健康显著提升。这主要归功于经济快速发展和医疗卫生服务水平的提高。城市老年人更容易从这些进步中受益，强调了在全国范围内提升医疗服务水平的必要性③。

经济发展对老年人健康的积极影响不可忽视。Guo 等人的研究指出，自 20 世纪 70 年代末经济改革以来，老年人的整体健康状况和功能能力随经济增长而显著提高。他们强调，持续的经济增长对于维持老年人健康改善和失能

① X. Zheng et al.,"Twenty-year trends in the prevalence of disability in China,"Bulletin of the World Health Organization, vol. 89, no. 11, pp. 788~797, 2011.

② X. Peng, S. Song, S. Sullivan, Qiu J., and W. Wang,"Ageing, the urban-rural gap and disability trends: 19 years of experience in china - 1987 to 2006,"Plos One, vol. 5, no. 8.

③ Q. Feng, Z. Zhen, D. Gu, B. Wu, P. Duncan, and J. Purser,"Trends in ADL and IADL disability in community-dwelling older adults in Shanghai, China, 1998~2008,"The Journals of Gerontology Series B, vol. 68, no. 3, pp. 476~485, 2013.

率下降的趋势至关重要[①②]。

慢性疾病的管理在降低失能率方面也发挥了重要作用。Marešová 等（2019）的研究表明，虽然心血管疾病和认知障碍等慢性病仍然普遍存在，但由于疾病管理和治疗方法的改进，与这些疾病相关的整体失能负担有所减轻。这表明，加强慢性病的预防和管理对于降低老年人失能率至关重要[③]。此外，Zeng 等人研究发现，由于医疗保健的改善和生活方式的变化，老年人失能的发生时间被推迟到生命的后期，即出现了“疾病压缩”现象。这意味着老年人的生活质量和功能能力正在提高，尽管老年人口在增加，失能率却在下降[④]。Liang 等人的研究进一步支持了失能率下降的趋势。他们发现，1993—2006 年间，老年人 ADL 失能发生率显著降低，这与健康服务和生活条件的改善密切相关[⑤]。

虽然总体上老年失能率有积极下降的趋势，但也注意到失能率在年龄、性别和地理位置上仍存在显著差异。老年女性和农村居民面临更高的失能风险。因此需要制定针对性的政策和措施，确保所有老年群体都能从健康和社会服务的改善中受益。

① Y. Guo, T. Ge, and Q. Jiang, “Prevalence of self-care disability among older adults in China, ” BMC Geriatrics, vol. 22, no. 1, 2022.

② Q. Guo, Y. Sun, M. Fan, and Z. Li, “What is the degree of social disability risk in China under the background of the aging population? Social disability risk measurement index system design and evaluation research based on China, ” Frontiers in Public Health, vol. 11, 2023.

③ P. Marešová et al. , “Consequences of chronic diseases and other limitations associated with old age - A scoping review, ” BMC Public Health, vol. 19, no. 1, 2019.

④ Y. Zeng, Q. Feng, T. Hesketh, K. Christensen, and J. Vaupel, “Survival, disabilities in activities of daily living, and physical and cognitive functioning among the oldest-old in China: A cohort study, ” The Lancet, vol. 389, no. 10079, pp. 1619~1629, 2017.

⑤ Y. Liang, A. Welmer, R. Wang, A. Song, L. Fratiglioni, and C. Qiu, “Trends in incidence of disability in activities of daily living in Chinese older adults: 1993~2006, ” Journal of the American Geriatrics Society, vol. 65, no. 2, pp. 306~312, 2016.

第四章　我国老年人口长期照护人力资源需求预测

第三章重点考察了我国失能流行率的估计及其变动趋势，以此为基础可以对我国未来的失能老年人口进行预测，但首先要对我国未来的老年人口的变动发展趋势进行相应的预测。

一、我国老年人口现状及发展趋势

老年人口长期照护人力资源需求预测首先需要解决的问题，是老年人口的现状及发展趋势的预测。虽然存在着较多的争论，但目前我国这一领域的研究相对成熟，许多学者采取多种方法对未来我国人口发展的数量与年龄结构进行了详细预测。本书借鉴有关学者设定的人口预测方案的相关参数，以第六次全国人口普查数据为基础，采用国际人口预测软件 PARDIS-INT[①] 预测我国 2020—2100 年人口变动趋势。与出生相关统计数据的争论不同，人口死亡率争议相对较小，本书重点关注老年人口的变动趋势，因而以相关的研究成果为依据，可以较好地预测未来老年人口的变动趋势。

① 国际人口预测软件 PADIS-INT 是中国人口与发展研究中心（CPDRC）依靠在人口宏观管理与决策信息系统（PADIS）一期建设过程中形成的技术优势，在联合国人口司的指导和协助下研发的一套国际通用人口预测软件。详细信息参见软件网站 http://www.padis-int.org。

（一）基本参数设定

1. 死亡水平和死亡模式

死亡水平和死亡模式，即年龄别死亡概率，反映死亡水平的综合指标是平均预期寿命。现实的平均预期寿命是根据实际的年龄别死亡率计算的，未来人口年龄别死亡率可根据未来平均预期寿命的设定进行推算。2010 年第六次全国人口普查我国人口平均预期寿命男性为 72.38 岁，女性为 77.37 岁。2020 年第七次全国人口普查显示，我国男性和女性的平均预期寿命分别为 75.4 岁、80.9 岁，较第六次全国人口普查分别提高了 3 岁、3.5 岁。随着社会的不断进步和生活质量的改善，平均预期寿命将逐渐提高。根据日本统计数据，2019 年日本人口平均预期寿命男性为 80.50 岁，女性为 86.80 岁，根据近年的提高幅度，参考联合国推荐的计算数据，假设 2050 年我国男性平均预期寿命达到日本 2019 年的 80.5 岁，女性达到 86.8 岁。进一步假定到 2100 年，我国人均预期寿命男性达到 85 岁，女性达到 90 岁，利用线性插值推断 2020—2100 年各年的平均预期寿命。死亡模式选取被广泛使用的寇尔－德曼区域模型生命表中的西方模式。

2. 生育水平与生育模式

生育问题主要表现在生育水平和生育模式两方面。生育水平一般以总和生育率进行考察。我国关于总和生育率水平存在较多的争论，尚未形成一致意见。联合国《世界人口展望 2019》对我国人口预测的三个低方案假设 2015—2020 年、2020—2025 年、2025—2030 年中国总和生育率分别为 1.45、1.32、1.23，人口将于 2024 年达到 14.5 亿的峰值。因为我国人口在 2021 年达到峰值后，在 2022 年开始下降，联合国最新的《世界人口展望 2022》调低了对中国未来人口的预测参数，但仍然认为，从 2023 年起，中国总和生育率的大趋势是缓慢上升。中方案生育率参数为：2030 年上升到 1.27，2040 年上升到 1.34，2050 年为 1.39，到 2100 年上升到 1.48 左右。

虽然目前三孩政策已全面放开，但从实际三孩出生情况来看，比例仍然较低，本书中方案总和生育率以 2020 年 1.3 为起点，采用联合国人口预测的中方案生育参数进行人口预测。在 PARDIS-INT 中设定生育模式如图 4-1 所示，通过与“第七次全国人口普查”公布 2020 年分年龄生育率相比较，可以发现模型生育率相对集中（23~25 岁），而实际的生育水平主要集中在 25~29 岁，生育年龄普遍有所推迟，在 30~39 岁仍处于较高水平，妇女生育模式相对分散。因为“第七次全国人口普查”数据可能存在人口漏报和重报情况，但目前没有进行相关的调整，仍然采用模式生育率作为人口预测的基础。

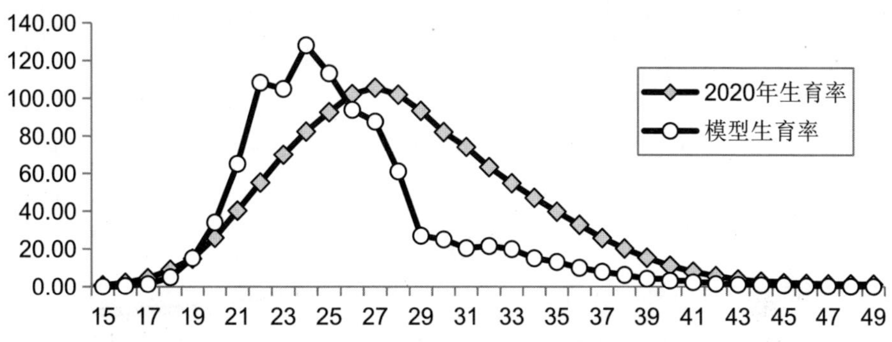

图4-1 第七次全国人口普查妇女分年龄生育率与模型生育率

3. 出生性别比

第七次全国人口普查数据显示，我国出生性别比为 112.3，比起第六次全国人口普查的 121.21 有较大幅度的下降，接近第五次全国人口普查 113.49 的水平，近 20 年来，出生性别有着明显的先升高后下降的趋势。虽然出生性别比在一定范围内呈现波动特征，有关学者的研究表明，人口出生性别比升高是性别偏好和产前性别选择的结果。根据出生性别比孩次变动的正常模式和变动规律，可以推断中国人口出生性别比恢复正常的标志应该是从高孩次逐渐进入 115 以内，并逐渐趋近于 110①。第七次全国人口普查调查结果表明，一孩出生性别比为 113.2，二孩为 108.2，三孩为 132.2，即是向着该趋势的转变。因此，在人口预测中将出生性别比数据以 2020 年的 112.3 为起点，假定到 2050 年恢复正常 110 为终点，通过线性插值推断各年出生性别比，并一直持续到 2100 年。

4. 净人口迁移率与迁移模式

随着我国经济和社会快速发展，从 20 世纪 80 年代末开始，人口迁移一直是净流出状态，目前平均每年常住人口净流出约为 40 万人。考虑到迁移的

① 王广州：《人口出生性别比变动的监测方法研究》，《中国人口科学》2010 年第 4 期。

相对稳定性，假定分性别的迁移率为 PADIS-INT 设定的 0.05% 值。迁移模式反映分年龄性别人口的迁移可能性，采用国际上通用的人口迁移模式。如图 4-2 所示。

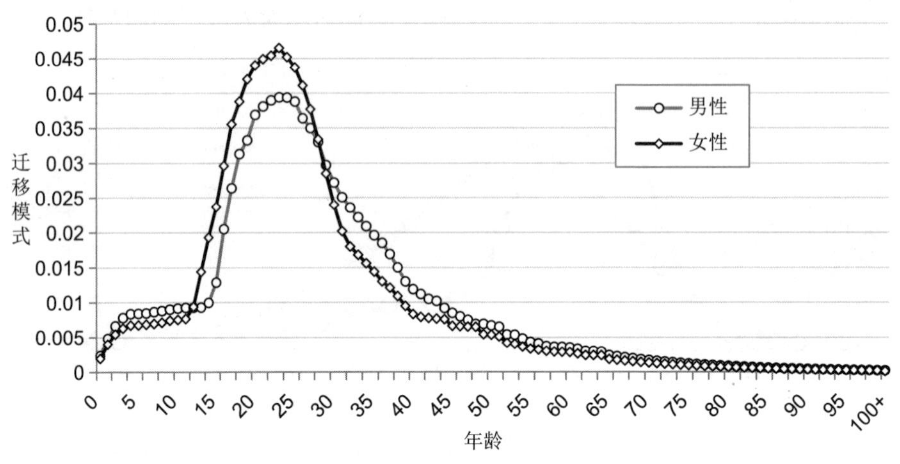

图4-2 分年龄性别人口迁移模式

（二）我国总人口与老年人口变动趋势

1. 我国总人口与老年人口变动态势

根据以上设定参数，按照中方案在 PADIS-INT 中进行人口预测。预测结果表明，在 2020—2100 年间，我国总人口规模均不超过 14.2 亿，按照中方案预测，总人口在 2021 年达到峰值 141036 万人，2022 年预测我国总人口规模为 140888 万人，比 2021 年减少 148 万人。

另外，《中华人民共和国 2022 年国民经济和社会发展统计公报》数据显示，2022 年年末我国总人口为 141175 万人，比本书预测方案 140888 万人高 287 万人，误差率为 0.2037%。这可能是人口抽样调查存在误差和人口预测模型的本身不精确所致，也与预测 2022 年出生人口略低有关。但对我国人口变动态势进行了比较精确的预测。

相对于人口预测中总和生育率受到较多因素的影响，在假定时存在一定的差异性，对于人口的死亡模式与人口预期寿命学者们则存在普遍的共识。从实际结果来看，若不考虑生育水平假定的差别，随着人口预期寿命的提高和老年死亡率的下降，按照中方案人口预测数据来判断未来老龄化态势与高低两种方案相比，总体差别应该较小，较为适合作为后续研究的基础，可能会对未来长期照护人力资源的需求数量略有些低估。表 4–1 和图 4–3 展示了我国 2020—2100 年总人口和老年人口的变动趋势。

表4–1 我国总人口与老年人口数量预测（2020—2100） 单位：万人

年份	总人口	男性	女性	65+人口	65+男性	65+女性	65+比例	80+人口	80+男性	80+女性	80+比例
2020	140978	72142	68836	19064	9051	10012	0.135	3580	1526	2054	0.136
2025	140373	71532	68841	21802	10135	11667	0.155	4064	1647	2417	0.129
2030	139274	70620	68654	26551	12126	14424	0.191	5271	2071	3200	0.139
2035	137842	69546	68295	32268	14583	17685	0.234	7328	2804	4523	0.170
2040	136129	68365	67764	36479	16344	20136	0.268	8495	3157	5338	0.188
2045	133532	66780	66752	38029	16845	21184	0.285	11011	4088	6923	0.232
2050	129448	64481	64967	39592	17425	22168	0.306	14069	5239	8831	0.274
2055	124325	61740	62585	42877	18950	23926	0.345	15800	5850	9950	0.306
2060	118530	58776	59753	42554	18853	23702	0.359	15517	5675	9842	0.312
2065	112579	55849	56730	40498	18010	22488	0.360	15580	5783	9796	0.328
2070	106672	52994	53677	38377	17238	21139	0.360	17475	6758	10718	0.374
2075	100698	50071	50627	37713	17174	20538	0.375	16962	6631	10330	0.365
2080	94758	47127	47631	37853	17460	20393	0.399	15516	6067	9448	0.341
2085	89084	44349	44735	37151	17277	19874	0.417	14357	5732	8625	0.342
2090	83742	41755	41986	34031	15864	18167	0.406	14619	6088	8531	0.378
2095	78900	39323	39577	31331	14558	16773	0.397	15660	6685	8975	0.432
2100	74262	36929	37334	29231	13487	15744	0.394	15823	6715	9108	0.458

注：80+ 比例是指 80 岁及以上老年人口数占 60 岁及以上老年人口比例。

从表中可以发现，2020—2100 年我国 65 岁老年人口数量呈现持续上升的势头，到 2055 年左右达到峰值 42877 万人，65 岁以上老年人口比例持续上升，到 2050 年达到 30.6%，处于严重老龄化阶段。同时，老年人口高龄化趋势更为明显，80 岁及以上高龄老人占 60 岁及以上人口比例从 2020 年的 13.6% 上升至 2050 年的 27.4%，达到 14069 万人，占 65 岁及以上老年人口比例高达 30.8%。世界银行数据显示[①]，2022 年日本 65 岁及以上老年人口数量及其在总人口中的占比达到 29.9%，为世界最高水平。若与之相比较，我国将会在不到 30 年的时间内达到日本目前的老龄化水平，而且会逐步进入超级老龄化社会。

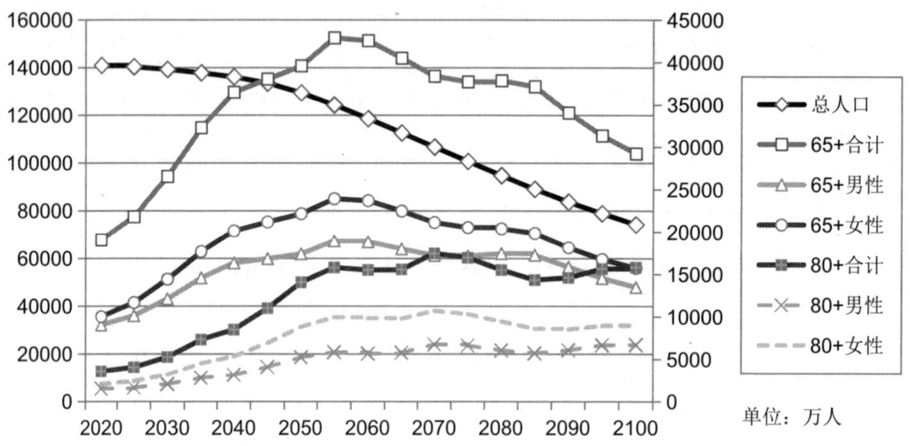

图4-3 我国总人口与老年人口变动趋势（2020—2100）

2. 城乡老年人口变动趋势

我国城乡老年人口的变动与城镇化发展密切相关。2010—2020 年，城镇常住人口从 6.66 亿人增加到 9.02 亿人，城镇化率从 49.7% 提升到 63.9%，年均提高 1.42 个百分点[②]。目前，我国仍处于城镇化快速发展阶段，虽然《国家新型城镇化规划（2021—2035 年）》没有明确指出具体的发展目标，但根据目前发展态势判断，到 2035—2050 年，我国的城镇化率将达到 75%~80%。假

① 数据来源：World Bank，"Population ages 65 and above（% of total population）"，https://api. worldbank. org/v2/en/indicator/SP. POP. 65UP. TO. ZS?downloadformat=excel。

② 参见《国家新型城镇化规划（2014—2020 年）》，http://www. gov. cn/gongbao/content/2014/content_2644805. htm。

定到2030年常住人口城镇化率达到70%，2040年达到75%，随后保持不变直至2050年。

根据城镇化的基本路径，本章分析2010—2020年分年龄性别的城乡人口结构变动基本趋势，并进行简单预测。以2010—2020年分年龄性别的城镇人口比例的变动为标准，考虑到未来城镇化速率的减缓，假定到2050年各年龄段老年人口城镇化变化率按照标准的60%变动。2051—2100年均保持在75%的城镇化水平。

表4–2反映了2010—2020年分年龄性别的城镇化率及其变动情况。从中可以发现，10年间不同性别与年龄段老年人口的城镇化率都在不断提高，但存在一定程度的差异。男性与女性高龄人口的城镇化率提高幅度相对更高一些，70~74岁城镇人口比例变动低于平均水平。

表4–2　2010—2020年分年龄性别城镇化率及其变动

年龄段	2010年男性	2010年女性	2020年男性	2020年女性	男性变化率	女性变化率
65~69	42.73%	44.41%	52.67%	54.66%	9.94%	10.25%
70~74	44.15%	45.48%	50.54%	52.23%	6.40%	6.75%
75~79	44.76%	43.61%	50.09%	51.81%	5.33%	8.20%
80~84	45.04%	41.55%	52.87%	53.57%	7.83%	12.03%
85~89	44.65%	41.08%	54.98%	52.58%	10.33%	11.50%
90~94	46.34%	42.17%	57.56%	51.66%	11.21%	9.49%
95~99	51.81%	45.81%	58.48%	52.00%	6.67%	6.19%
100岁及以上	47.63%	42.81%	58.26%	51.16%	10.63%	8.35%

数据来源：第六次全国人口普查数据资料、第七次全国人口普查数据资料

根据对我国分年龄性别城乡人口比例的变动趋势，结合人口预测数据，获得2020—2100年分城乡老年人口数量变动趋势。如图4–4所示，随着城镇化的迅速提升，2020—2100年城镇65岁及以上老年人口数量多于农村老年人口。到2055年左右，城镇老年男性和女性人口数量分别达到最大值1.79亿和

1.42 亿人，随后开始减少。从 2020 年开始，农村老年人口逐年增加，到 2035 年左右农村女性人口接近 7000 万人，男性人口接近 6000 万人，随后开始逐年下降。

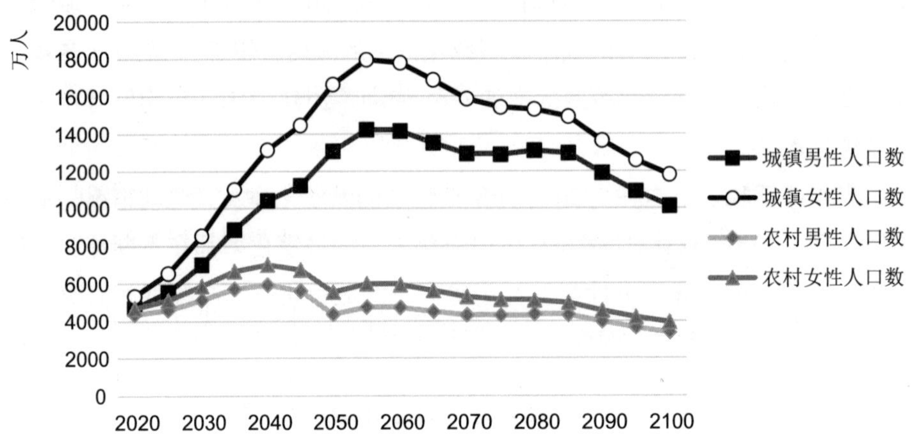

图4-4 我国分城乡老年人口变动趋势（2020—2100）

二、我国老年失能人口预测

（一）老年失能人口预测方案

老年失能人口数量预测一方面需要了解老年人口的变动趋势，另一方面还需要确定未来失能流行率的变动。一般而言，对于失能老年人口有两种预测方案。

1. 静态方案

静态方案即假定分年龄性别不同失能程度的流行率根据前面估计的结果保持不变。在这一方案下，失能老年人数量的增长仅仅来源于纯粹的老年人口数量的变化。

2. 动态方案

在动态方案下，假定未来老年人失能趋势延续相同的变动模式。在这一方案下，人口结构和随时间变动的失能流行率会对 65 岁及以上老年人口中失能人口数量的预测产生影响。

根据前面估计的失能流行率的发展趋势，本章以经过处理后的中国健康与养老追踪调查（CHARLS）2011—2018 年分城乡性别年龄段的失能流行率为基准（较低水平），进行失能老年人口数量的静态方案预测的基准。以 2014—2018 年 4 年间的年度变化率作为失能流行率基准进行动态预测。很明显，因为失能流行率呈向下调整态势，动态预测方案获得失能老年人口数量会比静态方案下的老年人口数量略低。后续的预测基本上是以静态方案为基础，必要时可将动态结果进行呈现，两者可以作为未来失能老年人口预测的上限与下限。

（二）老年失能人口数量预测

根据分城乡性别年龄的老年人口与分城乡性别年龄的失能流行率两方面的数据，进行简单相乘即可得到老年失能人口数量。

1. 我国老年失能人口总量及其变动

根据预测结果（表 4-3），2020 年我国 65 岁及以上老年失能人口总量达到 2873 万人，2035 年达到 5166 万人，到 2050 年达到 8286 万人，占 65 岁以上老年人口比例达到 20.93%；2065 年左右达到峰值 9625 万人，占 65 岁以上老年人口比例达到 23.77%。此时，虽然失能人口数量达到较高水平，但因为人口年龄结构的老化，高龄失能老年人口比例会更高，总失能率会持续提高。到 2075 年前后失能老年人口数量会达到峰值，然后开始下降，但总体失能率仍然呈现不断上升的趋势。

表4-3　我国老年失能人口预测（2020—2100）　单位：万人

年份	轻度失能	重度失能	极重度失能	总计	65岁以上人口	总失能率（%）
2020	2402	320	150	2873	19064	15.07%
2025	2793	372	175	3339	21802	15.32%
2030	3455	457	214	4127	26551	15.54%
2035	4315	579	272	5166	32268	16.01%
2040	5157	717	339	6213	36479	17.03%
2045	6007	865	413	7284	38029	19.15%

续表4-3

年份	轻度失能	重度失能	极重度失能	总计	65岁以上人口	总失能率（%）
2050	6816	995	474	8286	39592	20.93%
2055	7597	1175	568	9340	42877	21.78%
2060	7796	1255	614	9665	42554	22.71%
2065	7766	1248	611	9625	40498	23.77%
2070	7831	1246	606	9684	38377	25.23%
2075	7805	1283	628	9717	37713	25.77%
2080	7561	1300	646	9507	37853	25.11%
2085	7153	1191	588	8932	37151	24.04%
2090	6930	1124	550	8604	34031	25.28%
2095	6978	1148	563	8689	31331	27.73%
2100	6905	1196	593	8693	29231	29.74%

从分不同失能程度人数占 65 岁及以上老年人口比例来看，如图 4–5 所示，均呈现不断增长的态势。轻度失能老年人数比例从 2020 年的 12.60% 增长到 2050 年的 17.22%；重度失能与极重度失能的比例也呈现增长的趋势，到 2050 年两者合计达到 3.71%。值得注意的是，2020—2035 年总失能率提高速度相对较慢，快速增长到 2070 年速度才会进一步变缓。

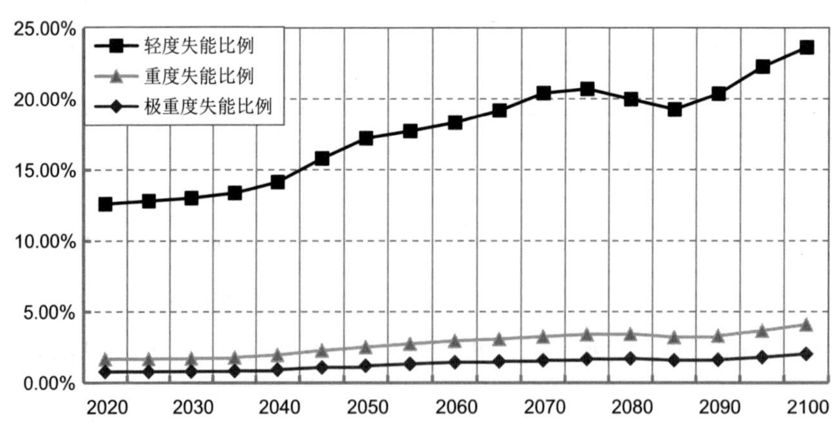

图4–5　不同失能程度人数占老年人口比例变动情况（2020—2100）

从分城乡性别失能人数变动趋势来看（图 4–6），2020—2100 年，城镇女性老年失能人口中所占比例始终是最高的，其次是城镇男性、农村女性和农村男性。

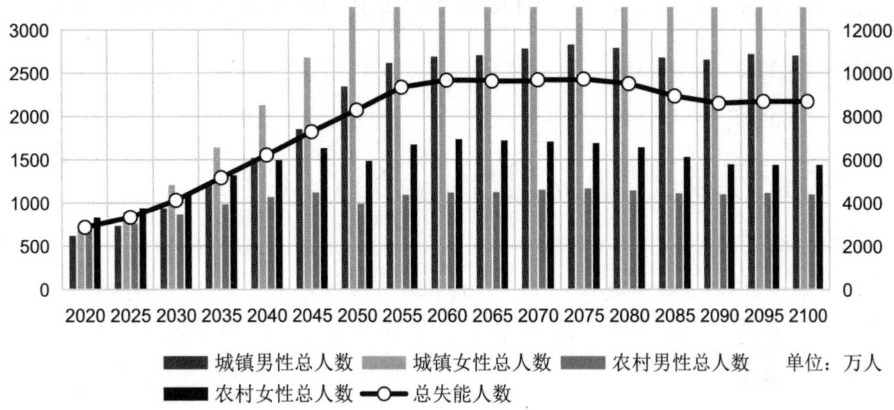

图4–6　我国分城乡性别老年失能人数预测（2020—2100）

2. 城镇男性老年失能人口数量及其变动

根据预测结果（表 4–4），我国城镇男性失能老人在 2020 年达到 619 万人，占 65 岁以上城镇男性人口比例达到 13.17%；到 2035 年达到 1221 万人，几乎翻了一倍；2050 年则达到 2343 万人，占 65 岁以上人口比例达到 17.93%。随后增长速度会有所减缓，但一直会持续增长。

表4–4　老年城镇男性失能人口预测（2020—2100）　单位：万人

年份	轻度失能	重度失能	极重度失能	总计	65岁以上人口	总失能率（%）
2020	522	66	31	619	4698	13.17
2025	622	78	36	736	5545	13.27
2030	796	99	45	940	7006	13.41
2035	1032	129	60	1221	8870	13.77
2040	1278	165	77	1520	10414	14.60
2045	1547	207	97	1851	11238	16.48
2050	1955	264	124	2343	13068	17.93

续表4-4

年份	轻度失能	重度失能	极重度失能	总计	65岁以上人口	总失能率（%）
2055	2162	309	147	2619	14213	18.43
2060	2207	327	157	2692	14140	19.04
2065	2222	329	158	2710	13508	20.06
2070	2287	338	162	2787	12928	21.55
2075	2307	353	170	2831	12881	21.98
2080	2255	361	177	2793	13095	21.33
2085	2176	337	164	2678	12958	20.66
2090	2165	330	159	2654	11898	22.30
2095	884	285	301	1470	10919	13.46
2100	863	286	309	1458	10115	14.41

3. 城镇女性老年失能人口数量及其变动

根据预测结果（表 4-5），我国城镇女性失能老人在 2020 年达到 830 万人，占 65 岁以上城镇女性人口比例达到 13.21%，到 2035 年、2050 年分别达到 1319 万人、1485 万人，占 65 岁以上人口比例分别为 14.89%、20.87%，成为规模最大的失能群体。

表4-5　我国老年城镇女性失能人口预测（2020—2100）　单位：万人

年份	轻度失能	重度失能	极重度失能	总计	65岁以上人口	总失能率（%）
2020	593	76	35	830	5330	13.21
2025	757	97	45	940	6546	13.73
2030	1019	131	60	1112	8549	14.16
2035	1379	180	83	1319	11029	14.89
2040	1776	241	112	1495	13139	16.21
2045	2222	313	147	1631	14451	18.55
2050	2865	411	193	1485	16626	20.87
2055	3231	489	233	1674	17945	22.03

续表4-5

年份	轻度失能	重度失能	极重度失能	总计	65岁以上人口	总失能率（%）
2060	3338	526	253	1736	17776	23.16
2065	3300	518	249	1721	16866	24.12
2070	3283	508	243	1709	15854	25.44
2075	3260	518	249	1691	15404	26.14
2080	3148	523	255	1642	15294	25.67
2085	2918	471	228	1531	14905	24.27
2090	2766	433	208	1447	13625	25.00
2095	2771	436	209	1441	12580	27.15
2100	2775	456	220	1442	11808	29.23

4. 农村男性老年失能人口数量及其变动

与城镇男性相比，由于未来城镇化的快速推进，农村男性老年失能人口数量增长速度将会较慢，而且失能老人占 65 岁以上人口比例增长相对缓慢。根据预测结果（表 4–6），2020 年农村男性老年失能人口规模达到 720 万人，到 2035 年达到 984 万人，2050 年预计达到 989 万人，与城镇男性增长接近 2 倍相比，速度较慢。总和失能率保持与城镇男性类似的态势，从 2020 年的 16.53% 增长到 2050 年的 22.70%。

表4–6 我国老年农村男性失能人口预测（2020—2100） 单位：万人

年份	轻度失能	重度失能	极重度失能	总计	65岁以上人口	总失能率（%）
2020	602	80	38	720	4353	16.53
2025	642	84	39	765	4590	16.66
2030	726	94	44	865	5121	16.89
2035	824	109	51	984	5713	17.22
2040	890	121	57	1068	5929	18.02
2045	928	130	62	1120	5607	19.98
2050	809	121	59	989	4356	22.70

续表4–6

年份	轻度失能	重度失能	极重度失能	总计	65岁以上人口	总失能率（%）
2055	886	141	69	1096	4738	23.13
2060	899	148	74	1121	4713	23.78
2065	904	149	74	1127	4503	25.02
2070	926	153	76	1155	4309	26.81
2075	927	160	81	1168	4294	27.21
2080	902	161	83	1146	4365	26.25
2085	878	152	77	1107	4319	25.64
2090	872	149	75	1097	3966	27.65
2095	880	155	79	1114	3640	30.62
2100	854	161	83	1097	3372	32.54

5. 农村女性老年失能人口数量及其变动

与农村男性相比，农村女性的总和失能率将保持持续增长的趋势（如表4–7），虽然城镇化会使农村女性老年人口减少，但从总量上看，将从2020年的830万人增长到2035年的1319万人，2050年达到1485万人，总和失能率也从2020年的16.53%增长到2050年的22.70%。

表4–7 我国老年农村女性失能人口预测（2020—2100） 单位：万人

年份	轻度失能	重度失能	极重度失能	总计	65岁以上人口	总失能率（%）
2020	684	99	47	830	4683	16.53
2025	773	113	54	940	5121	16.66
2030	914	134	64	1112	5875	16.89
2035	1080	161	78	1319	6656	17.22
2040	1213	190	93	1495	6997	18.02
2045	1310	215	107	1631	6733	19.98
2050	1187	199	99	1485	5542	22.70
2055	1319	236	119	1674	5982	23.13

续表4-7

年份	轻度失能	重度失能	极重度失能	总计	65岁以上人口	总失能率（%）
2060	1352	254	130	1736	5925	23.78
2065	1340	252	129	1721	5622	25.02
2070	1336	248	126	1709	5285	26.81
2075	1311	252	128	1691	5135	27.21
2080	1257	254	132	1642	5098	26.25
2085	1181	231	185	1531	4968	25.64
2090	1127	212	167	1447	4542	27.65
2095	1120	213	157	1441	4193	30.62
2100	1106	221	159	1442	3936	32.54

三、长期照护服务提供方式及其变动趋势

（一）长期照护服务界定

长期照护服务的界定与长期照护（long-term care）的概念是分不开的。

1. 长期照护的概念及其发展

从一般意义来看，长期照护（Long-term Care，LTC）是指为满足因年老、慢性病或残疾等原因而需要长期支持的个人提供的医疗和非医疗服务。

长期照护概念的起源可以追溯到20世纪中期，当时主要集中于机构化的护理设施，如养老院和康复中心。这一时期的长期照护主要是为了满足老年人和慢性病患者的基本护理需求，强调提供持续的生活照顾和基础医疗服务[①]。

随着社会对老龄化问题的重视和护理需求的增加，20世纪末和21世纪初，长期照护逐渐从机构化护理转向社区和家庭护理。家庭护理成为许多国家长期照护的重要组成部分，通过家庭成员和非正式照护者提供支持[②]。这一

① OECD, "Help wanted? Providing and paying for long-term care," 2011.

② H. S. Kaye, C. Harrington, and M. P. LaPlante, "Long-term care: Who gets it, who provides it, who pays, and how much?" Health Affairs, vol. 29, no. 1, pp. 11~21.

转变不仅减轻了机构的压力，也促进了个体在熟悉环境中的生活质量①。

21世纪初，综合护理模式逐渐成为长期照护发展的重要方向。综合护理模式强调在家庭、社区和机构之间提供无缝衔接的护理服务，以满足老年人和需要长期照护的个体的多样化需求②。这种模式不仅包括基本生活照顾和医疗护理，还涵盖社会支持、心理健康服务和康复护理等。

近年来，政策和技术的发展对长期照护产生了深远影响。许多国家通过立法和政策框架，促进长期照护服务的标准化和可及性③。同时，技术进步如远程医疗、智能家居和辅助设备的应用，也显著提高了长期照护服务的效率和质量④。

长期照护概念的发展经历了从机构化护理到社区和家庭护理，再到综合护理模式的演变。政策支持和技术进步进一步推动了长期照护的发展，使其能够更好地满足个体的多样化需求。

2. 现代意义上长期照护服务的概念

长期照护服务在国际上涵盖了多种服务和支持形式，旨在提升老年人的生活质量，保障他们在受尊重、自主和安全的环境中生活。长期照护服务一般会涵盖以下五个主要方面。

（1）生活照顾服务。生活照顾服务指的是帮助老年人完成基本日常生活活动（ADL），如洗澡、穿衣、进食和移动等基本生活需求。根据经合组织的报告，生活照顾是长期照护最基本的组成部分，旨在确保老年人能够在日常生活中获得必要的支持⑤。世界卫生组织（WHO）在其《世界老龄化与健康报告》中也强调了生活照顾的重要性，指出其对于老年人生活质量的提升具有

① World Health Organization, "World report on ageing and health," 2015. [Online]. Available: https://www.who.int/ageing/events/world-report-2015-launch/en/.

② OECD, "Health at a glance 2019," 2019.

③ C. Harrington, T. Ng, M. LaPlante, and S. Kaye, "Medicaid home- and community-based services: Impact of the Affordable Care Act," Journal of Aging & Social Policy, vol. 24, no. 2, pp. 169~187, 2012.

④ OECD, "Health at a glance 2019," 2019.

⑤ OECD, "Help wanted? Providing and paying for long-term care," 2011.

关键作用[①]。

（2）医疗护理服务。医疗护理服务包括慢性疾病管理、康复护理和药物管理等医疗服务，目标是维持和改善老年人的健康状况。世界卫生组织在《老年人综合照护实施框架》中提到，医疗护理是长期照护的重要组成部分，其目的是通过综合护理措施，帮助老年人维持最佳的健康状态[②]。经合组织在《健康一览》报告中也指出，医疗护理在长期照护体系中起着至关重要的作用[③]。

（3）社会支持服务。社会支持包括社交活动、心理支持和社区服务等，旨在提高老年人的社会参与和生活质量。联合国在《马德里老龄问题国际行动计划》中强调，社会支持是实现积极老龄化的重要手段[④]。世界卫生组织在《全球老年友好城市指南》中进一步指出，通过创建支持性的社区环境，可以显著提高老年人的生活满意度[⑤]。

（4）家庭照护服务。家庭照护指的是家庭成员提供的非正式照护，包括日常照顾、情感支持和医疗协助。国家照护联盟与美国退休人员协会（AARP）的报告《美国的照护》表明，家庭照护在长期照护中占据重要位置，家庭成员在提供长期照护方面发挥了不可替代的作用[⑥]。2015 年，世界卫生组织在《为失智症患者的非正式照护者提供支持》报告中也指出，支持家庭照护者对于维持老年人生活质量至关重要。

（5）权益保护。权益保护强调老年人的自主权、尊严和法律保护，确保他们在接受照护时享有平等的权益和自由选择。联合国在《残疾人权利公约》

---

① World Health Organization, "World Report on Ageing and Health," WHO Press, Geneva, 2015.

② World Health Organization, "Integrated care for older people (ICOPE) implementation framework," 2019. [Online]. Available: https://www.who.int/ageing/publications/ICOPE-handbook/en/.

③ OECD, "Health at a glance 2019," 2019.

④ United Nations, "Madrid international plan of action on ageing," 2002. [Online]. Available: https://www.un.org/esa/socdev/documents/ageing/MIPAA/political-declaration-en.pdf.

⑤ World Health Organization, "Global age-friendly cities: A guide," 2007. [Online]. Available: https://www.who.int/ageing/publications/Global_age_friendly_cities_Guide_English.pdf.

⑥ National Alliance for Caregiving and AARP, "Caregiving in the U.S.," 2020. [Online]. Available: https://www.caregiving.org/caregiving-in-the-us-2020/.

中明确指出，老年人应当享有与其他人平等的权利和自由[①]。世界卫生组织在《确保基于人权的方法对待老年人》报告中强调，通过法律和政策框架，保障老年人在长期照护中受到尊重和保护[②]。

从以上五方面来看，长期照护服务的概念涵盖了从基本生活照顾到专业医疗护理，再到社会支持、家庭照护和权益保护等多方面内容。长期照护服务不仅关注老年人和需要长期支持的个人生理需求，还重视其心理健康、社会参与和法律权益。综合来看，长期照护旨在通过全面的服务和支持，提升老年人及其他受照护者的整体生活质量，确保他们能够在被尊重、自主和安全的环境中生活。

这一概念与目前在许多发达国家采用的术语“长期服务和支持”（long term services and supports，LTSS）比较一致。例如，《患者保护与平价医疗法案》（ACA，P.L. 111–148 修改）就使用术语“长期服务和支持”，并在术语定义中包括某些基于制度性和非制度性的长期服务和支持[③]。长期服务和支持的发展体现了服务对象和服务内容的多样化。从关注老年人扩大到包括所有需要长期支持的群体，如残疾人和慢性病患者。美国健康和公众服务部（United States Department of Health and Human Services，HHS）指出，长期服务和支持的目标是通过提供广泛的支持服务，帮助个体实现最大的自主性和生活质量[④]。

因此，借鉴美国健康和公众服务部（HHS）的界定，长期照护服务指范围广泛的健康、个人照料和支持服务，以满足身体虚弱的老年人和其他因为

① United Nations, “Convention on the rights of persons with disabilities, ” 2006. [Online]. Available: https://www. un. org/development/desa/disabilities/convention-on-the-rights-of-persons-with-disabilities. html.

② World Health Organization, “Ensuring a human rights-based approach for older persons, ” 2015. [Online]. Available: https://www. who. int/ageing/publications/human-rights-based-approach/en/.

③ L. Harris-Kojetin, M. Sengupta, E. Park-Lee, and R. Valverde, “Long-term care services in the United States: 2013 overview, ” National Center for Health Statistics, 2013.

④ U. S. Department of Health and Human Services, “Report to Congress: The Centers for Medicare & Medicaid Services’ evaluation of the Money Follows the Person (MFP) demonstration, ” 2018. [Online]. Available: https://www. medicaid. gov/medicaid/ltss/downloads/mfp-rtc. pdf.

慢性疾病、损伤、身体、认知或精神失能，或其他与健康有关的条件导致自我照顾受限的成年人的需求[①]。长期照护服务一般包括提供基本日常生活活动（ADL）（如洗澡、穿衣、吃饭、上下床、室内活动和上厕所）、工具性日常生活活动（IADL）（如用药管理和家务活动）和日常保健方面的帮助。

（二）长期照护服务提供方式

老人接受长期照护服务的方式可以有很多种。例如，在家里接受来自家庭健康机构提供的上门服务或者由家庭成员或朋友提供的服务，在社区由成人日间照料中心提供的服务，居家辅助生活社区或者养老机构提供的照料服务。在我国，目前长期照护服务提供方式大致可分为家庭照料、居家照料和机构照料三大类。

1. 家庭照料

家庭照料中家庭成员是老年人的主要照料者，家庭照料以非正式的资源为主，一般主要照料者包括配偶、子女、亲戚等。这是目前失能老人的主要照料模式。

2. 居家照料

虽然老年人也是居住在家中，但侧重于社区在提供照料中的作用，如社区提供的日常医疗和护理服务、日托服务等。居家照料实际上是家庭照料和社区机构照料的融合，因此居家照料也包含了机构服务，只不过是由社区内的机构上门提供相关的照料服务。

3. 机构照料

机构照料是指老年人居住在机构中，由机构负责其一切的饮食起居、日常护理和卫生保健等方面的一种服务提供方式。

家庭和居家照料可以给老年人更大的自由空间，而且与服务密集性、容易滋生冷漠感以及生活单一的机构照料相比，有助于节省照料成本和提供人性化的服务。

---

① U. S. Department of Health and Human Services, “What is long-term care?” [Online]. Available: http://longtermcare.gov/the-basics/what-is-long-term-care/.

（三）长期照护服务利用的影响因素

虽然长期照护服务提供方式有以上三种，但是长期照护服务不仅要考虑提供方式，而且要考虑对长期照护服务方式的需求，也就是说，长期照护服务的利用需要考虑供给与需求两方面。长期照护服务的利用，受到个体、家庭以及社会文化因素的影响。对于个体而言，利用何种长期照护服务是个人选择行为，属于微观个体行为，与个体、家庭和外部环境密切相关；从整个社会或国家层面而言，长期照护服务的利用实际上反映了老年群体性行为，是由多个个体行为综合形成的。

1. 长期照护服务利用的微观影响因素

分析长期照护服务利用需要构建一个基本的分析框架。在现有的文献中，有几个基本的框架可以解释长期照护利用的影响因素①。其中最具综合性和广泛应用的框架是 R. Andersen 和 J.F. Newman 于 1973 年发展起来的行为模型②。在 1968 年首次提出的模型中，考虑到个体医疗服务行为受到家庭经济社会特征的影响，Andersen 将分析的单元放在家庭上，在后续不断完善模型的过程中，将分析的单元聚集于个体，因为家庭成员也存在较大的异质性，构建家庭层面的模型有着现实的困难③。

他们运用这一综合性框架，提出了医疗服务利用的因果链。该模型历经几十年的发展，为众多研究者重新界定或深化。模型设定个体服务利用乃取决于其利用倾向、使能因素，以及在疾病水平上对医疗保健服务的需求。倾向性变量囊括社会人口特征（如年龄、性别、教育水平、婚姻状况）及信仰相关特征（如对健康与疾病的观念，源自可测量的抽烟、饮酒或身体质量指数等结果）。而使能因素则涵盖那些推动或支持医疗保健服务利用的要素（如收入、医疗保险类型等）。本书借鉴 Andersen 和 Newman 的行为模型，分析长

① T. Ricketts and L. Goldsmith, "Access in health services research: the battle of the frameworks," Nursing Outlook, vol. 53, pp. 274~280, 2005.

② R. Andersen and J. F. Newman, "Societal and individual determinants of medical care utilization in the United States," The Milbank Memorial Fund Quarterly. Health and Society, vol. 51, no. 1, pp. 95~124, 1973.

③ R. M. Andersen, "Revisiting the behavioral model and access to medical care: does it matter?," Journal of Health Social Behavior, vol. 36, no. 1, pp. 1~10, 1995.

期照护服务利用的影响因素，如图 4-7 所示。

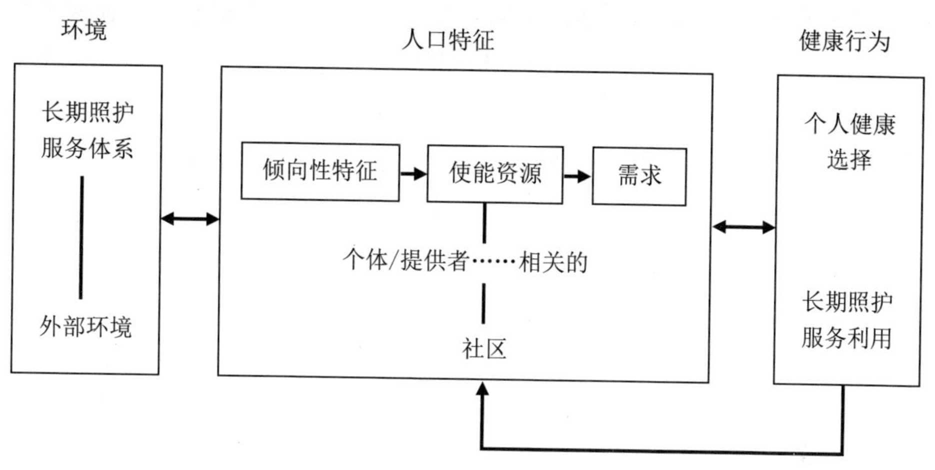

图4-7　长期照护影响因素的行为模型

影响老人长期照护服务利用的因素有三个。（1）倾向性特征。指具有某种特质的个体更倾向于使用某种特定的长期照护服务方式。倾向性特征包括性别、年龄、婚姻状况等人口统计学变量；受教育程度、职业、家庭规模、宗教信仰等社会结构变量；关于健康和疾病的价值观、对长期照护服务方式的态度（如认为进入养老院是不合适的行为）、对失能的认知等相关的信念。（2）使能资源。指老人获得服务的能力和资源。包括家庭收入水平、有无长期护理保险等家庭资源；长期照护服务提供的设施与人员、长期照护服务价格等社会资源。（3）失能程度或照料服务需求。包括主观上对自己失能程度的评价及客观临床上的实际评估结果等。

2. 长期照护服务利用的宏观影响因素

从宏观层面来看，长期照护服务的不同利用程度反映了经济社会发展的不同阶段，具有较强的时代意义。实际上，宏观层面呈现的结果是无数老年人在现有的经济社会及文化背景下的集体选择行为，受到政治因素、经济因素、社会因素及文化因素的影响。

（1）经济发展水平。毫无疑问，经济发展水平是衡量社会进步的重要指标，经济发展水平的提高会带来人们收入的增加和社会服务的进一步发展。不仅总体上提高了长期照护服务的供给能力，而且间接性刺激了社会化照料服务需求，使得原本在家庭尚未满足的需求得以释放，无形中会较大幅度提升老年人的福利水平。从发达国家的历史经验来看，许多国家较早地建立了长期照护服务体系，为失能老人提供护理服务，长期照护服务支出迅速增长，得益于经济发展所带来的重要影响。

（2）老年长期照护服务提供的制度性安排。一个国家长期照护服务的提供与相关的制度性安排密不可分。即使是普遍建立相对完善的长期照护服务体系的经合组织国家，因为制度的差异性，采取养老机构或居家照料服务的比例有着显著的不同[①]。

（3）社会文化因素。社会文化因素对于制度性安排以及个体愿意接受的长期照护方式有着重要的影响。以家庭为中心，在儒家文化占据主流的东亚，倡导孝文化，居家照料始终成为老年人的最为重要的选择；而在西方的盎格鲁—撒克逊文化语境中，个体独立、社会化的照料服务成为普遍接受的方式。这不仅影响到国家的政策走向，而且会对长期照护服务体系的构建带来深远的影响。

（四）长期照护服务提供的国际变动趋势

从国际情况来看，绝大部分的经合组织国家已经建立长期照护保险或补贴制度，对于符合标准和要求的人员支付相应的保险或津贴，这种制度为需要长期照护人员入住养老机构提供了较强的激励。因此，一般来说，入住养老机构比例较高，居家接受照料的比例相对较低。近年来，经合组织国家接受长期照护的老人数量增长，主要是因人口老龄化需要接受照料的老年人日益增多导致的，当然还与许多国家长期照护服务与设施的供给状况有着密切的关系。

根据经合组织国家的统计数据[②]，在经合组织国家中，2019 年 65 岁及以上老年人在家中或长期护理机构接受长期护理的比例平均达到 10.7%（图 4–8）。在以色列（23.1%）和瑞士（23.4%），超过五分之一的 65 岁及以上老人接受了长期护理服务，而在加拿大（3.8%）、斯洛伐克共和国（3.4%）、爱尔兰（3.2%）、日本（2.6%）、葡萄牙（1.9%）和波兰（0.8%），这一比例不到 5%。

① OECD, “Health at a Glance 2013: OECD Indicators,” OECD Publishing, 2013. [Online]. Available: http://www.oecd.org/els/health-systems/Health-at-a-Glance-2013.pdf.

② OECD, “Health at a glance 2021: OECD indicators,” 2021.

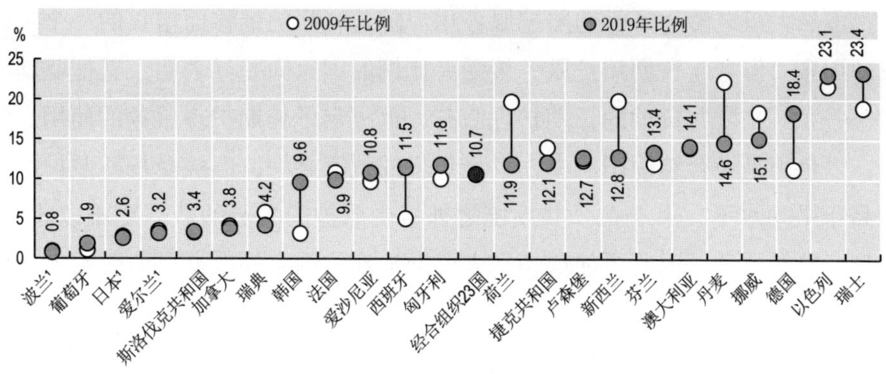

图4-8 经合组织国家65岁及以上接受长期照护的老年人比例（2009—2019）

1. 仅包括机构中 LTC 的接受者。2.2018 年数据
数据来源：OECD，Health at a Glance 2021

大多数长期照护服务接受者是老年人（图 4-9），尽管长期护理服务也提供给年轻的失能群体，但随着年龄的增长，老人更有可能出现失能并需要长期照护服务的支持。2019 年，经合组织国家平均只有 25% 的长期护理接受者年龄在 65 岁以下，另有 26% 的年龄在 65~79 岁。80 岁及以上的老年人占经合组织国家长期照护接受者的大多数。2019 年，经合组织国家平均有 49% 的长期照护接受者年龄在 80 岁及以上。在日本，五分之四以上（84%）的长期照护接受者年龄在 80 岁及以上，而 0~64 岁仅占长期照护接受者的 1%。

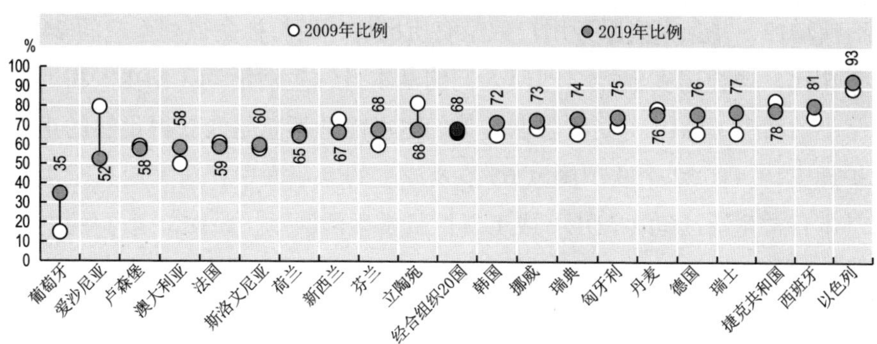

图4-9 经合组织国家65岁及以上在家接受长期照护者（2009—2019）

1. 部分数据为 2019 年数据
数据来源：OECD，Health at a Glance 2021

虽然人口老龄化是长期照护服务用户随着时间的推移而增长的一个重要驱动因素，但老年长期照护服务接受者比例的国家间差异表明，其他驱动因素——尤其是公共资助的长期护理服务，也决定了长期护理服务的使用。例如，以色列是经合组织国家中人口最年轻的国家之一，但接受长期照护的比例高于平均水平。由于在公共系统之外接受照护的人员的数据更难以收集，并且可能被低估，因此更加依赖私人资助护理的国家的数据可能会被人为地压低。

居家照料老人的文化和习俗也可能是正式照护服务利用的重要驱动因素之一。许多需要长期照护服务的人希望尽可能长时间地留在家中。为了满足这些偏好以及基于护理机构长期护理的高成本，许多经合组织国家开发了支持老年人家庭照护的服务。然而，不断变化的政策并不总能导致基于设施的长期照护的重大转变。2009—2019 年间，在家接受护理的长期照护接受者比例仅略有上升，从 67% 上升至 68%（图 4–9）。葡萄牙、澳大利亚、芬兰、德国和瑞士的增幅尤其显著。在德国，增长的部分原因是政策改革扩大了长期照护的范围，从而增加了接受者的数量。在澳大利亚，老年护理融资增长和家庭护理套餐数量增长的改革，同样导致了长期照护接受者数量的增加。

虽然在过去十年中，大多数经合组织国家中长期照护接受者在家中居住的比例有所增加，但在爱沙尼亚，这一比例显著下降，该国机构护理的可用性有所增加，并且家庭服务用户数量有所增加，但与社会福利系统的 24 小时服务相比，增长速度较慢。即使人们的基本日常生活活动（ADL）和工具性日常生活活动（IADL）受到限制，他们也可能并不总是能获得足够的正式长期护理支持。在 22 个欧洲国家 65 岁及以上的老年人中，居家而且至少有一项基本日常生活活动（ADL）或工具性日常生活活动（IADL）限制的老年人需要未得到满足的比例约为 50%，而近五分之二（37%）的人有 3 项或以上基本日常生活活动（ADL）或工具性日常生活活动（IADL）限制老年人的需求未得到满足，要么没有获得足够的非正式长期照护帮助，要么就是没有获得正式的长期照护支持（图 4–10）。

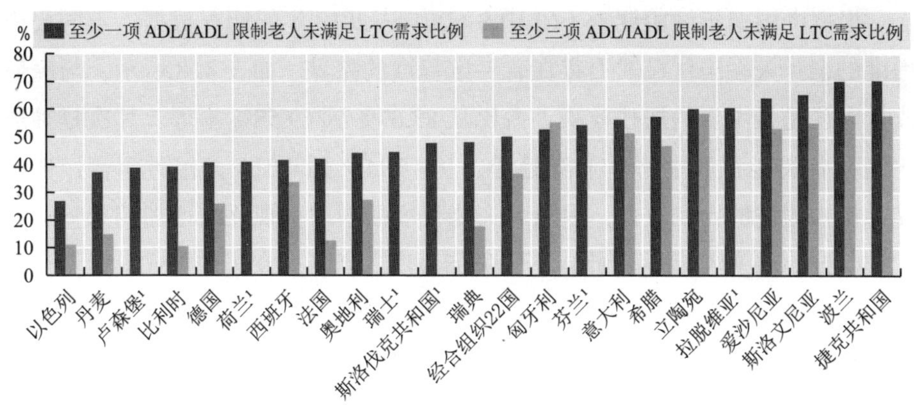

图4-10　经合组织国家2019—2020 年 65 岁及以上居家老人长期护理需求未得到满足比例

1. 样本规模较小

数据来源：OECD，Health at a Glance 2021，数据来自 SHARE 2019~2020 年调查

（五）我国长期照护服务提供状况及变动趋势估计

我国的社会养老服务体系框架已基本建立，居家社区机构相协调，医养与康养养老服务体系建设正稳步推进。与部分发达国家不同，我国尚未全面建立针对老年人的长期护理保险制度，目前试点已扩展到 49 座城市，但仍然面临着诸多的不确定性因素，存在一定的问题与挑战。与日本相类似，居家照料服务将会成为未来我国解决失能老人长期护理问题的关键，养老机构的需求也会迅速增长。

1. 我国长期照护服务利用方式状况

据《中国民政统计年鉴（2010）》数据，2009 年入住老年与残疾服务机构的半自理与不能自理老人数量约为 41.9 万人，占比 20.4%。2010—2020 年，收住失能老人数量逐年增长，全国养老服务机构年末收住半自理和不能自理老年人从 51.8 万人增长到 109.8 万人，收住失能半失能老年人的比例从 21.35% 增长到 49.38%。如果按照前述 2020 年估计失能老年人数 2873 万人计算，失能半失能老年人入住机构比例约为 3.82%。绝大部分失能老人仍然依托家庭，由家庭成员提供非正式照料。

根据中国老年健康调查（CLHLS）2014—2018年的调查数据，不同失能程度的老年人在居住模式上存在着一定程度的差异。如表4–8所示，与家庭成员同住是最主要的居住模式，占比从83.67%到69.58%不等。其次是独居比例在各失能程度中都呈下降趋势，从15.11%到4.82%。相对而言，选择养老机构居住的比例较低，但随着失能程度的增加呈现逐渐增加的趋势，在1.22%~25.60%间变动。因此，不同失能程度的老年人在居住模式上大都会选择与家庭成员一起居住。随着失能程度的增加，独居的比例逐渐下降，表明失能程度越高的老年人越倾向于与家人共同生活。在失能程度较高的老年人中，入住养老机构成为一种更为普遍的选择，特别是在重度失能和极重度失能的情况下。

表4–8　不同失能程度老年人居住模式

居住模式	无失能	轻度失能	重度失能	极重度失能	合计
与家庭成员同住	83.67%	79.96%	73.42%	69.58%	83.08%
独居	15.11%	13.47%	6.17%	4.82%	14.72%
养老机构	1.22%	6.57%	20.41%	25.60%	2.20%
合计	100.00%	100.00%	100.00%	100.00%	100.00%
人数	16564	2836	1237	1756	22393

数据来源：中国老年健康调查（CLHLS）2014—2018，各比例经过了加权调整

通过对老年人是否入住养老机构进行回归分析，估计了入住养老机构的可能性。表4–9展示了2014—2018年失能程度、年龄和居住地对老年人入住养老机构可能性的显著影响。随着失能程度的增加以及年龄的增长，老年人更有可能选择入住养老机构。简单来看，2018年，在城镇地区，65~79岁极重度失能的男性老年人中有12.83%会选择入住养老机构，89~89岁及90岁及以上的可能为21.83%和16.75%。相比之下，仅有三个年龄段的城镇男性轻度失能老人的比例分别为4.92%、8.63%和6.49%，体现出随年龄升高可能性增加的趋势。城镇女性同样如此。另一方面，相同失能程度与年龄段的城镇老年人相对于农村老年人更倾向于选择入住养老机构，而且城镇地区的入

住率远高于农村地区。

总体而言，失能程度、年龄和城乡是影响老年人选择入住养老机构的重要因素。极重度失能、高龄和居住在城镇地区的老年人更有可能选择入住养老机构。同时，失能程度对农村地区的影响更为显著，相对于城镇地区，农村地区的老年人更倾向于在家中生活。

表4–9　老年人分城乡年龄与失能程度入住养老机构估计概率（2014—2018）

失能程度	年龄	城镇				农村			
		男性		女性		男性		女性	
		2014	2018	2014	2018	2014	2018	2014	2018
轻度失能	65~79岁	4.32%	4.92%	4.04%	4.62%	1.09%	1.25%	1.01%	1.16%
	80~89岁	7.55%	8.63%	6.89%	7.94%	1.93%	2.23%	1.73%	2.02%
	90岁及以上	5.69%	6.49%	5.25%	6.03%	1.44%	1.66%	1.31%	1.52%
重度失能	65~79岁	7.14%	8.07%	6.78%	7.69%	1.85%	2.11%	1.75%	2.00%
	80~89岁	12.51%	14.10%	11.73%	13.30%	3.37%	3.85%	3.11%	3.59%
	90岁及以上	9.43%	10.65%	8.90%	10.09%	2.48%	2.84%	2.32%	2.66%
极重度失能	65~79岁	11.44%	12.83%	10.99%	12.34%	3.09%	3.50%	2.95%	3.35%
	80~89岁	19.64%	21.83%	18.76%	20.93%	5.66%	6.42%	5.34%	6.08%
	90岁及以上	15.00%	16.75%	14.35%	16.08%	4.16%	4.72%	3.95%	4.49%

数据来源：中国老年健康调查（CLHLS）2014—2018

2. 长期照护方式利用率预测

我国政府明确发展居家养老和机构养老的社会性养老的政策。2022 年，国务院办公厅发布《“十四五”国家老龄事业发展和养老服务体系规划》，明确提出将重点加强老年养护机构建设，主要为失能、半失能的老年人提供专门服务。2011 年，住房和城乡建设部颁布了老年养护院建设的国家标准和目标。老年养护院是为入住的丧失生活自理能力的失能老年人提供生活照料、健康护理、休闲娱乐和社会工作等服务，满足失能老年人生活照料、保健康复、精神慰藉、临终关怀等基本需求的专业照料机构。在标准解释中，提出了建设规模的测算标准，其中，为满足大中城市中低收入及低收入失能老年人日益增长的入住机构的需求，政府将推动基本养老服务体系的建设，发挥政府的带动和主导作用。

为了更好地预测未来不同类型照料方式下的人力资源需求，需要预测不同失能程度下利用各种照料方式的利用率。根据中国老年健康调查（CLHLS）2014—2018 年分年龄城乡性别不同失能程度长期照护方式利用情况及变化率，对 2020—2050 年长期照护方式进行预测。假设 2020—2050 年利用率依据 2014—2018 年相同的增长率进行变化，可以大致估计和预测 2020—2050 年分年龄城乡性别不同失能程度长期照护方式利用率。表 4–10~ 表 4–12 报告了估计后的预测结果（由于估计存在误差，没有考虑区间估计，部分家庭照护、社区照护与机构照护比例之和可能不为 100%）。

表4–10　机构照料利用率

年份	轻度失能			
	城镇男性	城镇女性	农村男性	农村女性
2020	6.88%	1.77%	6.41%	1.63%
2025	8.12%	2.11%	7.64%	1.97%
2030	9.58%	2.53%	9.09%	2.37%
2035	11.31%	3.02%	10.82%	2.86%
2040	13.35%	3.61%	12.88%	3.45%
2045	15.76%	4.31%	15.33%	4.16%
2050	18.60%	5.15%	18.25%	5.02%

年份	重度失能			
	城镇男性	城镇女性	农村男性	农村女性
2020	11.21%	3.01%	10.64%	2.83%
2025	13.04%	3.56%	12.45%	3.37%
2030	15.17%	4.21%	14.57%	4.01%
2035	17.65%	4.97%	17.05%	4.77%

续表4-10

年份	重度失能			
	城镇男性	城镇女性	农村男性	农村女性
2040	20.54%	5.88%	19.95%	5.67%
2045	23.90%	6.94%	23.35%	6.74%
2050	27.81%	8.20%	27.32%	8.01%

年份	极重度失能			
	城镇男性	城镇女性	农村男性	农村女性
2020	17.48%	5.00%	16.81%	4.76%
2025	20.06%	5.85%	19.36%	5.60%
2030	23.02%	6.86%	22.30%	6.58%
2035	26.41%	8.03%	25.68%	7.74%
2040	30.30%	9.41%	29.58%	9.11%
2045	34.77%	11.02%	34.06%	10.71%
2050	39.90%	12.91%	39.23%	12.60%

表4-11　社区照料利用率

年份	轻度失能			
	城镇男性	城镇女性	农村男性	农村女性
2020	7.68%	9.78%	11.10%	13.96%
2025	6.40%	8.24%	9.32%	11.87%
2030	5.32%	6.94%	7.82%	10.10%
2035	4.43%	5.85%	6.57%	8.59%
2040	3.69%	4.93%	5.51%	7.31%
2045	3.07%	4.15%	4.63%	6.22%
2050	2.55%	3.50%	3.88%	5.29%

续表4-11

年份	重度失能			
	城镇男性	城镇女性	农村男性	农村女性
2020	4.30%	5.73%	6.33%	8.34%
2025	3.53%	4.77%	5.23%	7.00%
2030	2.90%	3.98%	4.31%	5.87%
2035	2.38%	3.31%	3.56%	4.92%
2040	1.95%	2.76%	2.94%	4.12%
2045	1.60%	2.30%	2.42%	3.46%
2050	1.31%	1.92%	2.00%	2.90%

年份	极重度失能			
	城镇男性	城镇女性	农村男性	农村女性
2020	2.31%	3.26%	3.44%	4.82%
2025	1.87%	2.70%	2.79%	4.00%
2030	1.51%	2.23%	2.27%	3.31%
2035	1.22%	1.84%	1.84%	2.75%
2040	0.99%	1.52%	1.50%	2.28%
2045	0.80%	1.25%	1.22%	1.89%
2050	0.65%	1.04%	0.99%	1.57%

表4-12 家庭照料利用率

年份	轻度失能			
	城镇男性	城镇女性	农村男性	农村女性
2020	85.55%	88.55%	82.62%	84.53%
2025	86.19%	90.24%	83.91%	86.94%
2030	86.84%	91.97%	85.23%	89.41%

续表4-12

年份	轻度失能			
	城镇男性	城镇女性	农村男性	农村女性
2035	87.49%	93.73%	86.56%	91.96%
2040	88.15%	95.53%	87.92%	94.58%
2045	88.81%	97.37%	89.30%	97.28%
2050	89.48%	99.24%	90.70%	100.06%

年份	重度失能			
	城镇男性	城镇女性	农村男性	农村女性
2020	84.59%	91.33%	83.14%	88.91%
2025	84.09%	92.11%	83.09%	90.20%
2030	83.59%	92.89%	83.03%	91.52%
2035	83.10%	93.69%	82.98%	92.85%
2040	82.60%	94.49%	82.92%	94.20%
2045	82.11%	95.29%	82.87%	95.57%
2050	81.62%	96.11%	82.81%	96.97%

年份	极重度失能			
	城镇男性	城镇女性	农村男性	农村女性
2020	80.32%	91.80%	79.87%	90.49%
2025	78.78%	91.83%	78.62%	90.87%
2030	77.28%	91.86%	77.39%	91.24%
2035	75.81%	91.89%	76.18%	91.61%
2040	74.37%	91.92%	75.00%	91.99%
2045	72.95%	91.95%	73.83%	92.37%
2050	71.56%	91.98%	72.68%	92.75%

四、不同失能程度照料人员配备标准估计

为了应对我国老龄化逐渐加深的现实，政府明确发展居家养老和机构养老的社会性养老政策，特别是加强了老年护理社会化相关的政策与目标。2011 年，国务院办公厅发布《社会养老服务体系建设规划（2011—2015 年）》，明确提出将重点加强老年养护机构建设，主要为失能、半失能的老年人提供专门服务。2017 年，《“十三五”国家老龄事业发展和养老服务体系规划》提出了护理型养老床位占比不低于 30% 的目标；2022 年，《“十四五”国家老龄事业发展和养老服务体系规划》提出了护理型养老床位占比不低于 55% 的目标。不断提高的护理型养老床位建设比例对于养老机构养老护理员配备标准提出了更为明确的要求。

（一）国家关于长期照护人员的配备标准

一般而言，无论是在国际上还是在我国，对于失能老人照料人手的测算，主要根据失能老人与照料者之间的比例关系。早在 2011 年，住房和城乡建设部颁布的老年养护院建设的国家标准中，明确要求护理人员配备为 0.8 人 / 床位，其中护士与护理员之比为 1:2~2.5。不过在实践中，很少有机构能按照此标准进行人员配备，以此为依据显然与实践不相符合。

民政部 2021 年发布的民政行业标准《养老机构岗位设置及人员配备规范》规定，养老护理员与自理老年人、部分自理老年人、完全不能自理老年人的配备比例分别为 1:15~1:20、1:8~1:12、1:3~1:5。2023 年 7 月，民政部发布《〈养老机构等级划分与评定〉国家标准实施指南（2023 版）》，对养老护理员与不同失能程度老年人数进行了规定，明确了两种标准：（1）较高的人员配备标准，即养老护理员与重度失能老年人配比不低于 1:2；养老护理员与中度失能老年人配比不低于 1:4；养老护理员与轻度失能及能力完好老年人配比不低于 1:10；（2）相对较宽松的标准，即养老护理员与重度失能老年人配比不低于 1:3；养老护理员与中度失能老年人配比不低于 1:6；养老护理员与轻度失能及能力完好老年人配比不低于 1:15。

2022 年，北京市出台的地方标准《养老机构服务质量星级划分与评定》，关于申请星级评定标准和条件中对于养老护理员综合配置比例与国家

标准大体上相一致，主要是轻度失能老年人的配置要求与中度失能老年人相同，此配置标准比国家标准水平要高。其中一至三星级配置标准为“能力完好老年人 1:15；轻中度失能老年人 1:6；重度失能老年人 1:3”；四至五星级标准为“能力完好与轻度失能老年人 1:10；中度失能老年人 1:4；重度失能老年人 1:2”。

2023 年 2 月，广东省民政厅发布《养老机构等级划分与评定实施指南》，明确了养老护理员与老年人配比的两种标准：（1）养老护理员与重度失能老年人配比不低于 1:3，与中度失能老年人配比不低于 1:8，与轻度失能及能力完好老年人配比不低于 1:15；（2）养老护理员与重度失能老年人配比不低于 1:5，与中度失能老年人配比不低于 1:12，与轻度失能及能力完好老年人配比不低于 1:20。

表 4–13 对上述养老护理员配备标准进行了总结。由表可知，轻度失能、中度失能及重度失能人员配备比约为 1:2:5。根据 2022 年颁布的国家标准《老年人能力评估规范》，对于老年人失能等级的评定与采用日常生活活动评定标准有所差异。国家标准确定了 8 方面的自理能力评定，基本涵盖了日常生活活动评定中的 6 项自理能力评估。从评定得分来看，大体上国家标准确定的“轻度失能”等级在日常生活活动评定中尚未达到前述对失能等级评定的“轻度失能”标准，而国家标准规定的“中度失能”“重度失能”与“完全失能”可以近似对应日常生活活动评定等级中的“轻度失能”“重度失能”与“极重度失能”。《养老机构等级划分与评定实施指南》中对于养老护理员与失能老人配备标准中的“失能老人”等级与《老年人能力评估规范》中确定的失能等级并未一一对应。实际上，除老年人失能等级外，城乡差异也影响了护理员的配备比例。城镇地区由于人口密集、空间紧凑，养老服务设施的配置模式和服务内容，会根据实际情况调整护理员配备比例。在实际运营中，养老机构一般会根据老年人的照护等级动态调整护理员配备比例。

表4-13 养老机构星级评定中养老护理员与老年人配比要求

老人失能程度	国家		北京市		广东省	
	高标准	低标准	高标准	低标准	高标准	低标准
能力完好	1:10	1:15	1:10	1:15	1:15	1:20
轻度失能	1:10	1:15	1:10	1:15	1:15	1:20
中度失能	1:4	1:6	1:4	1:6	1:8	1:12
重度失能	1:2	1:3	1:2	1:3	1:3	1:5

面对人口老龄化趋势，未来我国养老机构养老护理员配备比例将会进一步提高，并随着智能化和专业化发展、政策支持体系的完善，以及更加聚焦于失能老年人的照护工作等方面的变化进行动态调整。因此，基于研究的便利性与后续研究的一致性，可以考虑以国家规定的养老机构星级评定的人员配比要求进行后续的人员需求预测。

（二）基于中国老年健康调查数据照料时间估计

需要注意的是，需要照料的时间会随着护理标准和实际人员投入而发生变化。因此，还会有第二种方法，就是根据老人失能程度所需的周照料时间进行人员测算与估计。为了更好地预测长期照护人力资源需求，需对不同失能状态下的长期照护时间进行分析和估计。本部分内容根据中国老年健康调查（CLHLS）2014—2018 年的数据进行分析，主要是面向非机构照料人员的照料时间。

在中国老年健康调查问卷调查中，设置一个问题："近一个星期以来，您的子女 / 孙子女及其他亲属为您提供日常照料帮助的总小时数有多少？"对该问题的回答部分反映了家庭成员对老年人日常生活照料的时长。虽然还有可能其他家庭成员提供了日常生活的照料或者其他方面的照料活动，但大体上能反映目前不同失能程度需要的照料时间。图 4-11 与图 4-12 报告了 2014—2018 年分城乡不同失能程度接受照料周小时数核密度估计结果。

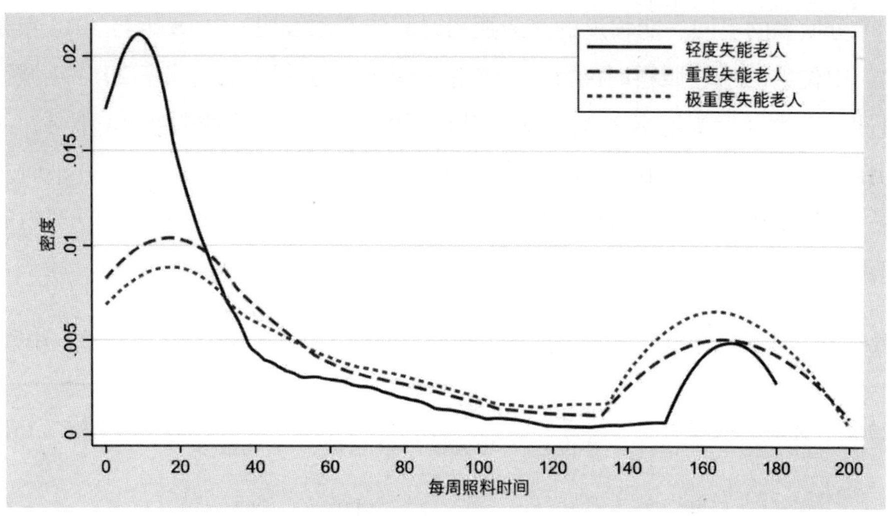

图4-11　城镇分失能程度接受照料周小时数核密度估计（2014—2018）

从图中可以看出，老人接受日常生活照料时间呈现典型的偏态分布特性，与直观的认知不同，重度失能与极重度失能两种类型的老人应该会得到较多的照料时间，但图形结果表明，仍有部分老人没有得到足够的照料时间，可能与由配偶或其他家庭成员照料，包括在养老机构得到照料有着密切的关系。

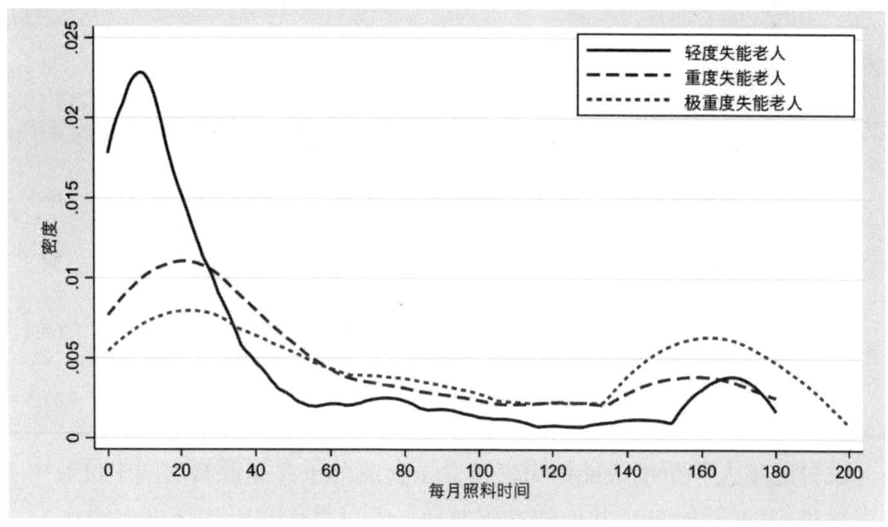

图4-12　农村分失能程度接受照料周小时数核密度估计（2014—2018）

分城乡的不同失能程度的接受照料时间的变动表明，2018 年与 2014 年相比，中位数的平均照料时间除重度失能外均有一定程度的上升。2014 年城镇男性与女性轻度失能老人接受周照料时间中位数约为 10 小时和 14 小时，而 2018 年则均增至 15 小时；重度失能城镇男性则由 40 小时下降为 30 小时左右，女性则由 50 小时下降为 35 小时；极重度失能城镇男性老人接受照料时间由 30 小时上升为 40 小时，城镇女性由 64 小时增至 70 小时。

表4–14 中国老年健康调查失能老人周照料时间（2014—2018） 单位：小时

城乡	性别	失能程度	2014年中位数	2018年中位数	总计中位数	总体平均数	95%下限	95%上限
城镇	男性	轻度失能	10	15	14.0	18.3	13.9	22.6
		重度失能	40	30	30.0	26.9	16.7	37.0
		极重度失能	30	40	35.0	37.9	23.6	52.2
城镇	女性	轻度失能	17	21	20.0	30.0	24.4	35.5
		重度失能	50	35	35.0	50.5	35.1	65.8
		极重度失能	64	70	64.0	56.5	43.1	69.9
农村	男性	轻度失能	14	15	14.0	23.8	12.2	35.5
		重度失能	30	28	28.0	21.4	12.8	30.0
		极重度失能	35.5	70	42.0	47.5	26.1	68.9
	女性	轻度失能	14	20.5	20.0	26.4	18.3	34.5
		重度失能	35	52	42.0	54.1	38.8	69.4
		极重度失能	60	84	70.0	71.6	55.6	87.5

农村老年人除重度失能的男性接受子女或孙子女周照料时间中位数由 30 小时降低到 28 小时外，其他都有所增加。农村男性与女性轻度失能从 14 小时分别上升到 15 小时与 20.5 小时。农村男性极重度失能接受周照料时间从

35.5 小时增加至 70 小时，女性也从 60 小时增至 84 小时。

从上述分析来看，失能老人接受子女或孙子女照料的时间存在着较大的个体差异，与家庭情况和照料资源的可获得性密切相关。但总的来说，在极重度失能情况下，农村失能老人获得来自子女或孙子女的周照料时间要比城镇老人更多一些。不过如何估计典型的具有不同失能程度老人需要照料的时间还需要进一步分析，以确定基本的标准。

（三）基于国际经验的照料时间

为了更准确地对不同失能程度老人需要照料时间进行估计，按照我国老年养护院的照料标准，需要与典型的、有效运营的养护机构不同自理能力老人护理一周所需要时间相匹配。根据英国经验和我国有关学者的调查研究结果，在养老机构轻度不能自理需要护理的平均时间约为每周 16 小时，部分不能自理为 18 小时，完全不能自理约为 20 小时左右，做饭、清洁与洗衣每周需要 6 小时[①]。

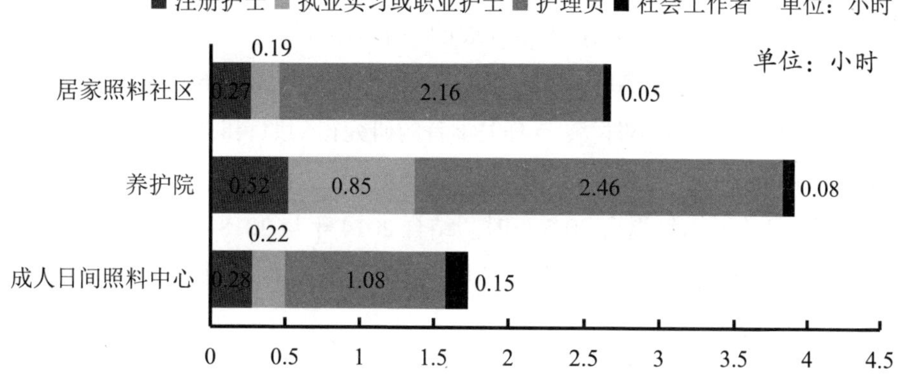

图4-13　美国不同机构分人员类型每人每天的平均照料时间（2012年）

数据来源：L. Harris-Kojetin, M. Sengupta, E. Park-Lee, and R. Valverde, "Long-term care services in the United States: 2013 overview," National Center for Health Statistics, P.17, 2023

① Laing，W. （2008）. Calculating a fair market price for care：A toolkit for residential and nursing homes. The Policy Press/Joseph Rowntree Foundation.

根据美国对长期照护机构的调查[①]，不同机构不同人力资源类型平均的照料时间存在着差异，总体照料时间也存在着差别，其中以养护院的平均每人每天照料时间为 3.91 小时，居家照料机构为 2.67 小时，成人日间照料中心为 1.73 小时，平均每周照料时间分别为 27.4 小时、18.7 小时及 12.1 小时。这三种类型机构可以大体上反映失能程度从高到低三种类型人员应该得到的照料时间。作为劳动密集型的服务行业，长期照护的服务内容并没有显著的差异，不考虑照料者的效应因素，照料时间应在世界范围内具有共通性，因此，我们借鉴和参照上述美国的实际情况和我国未来长期照护服务体系的发展目标，可以将轻度失能、重度失能和极重度失能老人在机构所需要的照料时间初步假定为 12 小时、20 小时和 28 小时。

而作为非正式照料的类型，因为失能程度不同在家庭内接受照料的时间却呈现较大的差异。根据中国老年人口健康状况调查数据估算，失能老人平均每周接受照料的时间大约为 22 小时。根据上海市对完全不能自理老人的调查，主要照料者每天照料所花费时间达 12 小时及以上的占 64%，9~12 小时的占 8.8%，5~8 小时的占 14%[②]。这些数据充分体现了我国非正式照料时间的差异性。一项根据美国在 2011 年开展的“全国照料调查”（National Survey of Caregiving，NSOC）的数据估计，非正式照料者每月提供的照料时间平均为 75 小时，约为每周 17 小时[③]，与有关学者的研究得到照料时间约为每周 17~25 小时基本一致（即使是最低水平），但是对于重度失能人员的照料时间则达到 131 小时 / 月，平均每周为 30.6 小时。结合 2014 年与 2018 年的调查数据，将轻度失能、重度失能与极重度失能三种状态下周照料时间确定为 14 小时、22 小时和 30 小时。

---

① L. Harris-Kojetin, M. Sengupta, E. Park-Lee, and R. Valverde, “Long-term care services in the United States: 2013 overview, ” National Center for Health Statistics, National Health Care Statistics Reports No. 1, 2013.

② 刘晶：《上海城市生活不能自理老人生活照料状况及意愿研究》，《西北人口》2001 年第 2 期。

③ B. C. Spillman, J. Wolff, V. A. Freedman, and J. D. Kasper, “Informal caregiving for older Americans: An analysis of the 2011 National Study of Caregiving, ” U. S. Department of Health and Human Services, 2014.

表4-15　分城乡性别失能程度每周接受照料时间（2014—2018）　单位：小时

城乡	性别	2014年			2018年		
		轻度失能	重度失能	极重度失能	轻度失能	重度失能	极重度失能
城镇	男性	8	20	56	5	9.5	70
	女性	10	20	92	5	43	70
农村	男性	20	35	50	35	40	40
	女性	14	24	60	7	70	58
平均值		13	25	65	13	41	60

五、我国老年人口长期照护人力资源需求预测

（一）长期照护人力资源需求总量预测

对长期照护人力资源的需求从本质上讲，是一种派生需求，由于长期照护方式的不同，机构星级不同，家庭照护人手的差异，人员配备标准呈现较大差异，而且与服务质量紧密关联。因此，以国家对机构养老护理员的配备标准进行预测可能面临较大困难。如果采取所需的最低照护时间进行估计，可能更为合理。

因此，对人力资源需求总量的预测要依据分城乡性别失能程度的失能老年人口数及需要的照料时间，并根据确定的长期照护服务方式的利用率变动情况，按照国家劳动法的规定，每周工作40小时，每天加班不超过3小时，每月最多不超过36小时的规定，以40小时作为周工作时间的基本标准；同时假定家庭成员能够提供家庭照料服务的标准为60小时/周，这样可以进行总体长期照护人力资源需求的基本测算。

表4-16 分城乡性别长期照护人力资源需求总量预测 单位：万人

年份	城镇		农村		总计
	男性	女性	男性	女性	
2020	169.5	190.2	199.2	229.7	788.6
2025	202.5	243.5	212.7	260.7	919.5
2030	261.8	329.9	243.6	310.9	1146.2
2035	347.5	453.6	283.6	374.7	1459.4
2040	444.4	598.9	316.9	433.9	1794.0
2045	561.1	771.0	345.4	486.7	2164.2
2050	741.0	1024.4	322.3	457.4	2545.1

表4-16报告了根据长期照护利用率预测分城乡性别失能老人照护所需人力资源需求总量。从表中可以看出，长期照护人力资源需求总量持续增长，2020年约为788.6万人，到2035年达到1459.4万人，2050年则高达2545.1万人。其中以城镇女性的增长速度和幅度最大，到2050年城镇女性长期照护人力资源需求总量达到1024.4万人，占总体人力资源需求近40.2%，其次是城镇男性，也有较大幅度的增加。而农村男性因失能人口的数量增长较为缓慢，其所需要提供照料的人力资源数量增长幅度相对较小，到2050年仅需要322.3万人。因此，随着我国新型城镇化的快速推进，城镇失能老人长期照护人力资源需求会有较大幅度的增长。

进一步分析不同长期照护方式人力资源需求数量。如表4-17报告了养老机构人力资源需求总量，总体呈现快速增长的态势。2035年达到151.0万人，2050年将达到415.1万人，尤其是2040年以后增长速度更快。2020—2050年间，年均增加12.1万人，年均增长率为7.14%，其中2040—2050年平均每年增长20.25万人。分城乡性别来看，在机构照顾城镇男性失能老人的人力资源需求数量较大，2050年达到200万人，女性亦达到90.8万人。

表4-17　分城乡性别机构长期照护人力资源需求总量预测　单位：万人

年份	城镇		农村		总计	占需求总量比例
	男性	女性	男性	女性		
2020	19.0	6.0	20.7	6.8	52.5	6.66%
2025	26.1	9.0	25.5	9.1	69.6	7.57%
2030	39.1	14.4	34.0	13.0	100.5	8.77%
2035	61.0	24.1	46.9	19.1	151.0	10.35%
2040	89.2	37.3	60.1	26.1	212.6	11.85%
2045	130.3	56.8	76.3	34.9	298.3	13.78%
2050	200.0	90.8	84.7	39.7	415.1	16.31%

随着我国居家社区机构相融合的养老服务体系逐步建成，家庭和社区逐步进行融合，将两者合并起来进行观察。表 4-18 报告了根据长期照护利用率预测的社区与家庭照料人力资源需求总量变动情况。到 2035 年，家庭和社区照料的人力资源需求总量将达到 1308.4 万人，2050 年增长到 2130.0 万人，此时占需求总量比例达到 83.69%。

表4-18　分城乡性别家庭和社区长期照护人力资源需求总量预测　单位：万人

年份	城镇		农村		总计	占需求总量比例
	男性	女性	男性	女性		
2020	150.4	184.2	178.5	223.0	736.2	93.36%
2025	176.4	234.6	187.3	251.6	849.8	92.42%
2030	222.7	315.5	209.6	297.9	1045.6	91.22%
2035	286.4	429.6	236.7	355.6	1308.4	89.65%
2040	355.2	561.5	256.8	407.8	1581.4	88.15%

续表4-18

年份	城镇		农村		总计	占需求总量比例
	男性	女性	男性	女性		
2045	430.7	714.2	269.1	451.8	1865.9	86.22%
2050	541.0	933.6	237.6	417.7	2130.0	83.69%

（二）不同类型长期照护人力资源需求预测

1. 不同类型长期照护人力资源配备比例

为了进一步分析未来长期照护人力资源不同类型的需求数量，需要首先明晰不同照料方式下的人力资源配备的基本标准和要求。从目前情况来看，我国的长期照护服务体系尚不完善，照料机构的人员配置还没有达到规定的标准，不同人力资源类型的配备比例还未稳定。为了更好地确定人员配备标准，可参照发达国家的一般性标准和我国相关的规定进行适当假定。

从经合组织国家注册护士（RN）与直接护理工作者（DCW）的比例来看，这实际上是评估长期照护质量非常重要的指标。这个比例不仅反映了护理专业人员的可用性，还反映了满足老龄化人群复杂需求的整体能力。不同经合组织国家之间的护理人员比例差异很大，这受国家政策、筹资机制和对老年护理的文化态度诸因素影响。一般来说，拥有健全长期护理系统的国家，注册护士（RN）与直接护理工作者（DCW）的比例往往较高。例如，在一些北欧国家，这个比例可以达到1名注册护士对应5~10名直接护理工作者，而在其他国家，这个比例可能会降到1名注册护士对应20~30名直接护理工作者。2011—2016年，四分之三的经合组织国家长期照护（LTC）工作人员的增长速度滞后于老年人口的增加，注册护士（RN）与直接护理工作人员（DCW）比例有所上升[①]。

根据美国现有的长期照护服务体系，并没有完全意义上的家庭照料，一般会依托社区或独立的机构进行长期照护。机构照料可分为五种不同类型的

① B. Martin and D. King, "Who cares for older Australians? A picture of the residential and community based aged care workforce, 2007," Commonwealth of Australia, 2008.

长期照护方式：成人日间照料中心（Adult day services center）、家庭健康机构（Home health agency，类似我国社区卫生中心）、临终关怀医院（Hospice）、养护院（Nursing home）以及居家照料社区（Residential care community）。从五种不同照料机构人力资源的现有人数情况来看，因为机构定位不同，服务人群存在一定的差异。如成人日间照料中心、养护院、临终关怀医院、居家照料社区的服务对象基本以老年人为主，但是不同机构内注册护士、执业实习或职业护士以及护理员的配备比例存在较大的差别。如表4–19所示，在成人日间照料中心、居家照料社区和养护院的护理员比重较高，分别为69.4%、82.1%和65.4%。居家照料社区护理员与护士配备比为4.61:1，养护院为1.89:1，成人日间照料中心为2.28:1，反映了在不同机构针对不同照料老人的特点所提供服务的差别。

表4–19　美国不同照料机构人力资源人数及类型比例（2012年）

机构类型	注册护士占比（%）	执业实习或职业护士占比（%）	护理员占比（%）	总人数	机构个数	护理员:护士
成人日间照料中心	19.2	11.3	69.4	20700	4800	2.28
家庭健康机构	54.4	19	26.6	143600	12200	0.36
临终关怀医院	54.7	9.6	35.7	57800	3700	0.56
养护院	11.7	22.9	65.4	952100	15700	1.89
居家照料社区	7.6	10.2	82.1	278600	22000	4.61
合计	246279	281620	924602	1452800		

数据来源：L. Harris-Kojetin, M. Sengupta, E. Park-Lee, and R. Valverde, "Long-term care services in the United States: 2013 overview," National Center for Health Statistics, P.14, 2013 Figure 6

根据我国2011年公布的老年养护院建设的国家标准，针对失能与半失能老人，要求护理人员配备为0.8人/床位，其中护士与护理员之比为1:2~2.5。这一基本人员配备与美国的养护院相比，护理员的比例相对较高，与居家照料社区内的配备标准相当。2014年，国家卫计委发布《养老机构医务室基本标准（试行）》和《养老机构护理站基本标准（试行）》对养老机构内设医务室和护理站的护士配备标准进行了规定，养老机构内设医务室的要求至少有1名注册护士，床位达到100张以上时，每增加100张床位，至少增加1名注册护士。养老机构内设护理站的要求至少有2名具有护士以上职称的注册护士，其中有1名具有主管护师以上职称。养老机构床位达到100张以上时，每增加100张床位，至少增加1名注册护士。同时，要求至少有1名康复治疗人员，注册护士与护理员之比为1:2.5。2023年7月民政部发布的《〈养老机构等级划分与评定〉国家标准实施指南（2023版）》在对养老机构的等级评定中，基本延续了这一人员配备比例。

因此，在我国的具体实践中，护士与护理员的比例主要与半失能和完全失能老人有关，在确定我国未来机构照料护理员与护士的配备比例时要考虑到这一特点。根据以上数据可以合理确定针对重度失能及极重度失能老人的护士与护理员配备标准为1:2.5。在社区针对重度失能及极重度失能老人的护理员与护士同样按照此标准进行估算。

2. 不同类型长期照护人力资源需求预测

根据上述的人员配备比例和不同照料提供方式下的人力资源需求总量预测结果，可以大致区分出未来不同人力资源类型的需求量，这里主要是指护士与护理员两种人力资源需求类型。如表4–20报告了2020—2050年注册护士与养老护理员的需求数量变动情况。

表4–20 长期照护养老护理员与注册护士需求预测（2020—2050）

年份	养老护理员数量				注册护士数量	合计	护理员:护士	社会化照料失能人数与人力资源之比
	轻度失能	重度失能	极重度失能	小计				
2020	108.9	22.2	15.9	147	15.3	162.3	9.64	2.65
2025	116.3	25.2	19.2	160.7	17.8	178.5	9.05	2.61
2030	138	31.8	25.4	195.2	22.9	218.0	8.54	2.57
2035	173.6	43.2	35.9	252.7	31.6	284.4	7.99	2.52
2040	208	56.8	49.2	314.1	42.4	356.5	7.41	2.46

续表4-20

年份	养老护理员数量				注册护士数量	合计	护理员:护士	社会化照料失能人数与人力资源之比
	轻度失能	重度失能	极重度失能	小计				
2045	256.3	75.3	67.2	398.9	57.0	455.9	7	2.42
2050	322.3	99.9	90.1	512.2	76.0	588.2	6.74	2.38

注册护士的需求量增长迅速，2020 年需求量达到 15.25 万人，到 2035 年为 31.63 万人，这 15 年间平均每年增长约 1.09 万人；到 2050 年需求量则达到 75.99 万人，2035—2050 年的 15 年间平均每年增长 2.96 人。2020—2050 年重度失能与极重度失能人数持续增长，从总体上看，护士的增长幅度更大，护理员与护士之比持续下降。

从发达国家的情况来看（图 4-14），虽然照料体系有着较大的差异，但因为我国的低点较低，即使到 2050 年还不能达到许多发达国家 2000 年的水平。接受机构照料的失能老人与照料者之比到 2050 年能达到 2.38（每位照料者照顾 2.38 位失能老人），仍不及日本 2000 年 1.8 或 2006 年 1.9 的水平（每位照料者照顾约 2 位失能老人）。不过，总体上发达国家接受机构照料的失能老人与照料者之比也呈现上升趋势，这与失能老人数量增长、照料者缺乏以及居家照料的发展有着密切的关联性。

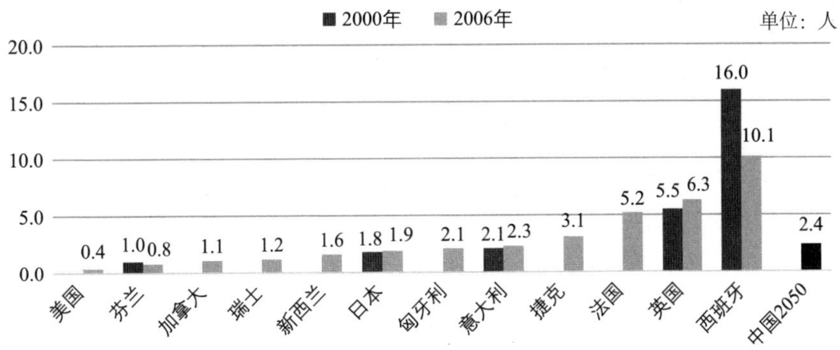

图4-14　不同国家每一位失能老人平均照料者人数

数据来源：发达国家数据来源于：OECD Pilot data collection on long-term care workforce，2008. 转引自 Fujisawa and Colombo，2009:25 ；中国 2050 年数据为预测数值

除正式照料人力资源需求增长外，非正式照料人力资源的需求也随着失能老人数量的增加呈现快速增长的态势。如图 4–15 所示，在家庭内由家庭成员或其他人提供的非正式照料的人力资源需求总量呈逐年增长态势，在 2035 年达到 1206.7 万人，2050 年达到 2032.9 万人。因社会化照料提供的数量在增长，家庭照料增长速度可能会变缓，这与我国未来长期照护体系的完善紧密相连。

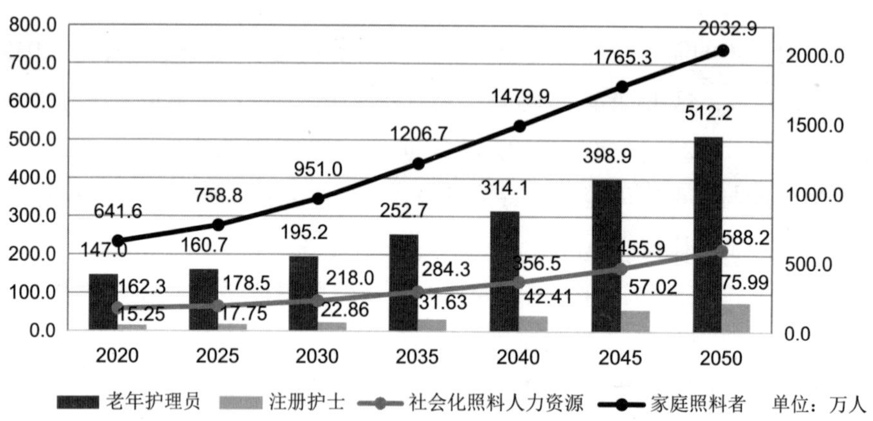

图4–15 不同类型人力资源需求变动趋势

六、结论与讨论

总体上看，随着我国未来人口老龄化和高龄化进一步加剧，通过机构提供长期照护人力资源需求的数量会迅速增长，而且这些需求会成为一种刚性的现实的需求，对于未来我国的机构养老和居家或社区养老均提出了巨大的挑战。

根据初步预测结果，我国未来机构照料的人力资源需求总量在 2050 年将会达到 588.2 万人，其中护理员需求达到 512.2 万人，注册护士需求将达到 75.99 万人。在 2050 年我国 65 岁及以上每一位失能老人平均照料者人数为 2.4 人，仍不及许多发达国家的水平。如果未来我国长期照护服务体系的发展高于预期水平，社会化照料的比例比高方案更高的情形下，我国长期照护人力资源需求数量将会增长更快，将会给长期照护人力资源供给带来更大的挑战。

第五章　我国老年长期照护人力资源供给状况及预测

一、我国老年长期照护人力资源供给状况

从我国目前针对失能老人长期照护的情况来看，主要还是依托于家庭，入住养老机构的比例较低，因此，我国长期照护人力资源总体呈现如下五方面的特点。

（一）机构养老人员数量

近几年来，随着我国应对老龄化政策的大量出台，建立完善的养老服务体系已经成为各级政府亟须解决的重点民生问题。无论提供的床位数量还是收养人数均增长较快，职工人数总体上也呈现快速增长的势头。

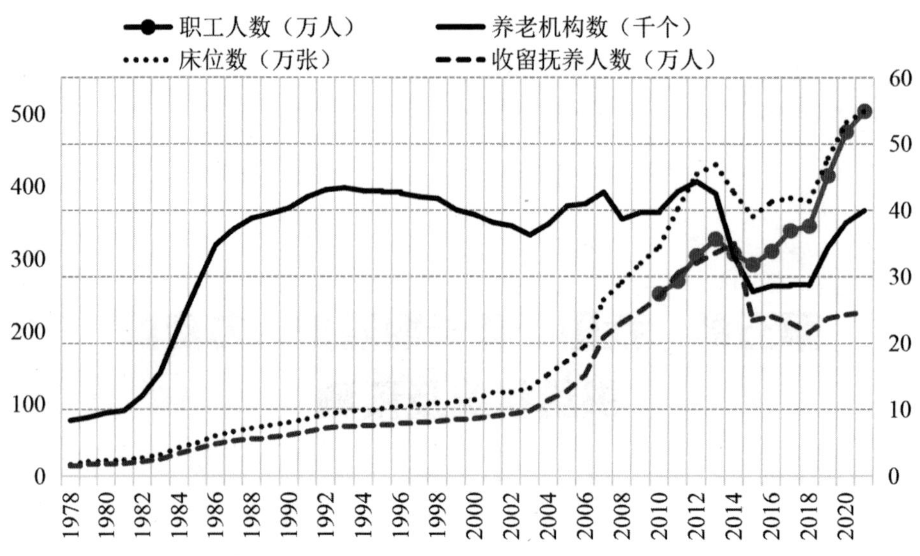

图5-1　提供住宿的老年人与残疾人机构及人员情况（1978—2021）

数据来源:《中国民政统计年鉴》(历年)

根据《中国民政统计年鉴》(历年)的数据，如图 5-1 所示，2008 年以来，能够提供住宿的老年及残疾人机构平均数量为 4.13 万家，与前 15 年相比，总数变化不大，主要是因为农村养老机构整体有所减少，城镇有所增长；提供的养老床位数量从 2002 年的 114.9 万张增长到 2013 年的 493.7 万张，每个机构平均床位数量从 1978 年的 18.8 张增长到 2013 年的 116.2 张，单个养老机构床位数量增长显著；收养人数从 2002 年的 85 万人增长到 2013 年的 307.5 万人，不过因为农村养老机构的减少，总体入住率有所下降（传统农村养老机构入住率较高）；养老机构职工数量从 2010 年的 27.4 万人增加到 2013 年的 35.6 万人，每年平均增长 9.12%，保持了较快的增长态势。不过，从入住老年及残疾人机构的人员类型来看，2013 年完全自理的人数占 73.8%，半自理为 17.6%，完全不能自理的为 8.7%，半自理与不能自理人数为 73.8 万人，其中老人占 95.2%。

2013 年后，因为统计口径的变化，养老机构数量有所减少，2015 年时达到 27753 家，随后 2015—2018 年稳定增长。自 2019 年开始，养老机构数量增长较为迅速，到 2021 年达到 39961 家，床位数量也由 2015 年的 358.2 万张增长到 2021 年的 503.6 万张。根据民政部发布的《2023 年民政事业发展统计公报》，截至 2023 年年底，注册登记的养老机构 4.1 万个，床位 517.2 万张。收养人数从 2015 年的 214.8 万人增长到 2021 年的 225.5 万人，在波动中略有增长。不过总体入住率持续下降，从 2015 年的 60% 下降到 2021 年的 44.8%（2021 年由于新冠疫情原因，入住率有较大幅度降低）；养老机构职工数量从 2015 年的 27.75 万人增加到 2021 年的 39.96 万人，每年平均增长 6.27%，保持了较快的增长态势。从收养人员类别来看，到 2020 年，为老年人及残疾人提供住宿服务的机构收养老年人数达到 211.8 万人，部分失能与完全失能人数分别为 60.7 万人与 49.1 万人，两者合计占收养老年人数的 51.8%，较 2013 年有了较大的提高。

进一步分析老年及残疾机构入住人数与职工人数的比值（可以反映每位职工可以照顾老人的数量），可以发现，从 2010 年的 6.19 增长到 2014 年的 9.70，然后逐步降低到 2021 年的 5.64。究其原因，主要还是入住率逐年下降、职工人数增长两方面作用的结果，总体上使得人员配备比有所上升。当然也因为加强了养老机构监管，强化了养老机构人员的配备标准所致。

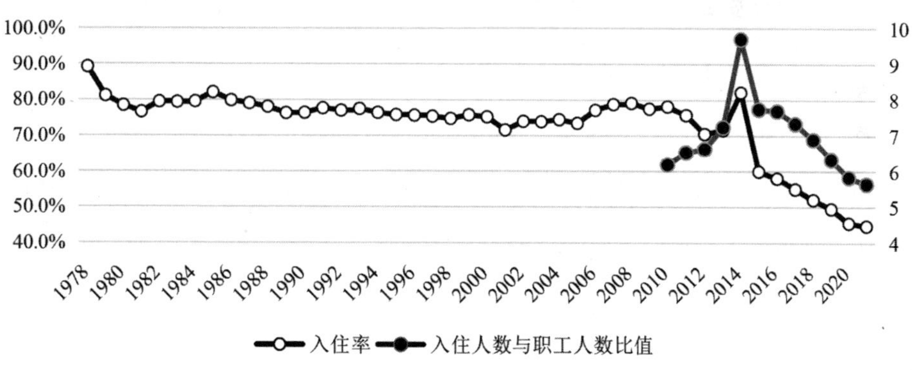

图5-2　养老机构入住人数与职工人数比值和入住率变化（1978—2021）

（二）机构照料人员年龄与学历结构

《中国民政统计年鉴》（2010—2022）数据显示，老年及残疾人机构职工年龄结构持续变化，主要以 36~55 岁人群为主，其比例超过了 60%。从结构上看，36~45 岁比例持续下降，从 2009 年的 41.2% 下降到 2021 年的 26.1%；

46~55 岁比例持续增长，从 2009 年的 25.2% 持续增长到 2021 年的 35.3%。从整体结构变化趋势来看，35 岁及以下人员比例持续降低，2021 年仅为 19.8%；56 岁及以上比例持续上升，2021 年比例达到 18.7%，与 35 岁及以下人员比例基本相当。根据《2023 养老护理员职业现状调查研究报告》结果显示，养老护理员的平均年龄为 49.14 岁，从事养老护理员的人群主要集中在中老年阶段。分年龄段看，养老护理员中高龄劳动者居多，年龄集中在 50~59 岁，超过被调查者数量的一半，占比达 51.52%；其次是 40~49 岁，占比为 28.66%①。据上海市 2022 年养老服务综合统计监测报告，50~59 岁的护理员占比高达 57.68%。总体来看，养老机构职工平均年龄在持续升高。2021 年职工中女性比例为 61.9%，而且有上升的趋势。从教育程度看，大专及以上人员比例在 2009 年为 18.1%，到 2013 年上升为 23.9%，呈现稳中有升的特点，但到 2021 年反而有所下降，为 23.7%，不过总体上保持了相对稳定。如果从养老护理员受教育程度来看，大专及以上比例则较低。

表5–1 老年人与残疾人服务机构职工人数及年龄结构（2009—2021）

年份	35岁及以下		36~45岁		46~55岁		56岁及以上		总数
	人数	比例	人数	比例	人数	比例	人数	比例	
2009	67726	26.3%	106252	41.2%	64865	25.2%	19007	7.4%	257850
2010	76760	28.0%	111016	40.5%	68105	24.9%	18138	6.6%	274019
2011	80093	27.3%	117066	39.9%	75907	25.9%	20343	6.9%	293409
2012	84970	25.7%	133426	40.3%	92221	27.9%	20169	6.1%	330786
2013	91780	25.8%	141427	39.7%	98486	27.7%	24378	6.8%	356071
2014	86867	26.1%	130623	39.2%	92593	27.8%	23367	7.0%	333450
2015	81374	25.6%	122448	38.5%	90703	28.5%	23715	7.5%	318240
2016	82955	24.5%	125675	37.1%	103061	30.4%	27102	8.0%	338793

① 罗守贵:《养老护理员人才缺口大,“朝阳行业”缘何不朝阳?》, https://www.acem.sjtu.edu.cn/faculty/insight/81494.html。

续表5-1

年份	35岁及以下		36~45岁		46~55岁		56岁及以上		总数
	人数	比例	人数	比例	人数	比例	人数	比例	
2017	86782	23.5%	130255	35.3%	117777	31.9%	34132	9.3%	368946
2018	83931	22.3%	125956	33.5%	125344	33.3%	40626	10.8%	375857
2019	97663	21.6%	143662	31.8%	153872	34.0%	56782	12.6%	451979
2020	106097	20.5%	151816	29.3%	180426	34.8%	79846	15.4%	518185
2021	108754	19.8%	143657	26.1%	194137	35.3%	102843	18.7%	549391

数据来源:《中国民政统计年鉴》(历年)

（三）养老护理员职业资格情况

我国在2007年发布《养老护理员国家职业标准》，并且民政部成立了职业技能鉴定指导中心和民政职业能力建设中心，开展养老护理员职业培训与资格认证工作。总体上来说，2009—2017年通过职业资格认证，获得养老护理员职业资格证书的人数较少，2009年为24人，2010年171人，2011年1538人，2012年4220人，2013年4523人，到2013年累计鉴定合格人员数为10025人〔《中国民政统计年鉴》(2014)〕。养老护理员职业技能鉴定工作拓展迅速，成效十分显著。截至2014年年底，鉴定人数6706人，比2013年鉴定人数4523人多2183人，环比增长48.3%，累计获证人数为15359人。2017年鉴定合格人员为11488人，截至2017年累计达到44102人。2017年我国养老护理员技能认定下放社会和用人单位，《养老护理员国家职业技能标准(2019年版)》更新，降低了养老护理员入职要求，养老护理员技能评价等级认证通过率有了较大的提高，获得认证的养老护理员数量增长迅速。以上海市为例，截至2022年年底，共有5879人通过养老护理员等级技能评价，其中1827人达到初级工等级，3346人达到中级工等级，630人达到高级工等级，55人达到技师等级，21人达到高级技师等级。

（四）注册护士供给情况

根据《中国统计年鉴》（2022）数据，2010—2022 年我国注册护士数量从 204.8 万人增加到 522.4 万人，平均每年增加 26.47 万人，年增长率为 8.11%，保持了较快的增长速度。近年来我国卫生事业发展对护理人员的需求增长更为迅速，注册护士中从事老年护理工作的人员数量也会逐年上升。不过注册护士在养老机构从事护理工作的比例较低。如根据 2024 年 10 月广州市发布的老年人口和老龄事业监测统计数据，广州市老年服务机构职工总数为 14963 人，管理人员 969 人，护理人员 8249 人，医生 314 人，护士 1020 人，专业社会工作者 933 人，护士占职工总数比例为 6.82%，护理人员与护士之比为 8.09，相对而言，护士比例较低。

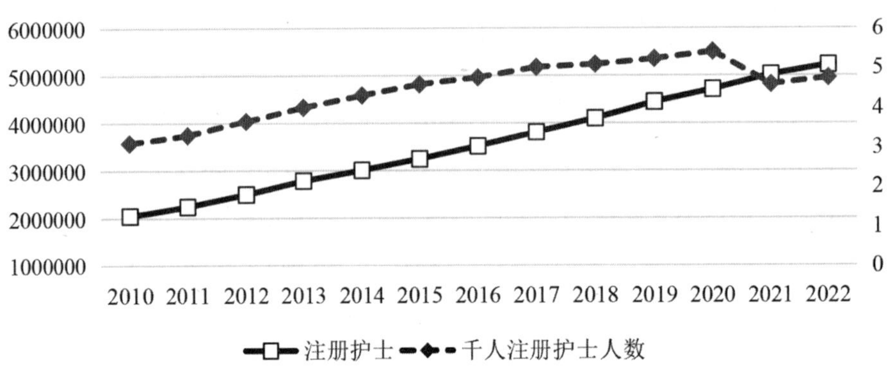

图5-3　我国注册护士人数及千人注册护士人数变动情况（2010—2022）

数据来源:《中国统计年鉴》(2023 年)

总体上来看，我国老年长期照护人力资源供给总体呈现快速增长的态势，而且人力资源素质和能力在逐步提高，养老护理员与注册护士两类人员与我国养老服务体系建设日益匹配，其变动数量反映了社会对护理职业的认知和从事该职业人员的基本态度变化，也反映了目前我国不断提高的养老服务质量要求和标准。

（五）护理人员工资情况

从国际经验来看，直接从事长期照护人员的工资一般处于较低水平，这反映了该项工作本身的社会价值，也反映了劳动力市场的供求状况。我国近几年护士工资增长迅速。根据上海市2023年养老护理员工资收入监测数据，2023年度养老护理员工资收入高位数为9515元/月、中位数为5166元/月、低位数为2867元/月、平均数为5343元/月，其中平均工资相比2022年上升了285元。不过，养老护理员的平均工资（5343元/月）仅为上海市社会平均工资（11258元/月）的47.46%，显著低于社会平均水平。即使是养老护理员中收入最高的群体（9515元/月），其工资也低于社会平均工资，中位数工资（5166元/月）仅为社会平均工资的45.89%，这表明超过半数的养老护理员收入远低于社会平均水平。同时，低位数工资（2867元/月）仅为社会平均工资的25.47%。总体上，养老护理员工资与社会平均水平相比处于较低水平。从全国范围内看，基本上都是如此。

二、我国老年长期照护人力资源供给预测

未来庞大的长期照护人力资源需求已经引起政府和全社会的高度关注，长期照护人力资源的供给将会呈现出不同的特点，受到职业声望、职业工资水平等因素的影响，长期照护人力资源队伍将会进行频繁调整。虽然未来预期的总体供给规模会日益扩大，但更需要关注和把握长期照护人力资源供给的基本态势，为后续的政策出台提供更为科学合理的建议。本部分首先根据劳动力市场基本理论，建立老年长期照护人力资源的存量—流量模型，并根据国家相关规划和预期进行人力资源供给估计，根据人口发展态势阐明潜在的供给可能面临的障碍与挑战。

（一）老年长期照护人力资源供给存量—流量模型

为了清晰、准确地描述未来长期照护人力资源供给状况，需要建立简单的存量与流量模型。如图5–4所示，可以将人力资源分为三个类别：护理就业人员、护理失业人员及非护理人员。护理就业人员指目前在养老机构工作，从事长期照护工作的人员；护理失业人员指暂时离开工作岗位，但仍在本护理行业寻找工作的人员（非严格失业界定）；非护理人员指尚未进入劳动力市场、未从事护理工作或退出护理行业转入其他行业的人员。三个存量之间可

以进行转换，根据流量的变动来确定。

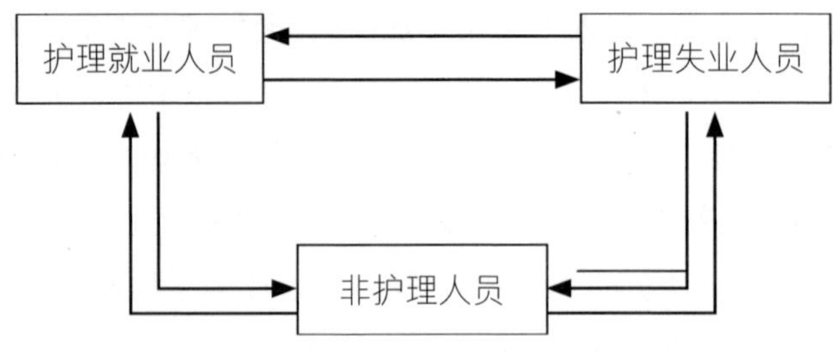

图5-4 长期照护人力资源供给的存量—流量模型

EU：从护理就业人员转变为护理失业人员，可能是因为解雇、临时解雇或辞职；

UE：从护理失业人员转变为护理就业人员，包括新就业者和重新就业者；

EN：从护理就业状态退出劳动力市场，如退休或上学中途退出劳动力市场者；

NE：从非护理人员转变为护理就业人员，即新进入或重新进入护理行业劳动力市场；

NU：非护理人员进入护理行业劳动力市场，成为护理失业人员；

UN：护理失业人员退出了劳动力队伍。

影响状态之间转换也即流量的因素非常多，对于整体护理人员的供给造成较大的影响。目前对于护理人员流量与存量方面的研究较少，还没有全国范围内的调查数据，每年各种状态之间转换的流量数据更是无从知晓。基于这样的考虑，本部分无法进行相关的参数估计来预测未来流量的变化趋势，还有待未来进行深入的研究①。

（二）我国老年长期照护人力资源供给预测及缺口分析

虽然历史和现状数据不可获得，而且未来我国长期照护服务体系的完善还受到诸多因素的影响，人力资源的供给同样会受到诸多因素的影响，因此，

① 许多发达国家开展了全国范围内的长期照护人力资源的调查，获得了许多宝贵的一手资料，但是预测未来的供给状况同样面临着诸多的困难，国外的学者们进行了深入的研究，仍然无法准确估计未来的供给状况。

本部分结合我国养老服务未来发展的规划和预期，对未来供给状况进行简单预测，在此基础上进行缺口分析。

本书采用 ARIMA（1, 1, 1）模型对 2009—2021 年养老机构职工数据进行建模和预测。ARIMA（1, 1, 1）模型包含一阶自回归项〔AR（1）〕、一阶差分〔I（1）〕和一阶移动平均项〔MA（1）〕，适用于具有趋势的时间序列数据。建模过程包括数据预处理、平稳性检验、模型识别、参数估计、模型诊断和预测。通过 ADF 检验确认一阶差分后数据平稳（p 值 <0.05）。比较不同阶数的 AIC 和 BIC 值，确定 ARIMA（1, 1, 1）模型最优。AR（1）和 MA（1）系数在 5% 水平上显著。残差检验包括 Ljung-Box 检验（p 值 >0.05，表明残差为白噪声）和 Jarque-Bera 检验（p 值 >0.05，残差近似正态分布）。使用 2019—2021 年数据进行样本外预测，MAPE<10%，预测精度良好。这些检验结果证实了模型的适用性和可靠性，为 2022—2050 年的长期预测奠定了基础。

根据 ARIMA（1,1,1）模型的预测结果（表 5-2），养老机构职工人数呈现持续上升趋势，从 2020 年的 50.9 万人增加到 2050 年的 125.5 万人，30 年间增长约 1.5 倍，呈现快速增长的特征，2020—2025 年年均增长率约 5%，2025—2030 年降至 3.5%，2030—2050 年趋于稳定在 2.5% 左右。预测的 95% 置信区间随时间逐渐扩大，反映了长期预测的不确定性增加。值得注意的是，供需缺口呈现显著扩大趋势，从 2020 年的 111.4 万人增至 2050 年的 462.7 万人，增长超过 3 倍。缺口增长速度快于供给增长速度，表明需求增长更为迅速。预测结果凸显了目前养老服务人才供给速度不及需求增长速度，需要制定长期人才发展战略，以应对持续扩大的供需缺口。

不过，本预测模型存在较大的局限性，是通过历史趋势外推得到，未充分考虑可能的政策变化或技术革新带来的影响。此外，长期预测本身存在较大不确定性，需要根据实际情况定期更新和调整预测模型。总的来说，ARIMA（1,1,1）模型的预测结果深刻反映了未来我国长期照护人力资源所面临的艰巨挑战，突出了加强人才培养和政策支持的紧迫性和重要性。

表5-2 我国老年长期照护人力资源供给与缺口预测（2020—2050） 单位：万人

年份	长期照护人员需求预测			人力资源供给预测	人力资源供给预测95%置信区间		人力资源缺口
	养老护理员	注册护士	需求总计		下限	上限	
2020	147.0	15.3	162.3	50.9	46.2	55.5	111.4
2025	160.7	17.8	178.5	64.8	59.6	70.1	113.7
2030	195.2	22.9	218.0	77.0	71.7	82.2	141.0
2035	252.7	31.6	284.4	89.1	83.8	94.3	195.3
2040	314.1	42.4	356.5	101.2	96.0	106.5	255.3
2045	398.9	57.0	455.9	113.4	108.1	118.6	342.5
2050	512.2	76.0	588.2	125.5	120.2	130.7	462.7

注：上述预测采用的职工人数是养老机构的职工总数，若考虑到社区养老服务设施人员的数量，缺口明显会少一些，而且职工人数包括了除养老护理员与护士之外的其他类型的人员。因此，更为科学合理的预测结果需要根据实际情况进行调整。

（三）未来潜在长期照护人力资源供给

结合人口预测和长期照护人力资源需求，进一步探讨未来长期照护人力资源的供给潜力。一般来说，由于工作性质的差异，在长期照护中女性比例较高。根据 2022 年的《中国卫生健康统计年鉴》和《中国民政统计年鉴》相关数据，注册护士比例为 97.1%，养老机构职工中女性比例为 61.9%，按此比例进行估计，可以预测 2020—2050 年，长期照护领域的需求呈现显著增长趋势（表 5-3），女性养老护理员和注册护士的总需求量预计将从 105.85 万人增加到 390.85 万人，增长近 3.7 倍。与此同时，千人女性长期照护需求量从 3.95 上升到 21.62，增长约 5.5 倍，这意味着到 2050 年每 100 名 15~54 岁女性将会有 2 名从事长期照护服务工作，需求增速远超人口增长。然而，2020—2050 年，15~54 岁女性人口呈现明显下降趋势，从 3.82 亿人减少到 2.58 亿人，降幅达 32.4%。人口结构变化对未来劳动力供给造成巨大压力。假设女性劳动参与率始终能保持在 70%（实际上近年来在持续缓慢下降），2050 年的潜在女性劳动力约为 1.81 亿人。虽然这个数字远超长期照护的需求量，但考虑到长期照护只是众多行业之一，实际可投入该领域的女性劳动力可能有限。此外，长期照护工作的特殊性和强度可能降低其对女性劳动力的吸引力。因此，尽管从绝对数量上看供给似乎充足，但实际上可能面临严重短缺。

表5-3　女性长期照护人员数量变动趋势（2020—2050）　单位：万人

年份	女性养老护理员	女性注册护士	女性人力资源数	15~54岁女性人口	千人女性长期照护需求量
2020	90.99	14.86	105.8	38235.0	3.95
2025	99.47	17.28	116.8	36140.1	4.62
2030	120.83	22.24	143.1	34786.3	5.88
2035	156.42	30.68	187.1	33984.0	7.87
2040	194.43	41.17	235.6	31497.7	10.69
2045	246.92	55.35	302.3	27780.6	15.54
2050	317.05	73.80	390.8	25830.8	21.62

另外，随着女性预期寿命进一步延长，在家庭内部由配偶提供照料的人数也反映了未来非正式照料人群的潜力水平。根据人口预测结果数据测算，2020—2050 年老年性别比总体呈现下降趋势，65~79 岁性别比下降到 2040 年后有所提升，而 80 岁及以上老年性别比在 2045 年达到最低值 59.05（图 5-5），随后才会缓慢上升。这一基本态势反映了我国未来高龄女性老年人以配偶作为照料者将会面临极大的照料困境。在高龄阶段，女性老人将会持续单独居住，这对于未来的社会化照料人力资源供给同样提出了较大的挑战。

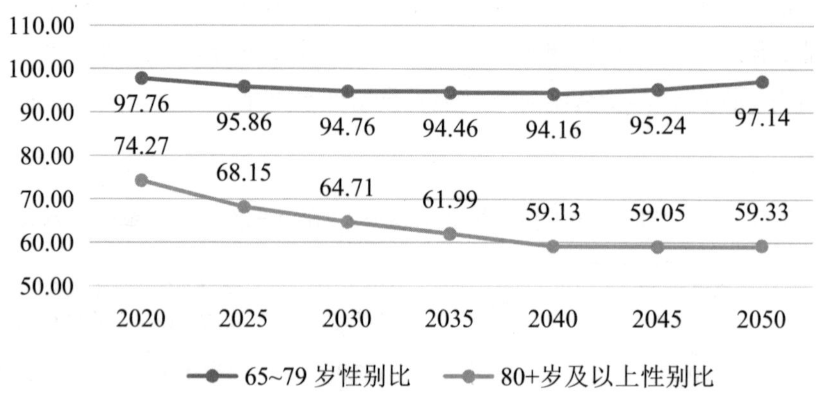

图5-5 不同年龄段性别比变动趋势（男性人数/女性人数×100）

数据来源：人口预测数据由作者自行计算

三、我国养老服务人才供给相关政策的发展

随着中国人口老龄化进程加快，养老服务业的人才需求日益增长。养老服务业发展成为国家战略的重要组成部分，而高质量的养老服务人才队伍建设则是实现这一战略目标的关键。2013 年以来，国家和地方政府陆续出台了一系列政策措施，涵盖了人才引进、培养、激励和服务等多方面，逐步形成了全面而系统的政策体系。通过不断加强养老服务人才培养和引进，将会优化养老服务人才队伍结构，不断提升养老服务人才供给的质量和水平。

从养老服务人才建设的政策演进脉络看，大致经历了三个阶段，每个阶段都呈现出独有的特点。

（一）2013—2015年：政策起步阶段

2013—2015 年是我国养老服务人才队伍建设政策的起步阶段，政府开始关注并着手解决养老服务人才短缺的问题。这一时期，国务院及相关部门陆续出台了多项政策文件，包括《国务院关于加快发展养老服务业的若干意见》（2013 年）、《关于推进社区养老服务业发展的指导意见》（2014 年）和《关于鼓励社会力量参与养老服务业发展的若干意见》（2015 年）等。这些政策文件均强调了加强养老服务人才培养的重要性，提出了一系列措施，如鼓励高等院校和中等职业学校增设养老服务相关专业，加强养老服务人员的专业技能培训，支持社会力量举办养老服务培训机构等。特别值得一提的是，2014 年教育部等九部门联合印发的《关于加快推进养老服务业人才培养的意见》，首次提出探索开展本科层次职业教育试点，标志着养老服务人才培养开始向多层次、多类型发展。

然而，尽管政府在这一阶段开始重视养老服务人才队伍建设，但相关政策和措施仍较为零散，缺乏系统性。具体措施包括加大财政投入、推动养老服务机构标准化建设、鼓励社会资本参与、探索公建民营模式以及推动社区养老服务发展等。但这些措施在实际落实过程中仍面临诸多挑战，如人才短缺问题依然严重，特别是专业护理人员和管理人才；养老服务质量参差不齐，难以满足老年人的多样化需求；部分政策在实际操作中难以有效落实；等等。这些问题反映出 2013—2015 年期间养老服务人才队伍建设政策仍处于初步探索阶段，需要进一步完善和系统化。

（二）2016—2019年：政策完善阶段

2016—2019 年是我国养老服务人才政策发展的关键时期。随着人口老龄化趋势加剧，养老服务需求迅速增长，政府开始高度重视养老服务业人才的培养和引进，出台了一系列政策措施，为养老服务人才队伍建设提供了明确的指导和支持。

1. 加强养老服务人才专业教育体系建设

2017 年，教育部公布《普通高等学校本科专业目录（2012 年）》增补专业，其中包括“养老服务与管理”专业，这标志着养老服务人才培养正式进入高等教育体系。一些高校开始设立养老服务相关专业，培养高层次养老服务人才。2017 年，教育部发布高等职业学校老年健康与管理、中医养生保健、护理等专业教学标准，发布高等职业学校康复治疗技术专业和中等职业学校康复技术专业实训教学条件建设标准。2019 年，印发《关于职业院校专业人才培养方案制订与实施工作的指导意见》，推动职业院校贯彻落实国家教学标准，开设老年人健康管理事务、老年人综合能力评估、心理学等课程，优化人才培养方案。不断加强实践性教学，规定实践性教学学时原则上占总学时数 50%以上，顶岗实习时间一般为 6 个月。开发养老服务相关课程和教材。遴选了《老年护理》《老年人康复服务指南》《养老服务机构人力资源管理实务培训》《养老服务职业技能培训教材——老年照护》等多种养老服务领域相关“十三五”职业教育国家规划教材，其中包括老年照护领域的 1+X 证书配套教材。2019 年，教育部启动实施中国特色高水平高等职业学校和专业建设计划，遴选确定了 9 所设置有养老类专业的职业院校，着力打造老年服务与管理、护理等 10 个养老服务高水平专业群。进一步鼓励技工院校开设老年服务与管理、健康服务与管理、家政服务、护理等养老服务相关专业，指导技工院校加强学科建设，培养更多养老护理专业人才和实用人才。

2. 强化了养老服务从业人员的职业技能培训

2016 年 10 月，人力资源和社会保障部、民政部联合发布《关于推进养老服务业职业技能培训工作的指导意见》，提出建立健全养老服务业职业技能培训体系，提高养老服务从业人员的职业技能水平。

2017 年 3 月，国务院印发《“十三五”国家老龄事业发展和养老体系建设规划》，提出推进涉老相关专业教育体系建设，加快培养老年医学、康复、护理、营养、心理和社会工作、经营管理、康复辅具配置等人才。建立以品德、能力和业绩为导向的职称评价和技能等级评价制度，拓宽养老服务专业人员职业发展空间。推动各地落实保障和逐步提高养老服务从业人员薪酬待遇等措施。2017 年 3 月，民政部等 6 部门发布《关于开展养老院服务质量建设专项行动的通知》，提出全面贯彻以人为本、以需求为导向的服务理念，建立部、省、市、县、机构分级培训体系，完善专业人员保障和激励政策措施，支持养老院引入医生、护士、社会工作者等专业人员，支持养老院不断提高持有国家养老护理员职业证书的养老护理员比例。

2019 年 4 月，国务院办公厅印发《关于推进养老服务发展的意见》，提出扩大养老服务就业创业的政策措施。其一，完善养老护理员职业体系。制定实施职业技能标准，加强机构负责人和管理人员培训，落实从业人员培训费和技能鉴定补贴。鼓励院校设置相关专业课程，推进职业院校实训基地建设，并落实学生资助政策。其二，大力推进养老服务业吸纳就业。在基层开发养老服务岗位，优先吸纳就业困难人员、贫困人口和高校毕业生。对招用特定群体的养老服务机构给予社会保险补贴，加强贫困人口职业培训和就业指导。

落实就业见习补贴政策，鼓励留用见习人员。其三，建立养老服务褒扬机制。设立全国养老服务工作先进评比表彰项目，组织国家级技能大赛，授予荣誉称号和晋升职业等级。开展关爱活动，加强社会宣传，提升行业地位。这些措施体现了政府对养老服务业的重视，通过完善职业体系、促进就业和提升行业地位等多层次、多角度的支持，旨在促进行业发展，扩大就业机会，提升服务质量，最终满足日益增长的养老服务需求。

3. 逐步建立养老服务人才激励制度

2019 年 10 月，人力资源和社会保障部、民政部联合颁布《养老护理员国家职业技能标准（2019 年版）》，旨在指导养老护理员培养培训、开展职业技能等级认定和规范养老护理职业行为。新版标准针对养老护理员发展的新情况和新特点，在增加职业技能要求、放宽入职条件、拓宽职业空间和缩短晋级时间等方面进行了重大修改，将养老护理员的职业技能等级由四个增至五个，新增“一级 / 高级技师”等级，明确康复服务、照护评估、质量管理、培训指导等职业技能；对申报条件进行了较大调整，增加了技工学校、高级技工学校、技师学院、大专及以上毕业生的申报条件，规定中职中专毕业生可直接申报四级 / 中级工。此外，在养老机构等级评定和质量评价工作中，逐步加大养老护理员与老年人的照护比例、取得职业技能等级证书人数等指标的权重。标准的调整适应了养老服务发展的新形势和新需求，对于缓解人才短缺问题，促进养老服务业的发展发挥了重要作用。

4. 养老服务人才队伍建设整体取得较大进展

在政策的推动下，2016—2019 年间，我国养老服务人才队伍建设取得了一定的进展。但从整体趋势来看，这一时期养老服务人才总量呈现增长趋势，养老服务专业人才占比有所提高，人才队伍的专业化水平逐步提升。养老服务从业人员培训力度不断加大，各地积极开展各类培训活动，提升从业人员的专业技能和服务水平。养老服务相关专业的教育资源不断扩充，更多的高校和职业院校开设了养老服务相关专业，为行业输送专业人才。养老服务职业技能等级认证工作取得积极进展，推动了养老服务人才队伍的职业化发展。

（三）2020—2024年：全面深化阶段

1. 制度体系建设全面深化

2020—2024 年间，我国养老护理人才队伍建设进入了全面深化阶段。国家层面完善了养老护理员职业标准体系，将职业技能等级优化为五个层次，建立了职业技能等级认定与岗位聘用、薪酬待遇挂钩机制。同时，实施养老护理员岗位补贴制度，在全国范围内推行“双证书”制度，即职业资格证书和职业技能等级证书并行的评价体系。通过建立养老护理员权益保障机制、改善工作环境、提供职业发展空间等措施，显著提升了养老护理工作的职业吸引力和社会认可度。

2. 持续推进人才培养模式创新

形成了多层次、多元化的养老护理人才培养体系。高等院校和职业院校深化产教融合、校企合作，建立养老服务实训基地，推动理论教学与实践操作的有机结合。培训内容更加丰富和专业化，除基础护理技能外，还增加了智能化照护设备应用、老年心理关怀、康复护理、营养照护等专业模块。特别是“互联网 +”培训模式的广泛应用，通过线上线下混合式教学，大大提高了培训的覆盖面和效率，使养老护理人才培养更加便捷和高效。

3. 养老护理人才队伍专业化和整体素质显著提升

通过实施“养老服务人才培训工程”，开展养老护理员职业技能提升行动，培养了大量具有专业技能的养老护理人才。建立养老护理员职业技能竞赛制度，设立优秀养老护理员表彰奖励机制，激发了护理人员的工作积极性和专业成长动力。同时，智慧养老服务的快速发展推动养老护理人才知识结构升级，培训内容更加注重智能化设备操作、信息化管理等新技能的掌握，推动了养老护理队伍向专业化、职业化方向发展。

4. 进一步完善服务体系

建立起覆盖机构养老、社区养老和居家养老的全方位服务网络。通过整合医疗卫生和养老服务资源，推动医养结合发展，为养老护理人才提供了更广阔的职业发展空间。同时，建立了养老服务质量评价体系，将护理人员服务质量与绩效考核挂钩，促进了养老护理服务水平的整体提升。各地还探索建立了养老护理员定期培训和考核机制，确保护理人员持续更新知识技能，适应养老服务领域的新发展需求。

（四）小结

2013—2024 年，我国养老服务人才培养政策经历了从起步到逐步完善再到全面升级的过程。这一过程中，政策体系不断完善，覆盖面不断扩大，措施也越来越具体和可操作。通过这一系列政策措施，政府和社会各界共同努力，逐步建立起一支规模适度、结构合理、德才兼备的养老服务人才队伍。这不仅为应对人口老龄化挑战提供了有力的人才支撑，也为推动养老服务高质量发展奠定了坚实的基础。

四、本章小结

我国未来长期照护人力资源的供给显然与需求的快速增长紧密结合在一起。作为我国养老服务体系建设和服务递送中非常重要的环节，人力资源的供给毫无疑问将会成为政府和社会不可回避的问题。作为一个社会地位不高、薪酬水平较低的职业，并不具备吸引人才的特点，未来需求与供给之间的差距将会十分严峻，而且并不具备很强的优势。因此，还需要针对目标人群及各类群体提出具有针对性的措施，才能缓解未来照料不足的局面，全面提升失能老人的福利水平。

第六章　老年护理职业选择意愿研究

发达国家面临如此困境时的解决措施之一，就是吸引更多年轻人加入老年护理事业。本章通过一项在山东省烟台市开展的针对青年人对老年护理职业认知与从事老年护理职业意愿的调查，深入分析我国青年人对老年护理职业的认知状况，探寻青年人从事老年护理职业意愿的影响因素，进一步为我国吸引青年人加入长期护理行业提供相关的政策建议。

一、理论框架、调查内容及方法

（一）基本理论框架

目前职业选择理论大多将研究焦点集中在个体与职业环境的匹配问题上，最为著名的是 Holland 的匹配理论，认为匹配是一种静态的现象。有学者认为，虽然匹配理论存在一定局限性，但是其基本理论观点，即个体倾向于将个人特征与组织特征或任务特征相匹配以寻求个人或组织的利益，在职业选择方面具有较强的预测力，不过，匹配理论并没有很好地解释决策的过程。2005 年，Sauermann 考虑了职业选择的动机与认知过程，将行为决策理论应用于职业选择的研究，形成了一套完整的职业选择模型。

Sauermann 的职业选择模型主要考察了两个过程：（1）特定选择目标下决策者的决策策略选择过程；（2）给定决策任务特征时决策者的偏好构建过程。

图 6–1 展示了 Sauermann 的职业选择模型的基本框架。

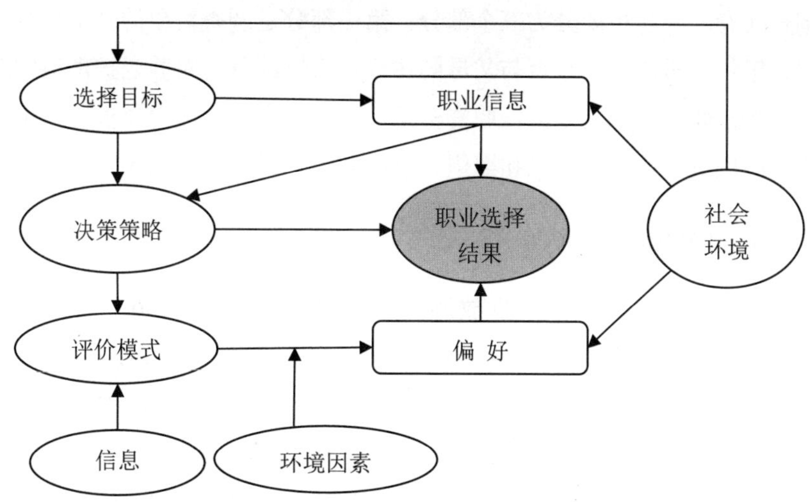

图6–1　Sauermann职业选择模型基本框架

如图 6–1 所示，选择结果由决策者掌握的信息、决策过程中构建的偏好以及决策策略共同决定。个体进行职业选择时，一般会首先确定基本的选择目标，根据经济效益原则，在评估各种不同的职业信息后，形成相关的决策策略，最后达成职业选择结果。但是，不同的策略需要的信息量不同，因而策略选择受到有限信息的限制。有时，决策者能够在决策过程当中获得额外的信息，但获得的信息量和类型取决于决策者所选取的目标职业。社会环境在决策过程中有着重要的影响，可能会影响个体的目标选择，并会向个体提供相关信息。另外，还需要考虑个体偏好对职业选择的影响。不同的偏好反映了决策过程中不同目标的特征差异，并影响到个体评估不同职业的相对重要性。不过，人们的偏好并非总是稳定和明确的，经常受到情景因素的影响，特别是评估模式和其与职业特征之间的互动也会间接影响偏好的形成。同时，偏好还经常受到社会环境的影响。

（二）调查内容

依据上文的基本分析框架，本调查选取 15~34 岁的青年人群作为调查对象，围绕职业选择三方面的影响因素对老年护理职业的认知和选择意愿进行研究。

调查问卷的内容主要分为三个部分：第一部分是调查对象的基本信息，包括性别、年龄、居住地、是否与父母同住等；第二部分是对养老护理员职业认知状况，包括职业的知晓度、任职资格条件、工作内容、能力要求等；第三部分是养老护理员职业选择意愿和期望，包括期望工资水平、工作方式等。

（三）调查与研究方法

本调查在山东省烟台市共发放调查问卷420份，回收396份，总有效回收率为94.3%。主要采用方便抽样和个体访谈的形式，运用Epidata3.1软件录入有效数据，采用SPSS17.0进行数据分析。调查对象中女性占79.1%；初中及以下学历占13.1%，高中/高职/大专占22.2%，本科及以上占53.5%，其中本科护理专业学生占27.3%；20岁及以下占16.7%，21~25岁占61.1%，26~35岁占22.2%；居住地为城镇的占56.1%，未婚比例为81.3%。

二、青年人老年护理职业认知与选择意愿状况

（一）养老机构社会知晓度较高，但青年人大多并不了解老年护理职业

养老机构数量与区域分布会影响青年人对养老护理员职业的认知状况。调查结果表明，有75.8%的回答者知道所在地区有养老院/福利院/老年公寓等养老机构，但72.2%的人表示对养老护理员职业基本不了解，仅有18.7%的人表示非常了解和比较了解，而且护理专业学生与其他人员的回答的差异并不显著。伴随着我国养老机构的数量和规模不断增长，人口老龄化带来的养老难题引起青年人关注，但大多数青年人对护理员职业的认知并不理想。

（二）青年人对护理员的工作内容与技能要求的认知与现实情况基本相符

为了调查青年人对养老护理员工作内容的了解程度，我们专门设计了“您知道养老护理员的工作内容有哪些？”和“您认为从事养老护理员工作需要哪些技能？”两方面的多选问题，结果如表6-1所示。

从表 6–1 可以看出，有 82.1% 的青年人认为养老护理员的工作主要是照料老人的日常生活，陪老人聊天和给老人体检等。据实地考察和了解，这一认知与目前大多数养老机构护理员所从事的工作内容基本相符，类似于家庭内的保姆式照料。照顾老人的日常起居成为目前养老机构的首要职责，适度满足老年人的精神需要、体检、护理等工作内容由于人员短缺和技能不足而常常被忽视。

表6–1　养老护理员基本工作内容与技能要求的认知

工作内容	人次	百分比	个案百分比	技能要求	人次	百分比	个案百分比
照顾日常生活	320	35.9	82.1	一般护理技术	302	26.3	76.3
急救护理	152	17.0	39.0	急救技术	274	23.9	69.2
给老人体检	192	21.5	49.2	人际沟通技能	250	21.8	63.1
陪老人聊天	186	20.9	47.7	老年心理健康常识	308	26.8	77.8
其他	42	4.7	10.8	其他	14	1.2	3.5
小计	892	100.0	228.7	小计	1148	100.0	289.9

另外，青年人认为从事养老护理员需要参加相关培训和取得国家资格认证的比例高达 76.8%。这意味着，老年护理的专业性需要护理员接受相应的培训或通过职业资格认证来保证服务质量。不过，值得注意的是，仍有 23.2% 的青年人并不清楚或认为不需要培训或资格认证或等级评定，这与目前养老护理员的社会公众认知度相对较低有着密切的关系。

（三）青年人所感知的养老护理员职业地位与收入水平一般，压力较大

由于工作本身的特殊性和较低的收入水平，青年人对于老年护理职业持较低的社会认可度。调查结果显示，青年人认为养老护理员职业地位一般和较低的比例高达 64.7%，收入水平一般和较低的比例为 69.7%，工作压力非常大和比较大的比例为 57.6%，偶尔放假休息和没有休息的比例高达 87.4%。低工资、休息少、压力大、职业地位低下是青年人所感知的养老护理员的典型职业特征。

另外，分性别来看，对护理员收入水平的认知存在显著差异，女性认为一般和较低的比例为 68.5%，而男性高达 82.5%。不同教育程度对养老护理员的职业地位的评价也存在显著差异。初中和本科及以上文化程度的回答者认为职业地位一般和较低的比例均超过 70%，而高中 / 职业类院校的比例为 45.5%，这可能与高中 / 职业类院校毕业人员对于护理员职业的了解程度更高有着密切的关系。

（四）青年人选择老年护理职业的倾向性并不明显，更愿意采取兼职形式

通过调查发现，对从事老年护理职业表示不愿意的比例有 33.7%，非常愿意和比较愿意的只有 25.5%，38.8% 的人认为无所谓，大部分年轻人并没有表现出对老年护理职业的兴趣，充分反映青年人对老年护理职业倾向和意愿并不明显。

通过进一步分析影响青年人养老护理员职业选择的因素，如图 6–2 所示，可以看到，“已经有其他工作”的占 33.3%，其次是“不会相关技能”占 28.9%，“没听说过，不了解”占 23.7%。因此，目前已有职业、技能准备不充分以及并不了解该职业成为影响青年人愿意选择的重要原因。“不愿意伺候老人”仅占 10.5%，说明社会上并没有出现大部分青年人不愿意伺候老人的现象。

在调查中设置“哪方面的条件改善了，您会愿意选择做养老护理员？”的问题来进一步分析愿意选择的原因。结果发现，首先是“工作时间灵活”占 35.7%，青年人更倾向于采取兼职或小时工等能够自由安排时间的形式从事老年护理工作；其次是“提高工资水平”的比例占 33.0%，工资水平的改善会较大影响青年人职业选择的意愿；再次是政府政策的改善，占 28.6%。由前面分析得知大多数青年人对“养老护理员”这个职业本身不太了解，相关政策措施并不到位，有部分青年人认为，如果政府政策改善，则有可能从事老年护理职业。

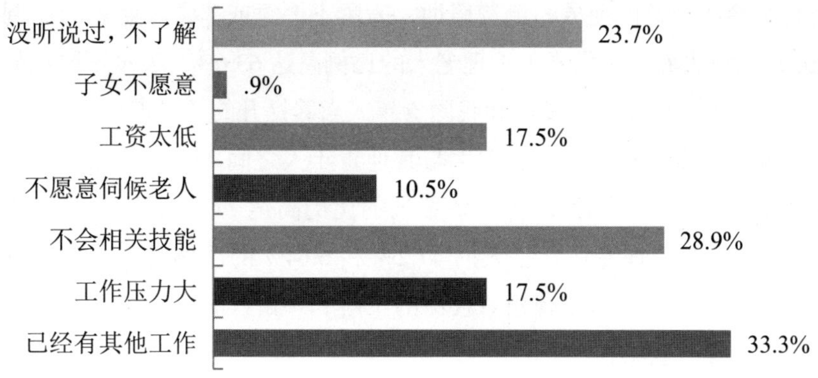

图6-2　青年人选择从事老年护理职业的因素

（五）大多数青年人愿意选择在老年护理院和社区服务中心从事老年护理工作

对于青年人选择老年护理职业期望工作的地点，52.4% 的青年人选择附近老年护理院，30.7% 的青年人选择本社区或相邻社区，而且护理专业学生选择两者的比例更高，其中 63.0% 的人愿意到附近老年护理院工作，31.5% 的人愿意到本社区或相邻社区，愿意到农村养老院或上门服务的仅为 5.6%。根据目前我国机构分类，老年护理院属于医疗机构，会吸引部分护理专业的青年人加入，但绝大多数护理专业的学生不愿意去农村养老院或提供上门服务，可能与工作稳定性及各种福利待遇密切相关。

另外，对于从事护理工作的工作方式的期望，77.8% 的护理专业学生愿意由社区服务中心来安排，而其他青年人期望的工作方式主要是社区服务中心或养老院，分别占 43.8% 和 35.8%。而且通过对愿意从事老年护理职业的人员进一步分析可以发现，希望兼职工作的比例高达 88.2%，即使愿意从事该职业，更倾向于兼职而不是全职工作。

（六）青年人比较愿意参加老年护理工作免费培训，去养老院做义工

随着社会的不断进步，愿意参与志愿活动的人日益增多，尤其是针对弱势群体的志愿意愿较为强烈。从调查中可知，有 54.5% 的青年人表示会在

业余时间参加养老护理员的免费培训，表示不愿意或非常不愿意的比例仅有11.2%；愿意去养老院做义工护理老人的比例高达63.6%，表示不愿意的仅有8.6%。应该说，这是社会发展和我国青年人素养提升的明显表现。

通过进一步分析护理专业学生与其他青年人之间的差异可以发现，护理专业学生表示愿意参加护理员免费培训的比例高达74.1%，做义工的比例高达72.2%，比非护理专业青年人的47.2%和60.4%的比例要高出许多。从中可以发现，对于护理专业有相对较深的了解和理解，有利于提升对老年护理志愿活动的参与意愿和水平。

三、青年人老年护理职业选择意愿的影响因素

影响护理职业选择的因素较多，需要在控制其他变量情况下进一步分析各因素对青年人老年护理职业选择意愿的影响。

（一）基本模型

因为养老护理员职业选择意愿采取五点量表，分析其影响因素最合适的经验估计方法就是采用Ordered-Probit回归模型。因为职业选择意愿涵盖了从“非常愿意”到“非常不愿意”5类，为了减少诸如“非常不愿意”样本较少可能带来的偏差，将5类重新划分为3类，“非常愿意”与“比较愿意”合并为一类“愿意”，“不愿意”和“非常不愿意”合并为一类“不愿意”。

Ordered-Probit模型的一般形式是：

$$Y_i=\beta X'_i+\mu_i \qquad i=1, 2, \cdots N \tag{1}$$

Y_i是排序响应变量，X_i是解释变量的集合，β是待估计参数，μ_i是随机变量，排序响应值Y有3类。排序响应模型定义为：

$$Pr(Y=j \mid X, a, \beta)=F_j(\alpha_j-X'\beta)-F_{j-1}(\alpha_{j-1}-X'\beta) \tag{2}$$

其中，j=1，2，3，$\alpha_0=-\infty$，$\alpha_{j-1}\leq\alpha_j$，$\alpha_m=\infty$，F是累积正态分布函数。

（二）回归分析

根据Sauermann职业选择模型，青年人在选择护理职业时需要综合考虑护理职业信息、个人偏好及决策策略三方面。护理职业信息包括对护理职业

认知状况、护理职业工作特征和社会环境状况。偏好则由个人基本特征、兴趣以及价值观等决定。个人禀赋选择取决于身体与能力禀赋。因为本章主要针对单一护理职业的选择意愿，考虑忽略决策策略的影响，重点考察个体特征、禀赋、偏好与职业信息。回归结果如表 6–2 所示，模型将影响因素纳入回归分析，各因素均为二分变量，若认为“是”，则为 1，“否”，则为 0。下面对影响青年人老年护理职业选择意愿的因素分别进行探讨。

1. 个体特征与禀赋的影响

在控制其他变量的情况下，年龄较大与年龄较小相比、农村青年与城镇青年相比，老年护理职业的选择意愿更为强烈，性别则无显著影响。农村青年在老年护理职业选择上可能并没有城市青年诸多的顾虑，选择的意愿较为强烈。教育程度较高的青年人，职业选择余地较大，除非万不得已，一般不愿意从事老年护理工作。不过，作为护理专业的学生表现出比其他非专业青年人更低的选择意愿，可能与他们未来绝大多数可能会从事医疗护理或相关工作密切相关，表现出较低的老年护理职业选择意愿，是否具备相关技能并不会对青年人的意愿形成相应的影响。

表6–2　青年人老年护理职业选择意愿影响因素

变量	模型	
	系数	标准差
个体特征		
女性	–0.260	0.180
年龄	0.0461*	0.0203
居住地城镇	0.370**	0.162
个体禀赋：		
教育程度	0.298***	0.0770
不会相关技能	–0.000267	0.183
护理专业学生身份	–0.423**	0.194
个体偏好		
参加养老护理员的免费培训意愿	0.186**	0.0943
参加做义工护理老人意愿	0.655***	0.0976

续表6-2

变量	模型	
	系数	标准差
不愿意伺候老人	1.483***	0.343
已经有其他工作	0.205	0.147
护理职业信息		
职业了解程度	0.165	0.122
相关培训和取得国家资格认证	0.356***	0.0953
职业地位	0.360***	0.103
收入水平	–0.276**	0.112
工作压力大	1.655***	0.258
Cut1 常数	4.894***	0.985
Cut2 常数	6.441***	1.004
样本量	366	

*** $p<0.01$，** $p<0.05$，* $p<0.1$

2. 职业信息的影响

由于对老年护理职业公众的认知和了解程度有限，因此了解程度并未表现出青年人老年护理职业选择意愿的显著影响，但是对认为需要有相关培训和取得国家资格认证的青年人选择意愿更为强烈，认为护理职业地位低的青年人，更不愿意选择老年护理职业。这一结论具有普遍性的意义。据 2009 年对北京市 99 种职业声望的调查，护士排名 58 位，处于中等水平，较 1997 年下降了 21 位，成为降幅最大的职业之一。近些年虽然没有进一步的全国范围内的数据，但总体上护理类职业声望仍然较低。

不过，认为护理职业收入水平较高的年轻人的选择意愿反而更低，这一基本结论显然与一般人的理解并不符合。通过前面的分析，调查中选择无所谓或不愿意的比例较高，而且通过将认为的收入水平与选择意愿进行相关分析，两者表现出正向的相关性，但在控制了其他变量的情况下，认为收入水平高并不会导致更强的选择意愿，这可能因为其他因素的影响更为强烈。从这种意义上说，收入水平可能并非青年人选择老年护理职业时考虑的最主要因素。

青年人普遍感知到的老年护理工作较大的压力降低了老年护理职业选择的意愿。不仅是老年护理职业，实际上所有的护理职业无论国内外均面临着较大的压力，劳动强度大，责任也大，还常受到来自被护理者和家人的质疑，这都成为青年人选择老年护理职业的重要障碍。

3. 个体偏好的影响

青年人在护理职业的选择上受到个人偏好的强烈影响。参加养老护理员的免费培训意愿以及参加做义工护理老人的意愿越强烈，越有可能选择从事老年护理职业，其间存在着内在的一致性。这充分反映了当代青年人自愿服务方面的观念有了进一步的提升，其价值观念与时代的发展具有极大的契合性，社会参与意识和民主意识、法治观念等明显增强。但值得注意的是，在控制了其他变量的情况下，不愿意侍候老人成为青年人不愿意从事老年护理职业的重要原因之一。

（三）基本结论

通过回归分析可以发现，影响护理职业选择的因素较多，大体上可归结为以下几方面：（1）老年护理职业本身的特征限制了青年人选择的意愿。职业地位低、工作压力大、收入水平低是重要的影响因素；（2）青年人较强的社会参与意识能够有效提升老年护理职业的选择意愿；（3）青年人较高的受教育水平会降低选择的意愿，但农村的青年人选择意愿会更为强烈，非护理专业青年人与护理专业相比，选择意愿更强烈。

第七章　非正式照料者照料供给影响因素研究

一、研究背景及意义

从全世界范围来看，失能老年人的照料绝大部分仍然依托家庭，如在美国，仍然有94%获得居家照料服务的失能老人在一定程度上接受非正式照料[①]。无论是其他国家还是我国，配偶及成年子女，尤其是女儿或儿媳成为最主要照料者，由配偶和成年子女作为主要照料者的比例均接近50%，而女性作为主要照料者的比例超过了三分之二[②③]。

受我国传统文化的影响，以血缘关系构成的纽带成为维系老年照料的重要力量；过低的家庭收入水平及老人居家照料的意愿使得非正式的家庭照料成为不得已的选择；即使是收入较高的家庭，因为照料机构提供的服务质量较低而无法满足失能老人的照料需求，所以仍然由家庭成员继续提供相应的照料服务。从工业化国家的实践来看，对家庭照护者的支持政策一定程度上减轻了家庭照护者的身心负担，使其可以更好地从事工作以及保证照料的可

---

① B. C. Spillman and L. E. Pezzin, "Potential and active family caregivers: Changing networks and the 'sandwich generation,'" Milbank Quarterly, vol. 78, no. 2, pp. 347~374, 2000.

② 同上。

③ 王广州等：《山东农村养老保障现状与需求调查研究》，载于中国社会科学院人口与劳动经济研究所编：《中国人口年鉴》，中国社会出版社2009年版。

持续性。我国目前养老服务体系尚不健全，家庭照料将仍然是未来满足失能老人照护需求的主要手段，而对家庭照护者的相关支持政策还较少，还没有成为政策关注的重点。

因此，在失能老人的家庭照料成为一个无法避免的现象时，需要深入分析老年家庭照护者的基本状况及家庭照护者压力来源，探索老年家庭照护者压力形成的过程、机理及其影响因素，以此制定我国未来老年家庭照护者的社会支持政策，用以缓解家庭照护者的压力，提高失能老人的福利水平，这将是未来我国社会支持政策面临的重大挑战之一。

二、相关文献研究综述

众多研究及公共政策均强调了因提供照料给主要家庭照护者带来的压力与负担。照料时间的延长无论是对家庭照料提供者的心理健康还是身体健康都造成了极大的影响，为了减轻家庭照护者的身心负担，更好地从事工作以及持续提供照料，许多国家均出台相应政策措施为家庭照护者提供支持。

（一）基本分析框架

为了更好地分析家庭照护者及其相关支持政策，需要深入分析家庭照护者所承担的压力状况。根据家庭照护者相关的理论模型，本章拓展相应的研究范式，以家庭照护者负担感为核心，深入分析其压力源对负担感的影响，进而分析负担感对于照料者的影响，包括身体健康，心理健康以及满意度等方面的内容。在这中间，还需要考虑不同的应对策略在这种影响中扮演的调节或中介作用。

基于此，本章构建了家庭照护者压力研究基本框架。如图 7–1 所示，模型分析了负担感的来源及其影响，也就是探讨了负担感的前因和后果，同时进一步分析了环境因素对于负担感及应对策略的影响，而且还分析了压力源本身对于照料结果的直接影响。因此，家庭照护者的照料负担是各种因素综合作用的结果，充分体现了家庭这一社会基本细胞在承担家庭照料责任时的互动行为。

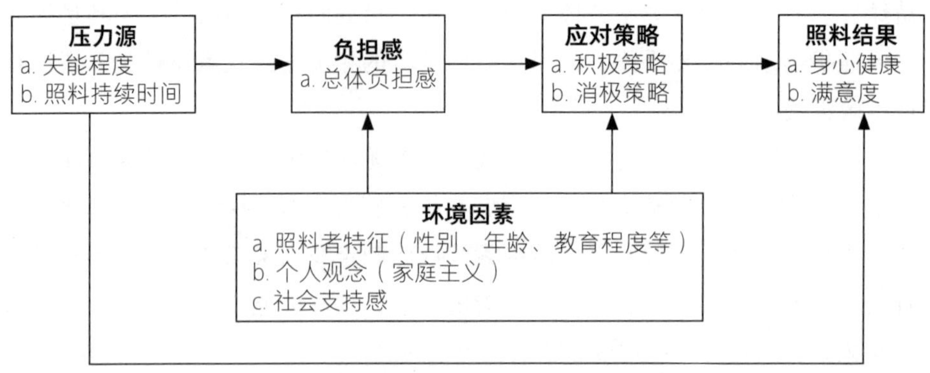

图7-1 家庭照护者压力研究基本框架

从现实的情况来看，家庭内部的照料决策实际上涵盖了更多的内容，照料者角色的选择也受到很多因素的影响，包括家庭因素和社会文化环境等方面。家庭照护者的负担感，不仅来源于照料老人本身，还来源于自身所拥有的各种资源及其相应的应对策略。应对策略的产生以及社会支持感，与家庭资源有着密切的关系，也就是说，虽然照料者本身承担着照料老人的行为，但实际上这是整体的家庭决策行为，不仅体现在老人照料者的选择上，同时贯穿家庭照护者的照料全过程。当个人面临较大的照料压力时，其应对策略可以采用两方面，其一来自个人调整自己的行为，其二可以求助于家庭内部的其他资源来缓解自身所承担的压力。所以照料老人的选择实际上是家庭决策的整体行为，与家庭内部拥有的资源及相关的能力密切相关。为了更好地分析这种家庭内部的互动行为，在分析框架内还需要充分考虑其他因素的影响。本章正是基于这样一个基本思路，建立起家庭照护者相关模型，对我们深刻地理解家庭内部的照料行为，以及出台相关的针对性的政策奠定坚实的基础。国内外对家庭照护者的相关支持政策研究主要围绕以下三方面内容展开。

（二）家庭照护者的基本状况研究

1. 老年家庭照护者的界定

老年家庭照护者，一般也称之为非正式护理人员（informal caregivers），是指为未经正式培训或未获经济补偿而向家人或朋友提供照护的个人。照护内容涵盖广泛的活动，包括日常生活活动帮助、情感支持和医疗护理协调[①]。如果没有这样的帮助，失能或失智老人将无法维持自身的生存。虽然需要照护的老人情况千差万别，但通常涉及日常生活照料和满足失能老人更高层次的精神需求。不过，老年非正式照护者面临的环境较为复杂，照护者经常扮演多种角色，如是被照护老人的配偶、孩子或兄弟姐妹。这种二元性可能会使护理体验变得复杂，因为家庭照护者可能难以平衡个人关系与护理责任[②]。

2. 老年家庭照护者的基本特征

对老年家庭照护者基本特征的研究，一般包括对家庭照护者特征研究以及其承受的压力状况两方面。

（1）家庭照护者的基本特征。家庭照料作为一种传统的照料方式，在老年人健康状况出现恶化或者身体功能受损时，由家庭内部成员提供日常生活照料，这是千百年来人类进化过程中家庭功能发挥作用的重要表现。虽然亲戚朋友极有可能作为照料的人员，但家庭内部成员仍然在老年人照料中扮演了主要照料者的角色。有学者的研究表明，亲戚朋友和邻居因为提供照料的局限性，能够提供的照料帮助主要体现在购物和交通方面[③]，而且他们更主要是帮助身体健康的老人，而对于失能老人的照料则较少[④]，即使提供一定的照料，大多数也只是在失能老人缺乏家庭照料的情况下才会出现[⑤⑥⑦]。因此，为老人提供家

① D. Frederick, “Mitigating burden associated with informal caregiving, ” Journal of Patient Experience, vol. 5, no. 1, pp. 50~55, 2017.

② S. Cook and S. Cohen, “Sociodemographic disparities in adult child informal caregiving intensity in the United States: Results from the new National Study of Caregiving, ” Journal of Gerontological Nursing, vol. 44, no. 9, pp. 15~20, 2018.

③ R. J. Angel and J. L. Angel, Who will care? Aging and long-term care in multicultural America. New York University Press, 1997.

④ C. L. Johnson and D. J. Catalano, “A longitudinal study of family supports to impaired elderly, ” The Gerontologist, vol. 23, no. 6, pp. 612~618, 1983.

⑤ M. H. Cantor, “The informal support system: Its relevance in the lives of the elderly, ” in Aging and society, E. F. Borgatta and N. G. McCluskey, Eds., Sage, 1980, pp. 131~144.

⑥ S. L. O’ Bryant, “Neighbors’ support of older widows who live alone in their own homes, ” The Gerontologist, vol. 25, no. 3, pp. 305~310, 1985.

⑦ E. P. Stoller and L. L. Earl, “Help with activities of everyday life: Sources of support for the noninstitutional elderly, ” The Gerontologist, vol. 23, no. 1, pp. 64~70, 1983.

庭照料的大多是家庭成员。

家庭成员为老人提供相应的照料服务，共同的历史传承、爱以及相互的义务关系作为稳固人际关系的核心，为家庭成员提供了情感和实际上的支持。但是，当老人的需求超过了在代际交换中正常的互惠程度时，这种支持就会产生相应的困难，尤其是在老人突然丧失独立性时，如遭遇中风，就会即刻需要有来自正式或非正式的照料者提供的照料支持。而且，当老人身体健康状况逐步缓慢恶化时，个人很难发现这种需求增长的可能性。因此，配偶之间的相互帮助和照料就成为一种有效的照料方式。欧洲 23 个国家的研究表明，不同国家之间配偶照料的差异性并不能够由结婚率、男性或女性的存活率或同住模式差异来解释。在西班牙，有 12.4% 的家庭照护者是配偶，在英国这一比例是 16%，在捷克是 21%，在波兰是 29.6%，在荷兰则高达 43%[①]。当然，这种差异性也与调查研究方式本身有着密切的关联性，不仅因照料的界定而不同，也会因为接受调查者是老人、配偶和子女存在着明显的不同。比如，配偶可能会认为自己是最主要的照料者，而子女则认为自己在照料老人过程中也发挥了非常重要的作用。因此，虽然数据可能存在着一定的差异性，但可能实际上家庭照护者的作用并没有调查所表现的差异大。

与国外情形相类似，我国失能老人家庭照护者同样以子女和配偶为主。据北京市东城区的一项针对失能老人的调查，照料者为子女的比例占 63.1%，配偶比例占 32.5%，而且家庭照护者以女性为主，占 62.1%[②]。与许多发达国家不同，对失能老人的非正式支持实际上是嵌入传统儒家文化对老年人支持体系之中，成为其不可或缺的非常重要的一部分。传统儒家孝顺思想已成为普通民众日常行为的基本准则，促使家庭与社会保持和谐。

（2）家庭照护者承受的压力状况。家庭照护者的压力一般与老人的失能

---

① E. Mestheneos and J. Triantafillou, “Services for supporting family carers of elderly people in Europe: Characteristics, coverage and usage,” Eurofamcare, 2002.

② 杜娟、徐薇、钱晨光:《失能老人家庭照料及家庭照顾者社会支持需求——基于北京市东城区的实证性研究》,《学习与探索》2014 年第 4 期。

程度及特定的健康条件密切相关[①②]，除此以外，还包括提供照料的任务类型、照料强度[③]、家庭照护者与被照料老人的自然关系[④]以及在工作和子女照料责任之间的分担程度[⑤⑥]。那些需要为老人提供日常生活活动较大强度的家庭照护者更有可能面临着负担与压力，因为这意味着他们需要花费更长时间来提供照料[⑦]。还有的家庭照护者面临着更为严重的压力[⑧⑨]、身体或心理疾病的折磨[⑩]，甚至会停止工作[⑪]。另一方面，许多家庭照护者却处理得很好，从照料老人中

① M. Pinquart and S. Sorensen, "Correlates of physical health of informal caregivers: A meta-analysis," The Journals of Gerontology, Series B: Psychological Sciences and Social Sciences, vol. 62, no. 2, pp. 126~137, 2007.

② D. L. Roth, M. Perkins, V. G. Wadley, E. M. Temple, and W. E. Haley, "Family caregiving and emotional strain: Associations with quality of life in a large national sample of middle-aged and older adults," Quality of Life Research, vol. 18, no. 6, pp. 679~688, 2009.

③ S. H. Zarit, E. E. Femia, K. Kim, and C. J. Whitlatch, "The structure of risk factors and outcomes for family caregivers: Implications for assessment and treatment," Aging & Mental Health, vol. 14, no. 2, pp. 220~231, 2010.

④ M. Pinquart and S. Sorensen, "Spouses, adult children, and children-in-law as caregivers of older adults: A meta-analytic comparison," Psychology and Aging, vol. 26, no. 1, pp. 1~14, 2011.

⑤ L. Pearlin, J. Mullan, S. Semple, and M. Skaff, "Caregiving and the stress process: An overview of concepts and their measures," The Gerontologist, vol. 30, no. 5, pp. 583~594, 1990.

⑥ B. C. Spillman and L. E. Pezzin, "Potential and active family caregivers: Changing networks and the 'sandwich generation,'" Milbank Quarterly, vol. 78, no. 2, pp. 347~374, 2000.

⑦ N. L. Chappell and R. C. Reid, "Burden and well-being among caregivers: Examining the distinction," The Gerontologist, vol. 42, no. 6, pp. 772~780, 2002.

⑧ J. Kiecolt-Glaser, K. Preacher, R. MacCallum, C. Atkinson, W. Malarkey, and R. Glaser, "Chronic stress and age-related increases in the proinflammatory cytokine IL-6," Proceedings of the National Academy of Sciences USA, vol. 100, no. 15, pp. 9090~9095, 2003.

⑨ P. Vitaliano, J. Zhang, and J. Scanlan, "Is caregiving hazardous to one's physical health? A meta-analysis," Psychological Bulletin, vol. 129, no. 6, pp. 946 - 972, 2003.

⑩ D. L. Roth, M. Perkins, V. G. Wadley, E. M. Temple, and W. E. Haley, "Family caregiving and emotional strain: Associations with quality of life in a large national sample of middle-aged and older adults," Quality of Life Research, vol. 18, no. 6, pp. 679~688, 2009.

⑪ R. Schulz et al., "End-of-life care and the effects of bereavement on family caregivers of persons with dementia," New England Journal of Medicine, vol. 349, no. 20, pp. 1936~1942, 2003.

获得了相应的回报[①]。

3. 提供家庭照料对照料者的影响

虽然现有许多研究文献探讨了非正式照料对于需要接受照料的失能老人健康及照料资源利用的影响，但是也有许多学者关注到照料失能老人对家庭照护者的健康状况、工资及生活满意度等方面造成的影响。

根据学者们的观点，家庭照护者因照料老人会产生积极与消极两方面影响。其中，因家庭照料引起的消极影响得到了更多的关注。因照料失能老人形成的心理压力和身体负担，会使家庭照护者身体健康状况出现恶化，出现诸如失眠、慢性疲劳、肌肉酸痛和不规则饮食的情况，甚至导致慢性压力和自身健康状况恶化[②③]；心理健康也会因为提供照料而出现焦虑、服用抗精神药物以及痛苦的征兆，精神压抑成为家庭照料者最为显著的特征[④]。

还有因为参与照料不可避免会陷入自己所深爱的人逐渐衰老的过程之中，这本身会影响照料者的健康水平[⑤]。

尽管存在这些挑战，许多家庭照料者报告了照料经历的积极影响。照料者经常会经历个人成长、与被照料老人的亲密关系增加，以及从照料角色中获得满足感。这些积极方面可以作为护理负面结果的保护因素，突出了家庭

① V. A. Freedman, J. C. Cornman, and D. Carr, “Is spousal caregiving associated with enhanced well-being? New evidence from the Panel Study of Income Dynamics, ” The Journals of Gerontology, Series B: Psychological Sciences and Social Sciences, vol. 69, no. 6, pp. 861~869, 2014.

② I. Putri, “The relation between informal caregiver’ s stress towards quality of life stroke patients, ” Konselor, vol. 9, no. 3, pp. 108~115, 2020.

③ Y. Yu et al. , “The experiences of informal caregivers of people with dementia in web-based psychoeducation programs: Systematic review and metasynthesis, ” JMIR Aging, vol. 6, p. e47152, 2023.

④ J. Benson, K. Washington, O. Landon, D. Chakurian, G. Demiris, and D. Oliver, “When family life contributes to cancer caregiver burden in palliative care, ” Journal of Family Nursing, vol. 29, no. 3, pp. 275~287, 2023.

⑤ A. A. Amirkhanyan and D. A. Wolf, “Parent care and the stress process: Findings from panel data, ” The Journals of Gerontology, Series B: Psychological Sciences and Social Sciences, vol. 61, no. 5, pp. S248~S255, 2006.

照护者体验的复杂性[①②]。

（三）家庭照护者压力来源及其影响因素研究

家庭照护者为失能老人提供照料会因为失能老人状况及照料者本身的不同而呈现出不同的压力状态。一是提供照料而带来的压力问题。有研究表明，照料者与心理健康有关的生活质量与负担感有着显著的相关性，而照料者的身体健康与负担感没有关系[③④]。因提供照料而产生的沮丧与压力比起照料导致的身体健康恶化的影响更大。老人不同的失能类型会对照料者的压力产生不同的影响[⑤⑥]。比如，照料痴呆老年人[⑦]和行为障碍的失能老人将会导致严重的

① L. Zwar, M. Angermeyer, H. Matschinger, S. Riedel-Heller, H. König, and A. Hajek, "Are informal family caregivers stigmatized differently based on their gender or employment status? A German study on public stigma towards informal long-term caregivers of older individuals, " BMC Public Health, vol. 21, no. 1, 2021.

② M. Greaney, Z. Kunicki, M. Drohan, C. Nash, and S. Cohen, "Sleep quality among informal caregivers during the COVID-19 pandemic: A cross-sectional study, " Gerontology and Geriatric Medicine, vol. 8, pp. 1~9, 2022.

③ R. Schulz, A. T. O' Brien, J. Bookwala, and K. Fleissner, "Psychiatric and physical morbidity effects of dementia caregiving: Prevalence, correlates, and causes, " The Gerontologist, vol. 35, no. 6, pp. 771~791, 1995.

④ J. S. Markowitz, E. M. Gutterman, K. Sadik, and G. Papadopoulos, "Health-related quality of life for caregivers of patients with Alzheimer disease, " Alzheimer Disease & Associated Disorders, vol. 17, no. 4, pp. 209~214, 2003.

⑤ W. J. Scholte op Reimer, R. J. de Haan, P. T. Rijnders, M. Limburg, and G. A. van den Bos, "The burden of caregiving in partners of long-term stroke survivors, " Stroke, vol. 29, no. 8, pp. 1605~1611, 1998.

⑥ L. Annerstedt, S. Elmstahl, B. Ingvad, and S. M. Samuelsson, "Family caregiving in dementia: An analysis of the caregiver' s burden and the 'breaking-point' when home care becomes inadequate, " Scandinavian Journal of Public Health, vol. 28, no. 1, pp. 23~31, 2000.

⑦ M. Baumgarten, R. N. Battista, C. Infante-Rivard, J. A. Hanlay, R. Becker, and S. Ganthier, "The psychological and physical health of family members caring for elderly persons with dementia, " Journal of Clinical Epidemiology, vol. 45, no. 1, pp. 61~70, 1992.

心理问题[①②③]，而照料者的负担与老人的认知能力之间和患糖尿病[④]并无显著联系[⑤⑥]。除此之外，Chan 通过对香港 102 例需要长期照护配偶的照料者的研究发现，性别、日常生活活动状况、对于传统价值观的认可、消极应对以及婚姻满意度与家庭照护者负担有着紧密的联系。一是作为拥有较低水平的日常生活活动能力或者具有较强的家庭传统价值观的女性，经常会采取消极策略，或者是正经历低婚姻满意度的女性有着较高水平的照料负担[⑦]；二是提供照料导致的机会成本。提供照料影响家庭照护者的劳动参与决策，而并未影响劳动供给时间，但其工资会降低 25% 左右[⑧]。

（四）家庭照护者的社会支持政策及其效果评估

工业化国家对家庭照护者提供支持政策，一般以提高照料者的知识水平及情绪支持为手段，减轻照料者因照料产生无尽的负担感，或为照料者提供

① D. LoGiudice et al.,"The psychosocial health status of carers of persons with dementia: A comparison with the chronically ill,"Quality of Life Research, vol. 7, no. 4, pp. 345~351, 1998.

② 刘群、吴荣琴、孙复林:《老年期痴呆患者照料者负担及其相关因素调查》,《上海精神医学》2009 年第 4 期。

③ Y. Arai, K. Kumamoto, M. Washio, T. Ueda, H. Miura, and K. Kudo,"Factors related to feelings of burden among caregivers looking after impaired elderly in Japan under the Long-Term Care insurance system,"Psychiatry and Clinical Neurosciences, vol. 58, no. 4, pp. 396~402, 2004.

④ Y. Hirakawa, M. Kuzuya, Y. Masuda, H. Enoki, and A. Iguchi,"Influence of diabetes mellitus on caregiver burden in home care: A report based on the Nagoya Longitudinal Study of the Frail Elderly (NLS-FE),"Geriatrics & Gerontology International, vol. 8, no. 1, pp. 41~47, 2008.

⑤ Y. Arai, M. Sugiura, M. Washio, H. Miura, and K. Kudo,"Caregiver depression predicts early discontinuation of care for disabled elderly at home,"Psychiatry and Clinical Neurosciences, vol. 55, no. 4, pp. 379~382, 2001.

⑥ Y. Arai, M. Sugiura, H. Miura, M. Washio, and K. Kudo,"Undue concern for others' opinions deters caregivers of impaired elderly from using public services in rural Japan,"International Journal of Geriatric Psychiatry, vol. 15, no. 10, pp. 961~968, 2000.

⑦ C. L. F. Chan and E. W. T. Chui,"Association between cultural factors and the caregiving burden for Chinese spousal caregivers of frail elderly in Hong Kong,"Aging & Mental Health, vol. 15, no. 4, pp. 500~509, 2011.

⑧ F. Carmichael and S. Charles,"The opportunity costs of informal care: Does gender matter?,"Journal of Health Economics, vol. 22, no. 5, pp. 781~803, 2003.

经济支持。包括提供信息与培训、暂替照料、税收减免以及企业和私营机构行为规制等政策。

为了更好地了解家庭照护者的社会支持政策的效果与效率，有许多学者遵循充分性、合适性、公平性及可持续性的原则，采取多种方法对不同项目实施效果进行广泛评估[①②]。有研究表明，各种正式的支持与干预能有效地降低照料者的负担感。如心理教育干预能够减轻家庭照护者的负担感[③④]；在紧急时刻对暂替服务利用的准备能够降低照料者的负担，而因暂替服务预定模式的不便会导致更强的负担感[⑤]；居家照料服务能够有效地降低家庭照护者的负担感[⑥]，护理人员支持干预措施可以显著改善非正式护理人员的健康和生活质量，凸显了对有针对性的支持系统的需求[⑦⑧]。但对家庭照护者的经济支持无论在微观还是宏观层面上均表现出了较大的复杂性，因为这些政策模糊了有酬劳动

① R. I. Stone and S. M. Keigher, "Toward an equitable, universal caregiver policy: The potential of financial supports for family caregivers," Journal of Aging & Social Policy, vol. 6, no. 1-2, pp. 57~75, 1994.

② J. Keefe and P. Fancey, "Compensating family caregivers: An analysis of tax initiatives and pension schemes," Health Law Journal, vol. 7, pp. 193~204, 1999.

③ R. Schulz and J. K. Monin, "The costs and benefits of informal caregiving," in Moving beyond self-interest: Perspectives from evolutionary biology, neuroscience, and the social sciences, S. L. Brown, R. M. Brown, and L. A. Penner, Eds., Oxford University Press, 2012, pp. 178~198.

④ B. Amankwaa, "Informal caregiver stress," ABNF Journal, vol. 28, no. 4, pp. 92~95, 2017.

⑤ Y. Arai, K. Kumamoto, M. Washio, T. Ueda, H. Miura, and K. Kudo, "Factors related to feelings of burden among caregivers looking after impaired elderly in Japan under the Long-Term Care insurance system," Psychiatry and Clinical Neurosciences, vol. 58, no. 4, pp. 396~402, 2004.

⑥ K. Kumamoto, Y. Arai, and S. H. Zarit, "Use of home care services effectively reduces feelings of burden among family caregivers of disabled elderly in Japan: Preliminary results," International Journal of Geriatric Psychiatry, vol. 21, no. 2, pp. 163~170, 2006.

⑦ M. Hartmann, J. Wens, V. Verhoeven, and R. Remmen, "The effect of caregiver support interventions for informal caregivers of community-dwelling frail elderly: A systematic review," International Journal of Integrated Care, vol. 12, no. 5, 2012.

⑧ G. Steinsheim, "Factors associated with subjective burden among informal caregivers of home-dwelling people with dementia: A cross-sectional study," BMC Geriatrics, vol. 23, no. 1, 2023.

与未付酬工作、正式照料与家庭照料以及市场和非市场之间关系的界限[①]。

（五）总结与评价

对于老年家庭照护者的基本特征的研究一般包括两方面。一是家庭照护者特征研究。以社会调查数据为基础，广泛探寻家庭照护者的基本状况，包括性别、年龄、教育程度、健康状况等。二是家庭照护者承受的压力状况。主要借助于医学上有关精神压力与身体压力两方面量表对家庭照护者承受的压力进行测度，也有通过质性研究的方式来深度探究家庭照护者承受的压力状况。

受我国传统文化的影响，以血缘关系构成的纽带成为维系老年照料的重要力量；过低的家庭收入水平及老人居家照料的意愿使得非正式的家庭照料成为不得已的选择；即使是收入较高的家庭，因为担心照护机构提供的服务质量较低而无法满足失能老人的需求，所以仍然由家庭成员继续提供相应的照料服务。从工业化国家的实践来看，对家庭照护者的支持政策一定程度上减轻了家庭照护者的身心负担，促使其能更好地从事工作以及保证照料的可持续性。目前对家庭照护者的支持政策还较为零星，没有形成完善的体系。因此，还需要深入分析老年家庭照护者的基本状况及需求，为完善我国未来老年家庭照护者的社会支持政策提供建议，以缓解家庭照护者的压力，提高失能老人的福利水平。

三、调查概述

（一）调查的设计与抽样

为了研究的需要，本部分调查对象选取的主要群体为60岁以上的生活不能自理、半自理老年人农村地区的照料者。为了更好地了解老年人及其照料者的情况，选择山东省四个地级市烟台、潍坊、泰安及菏泽农村地区，其中烟台和泰安是国家农村养老保险试点地区，以实地考察的形式深入调查了烟

① J. Keefe, N. Guberman, P. Fancey, L. Barylak, and D. Nahmiash, “Caregivers’ aspirations, realities, and expectations: The CARE Tool,” Journal of Applied Gerontology, vol. 27, no. 3, pp. 286~308, 2008.

台市牟平区郊区、昆嵛山山区等。这些地区包含有各层次生活条件的老年人及其照料者，相对于烟台市来说，属于较贫困地区，能更真实地反映山东农村老年人照料者的情况。

（二）调查问卷的设计

为了全面衡量、反映和测度老年家庭照护者的基本状况、存在问题和政策需求，抽样调查问卷拟在个人、家庭两个不同层面展开。初步设计问卷后进行了预调查，调整了部分调查问题，通过专家研讨会最终拟定正式问卷。问卷分为《老年家庭照护者调查》和《生活不能自理、半自理老人状况调查》。

首先是老年家庭照护者的状况调查问卷，包括四个主要部分：第一部分为照料者的基本情况，共 12 个问题；第二部分为被照料老人的基本情况；第三部分为照料者的负担程度，这一部分是为了了解照料者在日常生活中照料老人的心理负担；第四部分为照料者个人感觉及期望。我们想要了解照料者在各方面的期望，尤其是对政府出台何种政策来改善他们生活现状的建议。

第二份问卷是生活不能自理、半自理老人养老状况调查。主要包括四个部分：老年人的基本情况、对现状的评价及性格特征、日常活动能力、个人背景及家庭结构。其中，日常生活活动的测量是为了判断老人的失能状态。问卷还包含了老人心理和认知方面的题项。

（三）调查实施过程

1. 前期准备

利用隶属于四个地区学生寒假时间组织志愿者参加，并且进行分组，确定小组组长，进行基本任务的分配，并制作调查说明手册供调查队员使用。

2. 调查过程

事先印制好问卷，由学生带回所在村庄，根据调查说明进行调查人员的筛选，采用自填式问卷与结构式访问相结合的方式，直接从具体的调查对象获取信息。为保证调查质量，通过小组组长负责每天问卷录入工作，并交由项目负责人进行审核。30 名学生每人负责调查 10 套问卷（包括照料者问卷与老人问卷）。

3. 数据录入、整理与分析

共发放调查问卷 300 份，剔除不合格问卷和部分拒访的问卷，最后获得完整数据 246 份。为了保证数据的准确性，采用 Epidata3.1 在事先编制的录入程序中对回收的问卷进行双重录入，并进行数据校验，剔除不合格问卷 9 份，最后获得有效问卷 237 份。在对收回的问卷进行数据分析时，主要利用 SPSS17.0 采取了频数分析与列联表分析方法。

（四）调查对象基本情况

我们主要调查的是农村照料者以及老人的情况。家庭照护者女性比例为 52.3%，35 岁以下占 6.4%，36~44 岁占 28.2%，45~54 岁占 44.9%，55 岁及以上占 26.9%。从照料者的文化程度看，74.0% 为初中及以下，并且以初中文化程度比例最高，达到 33.8%，其次是小学文化程度，为 24.7%，大专及以上为 7.8%。

表7-1　接受调查的家庭照护者特征

个人特征	项目	人数	百分比	累积百分比
文化程度	未上过学	3	1.3	1.3
	小学未毕业	33	14.29	15.58
	小学	57	24.68	40.26
	初中	78	33.77	74.03
	高中/职高/中专	42	18.18	92.21
	大专及以上	18	7.79	100
健康状况	很好	60	27.03	27.03
	较好	93	41.89	68.92
	一般	54	24.32	93.24
	不好	15	6.76	100
是否有慢性病	有	12	5.48	5.48
	没有	180	82.19	87.67
	不知道	27	12.33	100

四、家庭照护者的基本状况

（一）家庭照护者照料老人的基本情况

从调查老人的情况来看，60~70 岁的老人占 12.8%，70~80 岁的老人占 54.4%，80 岁以上的老人占 32.8%。从老人日常活动能力的结果来看，如表 7–2 所示，有 24.5% 的老人生活能够自理，有 48.5% 的老人处于半卧床状态，而 27.0% 的老人处于完全卧床状态。

表7–2　被照料老人的生活自理能力

生活自理能力	人数	有效百分比	累积百分比
能够自理	50	24.5	24.5
半卧床状态	99	48.5	73.0
卧床状态	55	27.0	100.0
合计	204	100.0	

（二）家庭照护者与被照料老人关系

从表 7–3 中可以看出，老人的照料者主要还是自己的子女，占据了 48.4%，子女配偶也占 10.9%，由配偶照顾比例为 12.5%。通过列联分析，儿子所占比例为 61.3%。因此，在农村由儿子照顾失能父母居于主导地位。而且随着年龄的增长，子女在照料中所发挥的作用越来越大。配偶比例较低可能与丧偶有关，也与配偶年龄较大有关，配偶对失能老人照顾力度会越来越小，甚至也会因为身体原因需要照料。老人的孙子女或者重孙子女提供的照顾比例，合计仅占 2.6%。总体而言，照顾失能老人的责任主要体现在子女身上。

表7–3　家庭照护者与被照料老人关系

关系	频率	百分比	有效百分比	累积百分比
配偶	24	10.3	12.5	12.5
子女	93	39.7	48.4	60.9

续表7-3

关系	频率	百分比	有效百分比	累积百分比
子女配偶	21	9.0	10.9	71.9
孙子女配偶	3	1.3	1.6	73.4
重孙子女	3	1.3	1.6	75.0
父母或岳父母	48	20.5	25.0	100.0
合计	192	82.1	100.0	

（三）护理和照料老人的时间与方式

1. 照料持续时间与每天照料时间

由表 7-4 中可以看出，照料老人的时间少于一年的占 26.2%，在 1~3 年的占 35.4%，超过 3 年的比例为 38.5%，表明家庭照料提供照料持续时间较长，有许多是随着老人失能程度加深而持续更长时间。

表7-4 护理和照料老人持续时间

护理老人的时间	频率	百分比	有效百分比
少于4个月	30	12.8	15.4
4~12个月	21	8.9	10.8
1~3年	69	29.5	35.4
3年以上	75	32.1	38.5
合计	195	83.3	100.0

照料者每天照料老人所花费的时间，以 2 小时以内所占比例较高，为 45.6%，而超过 4 小时比例也达到 38.7%。照料老人的时间和老人生活自理能力有很大关系，因为失能程度增加需要提供更多的照料（表 7-5）。

表7-5　每天照料老人花费的时间

每天照料老人的时间（小时）	频率	百分比	有效百分比
0	18	7.7	10.5
1	24	10.3	14.0
2	36	15.4	21.1
3	27	11.5	15.8
4+	66	28.3	38.7
合计	171	73.1	100.0

2. 照料方式

在调查与照料者一起照顾老年人（包括轮流照顾）人数这一问题，可以知道有 16.9% 的照料者独自一个人承受主要照顾责任（图 7-2），有 1 人、2 人的比例均为 23.1%，而 10.8% 的照料者称有 3 人与自己一同或轮流照顾老人，还有 26.2% 的照料者表示有 3 个以上的人与自己共同或者轮流照顾老人。可以发现，照料老人作为一种费时费力的工作，一般由他人来共同分担。

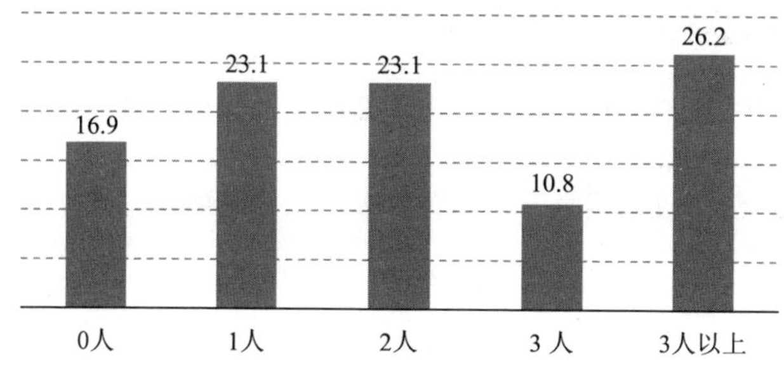

图7-2　与主要照料者一起照料老人的人数（包括轮流照料者）

（四）照料者获取照料知识的途径

从目前照料者照顾老人的方法与技巧知识方面来看，农村老人的照料者有超过 64.3% 是依靠自己摸索（见表 7-6）。只有不到 2% 的照料者是医院护理人员或者从医院护理人员处学得的。30% 左右的农村老人照料者表示从未学过专业知识，完全凭借经验照顾老人，这反映了照料者在照料老人过程中所面临的知识获取困境。

表7-6 目前照料老人的方法与技巧的知识获得途径

获得途径	频率	百分比	有效百分比	累积百分比
没有学过	63	26.9	30.0	30.0
医院护理人员	3	1.3	1.4	31.4
亲戚朋友告知	9	3.8	4.3	35.7
自己摸索	135	57.7	64.3	100.0
合计	210	89.7	100	

（五）照料者需要的帮助

从照料者自身需要的帮助来看（表 7-7），分为生活帮助、家务帮助、健康帮助和交通帮助，从中可以发现，在生活帮助、家务帮助和健康帮助方面，偶尔需要的比例较高，分别为 60.6%、45.5% 和 57.6%。在交通帮助方面，一点也没有的比例为 47.0%，常常需要家务帮助的比例为 16.7%，充分反映了前期家庭照护者的健康状况相对较好的情况。

表7-7 照料者在不同事项上需要的帮助程度 单位：%

需要帮助程度	生活帮助	家务帮助	健康帮助	交通帮助
一点也不需要	28.8	37.9	39.4	47.0
偶尔需要	60.6	45.5	57.6	37.9
常常需要	6.1	16.7	3.0	13.6
总是需要	4.6			1.5
合计人数	198	198	198	198

五、家庭照护者承担的压力状况

家庭作为社会基本细胞，承载着生产、消费、生育、教育、抚育和赡养一系列的功能，无论从法律还是从伦理道德观念上都赋予家庭对老人的赡养义务。由此形成的社会观念认为，家庭照护者在照料老人过程中产生的负担与压力感，以及对这种负担感的话语表达是不道德的行为，违背了传统的家庭价值观念。这显然与许多发达国家的社会观念有着明显的区别。但实际上正是因为无法进行话语表达，在我国家庭照护者照料老人所承受的压力和负担可能会更严重，受到其他因素的影响程度更大。

为了更为清晰地调查了解家庭照护者在照料老人时面临的压力状况，在问卷调查中我们借鉴专业性的家庭照护者压力量表进行了调查分析。

（一）家庭照护者压力量表

1. 量表来源

本调查量表借鉴了 Zarit 护理负担量表的中文版。1980 年，Zarit 等首先对护理者负担给出了实用性的定义，并且设计了 Zarit 护理负担量表。Zarit 等认为，为了解家庭照护者面临的困难和问题，维护家庭照护者的身心健康，提升家庭护理的质量，有必要对照料负担进行定量的测量。Zarit 量表最初由 29 项问题组成，1990 年重新修订为 22 项。在北美、欧洲、日本及南美巴西等国，Zarit 护理负担量表是一个确认和随访家庭老年人护理者负担的有效工具[①]。2005 年，王烈等初步完成了对 Zarit 护理负担量表中文版的研制工作[②]。通过其他相关的实证检验表明，此中文版量表具有较好的信度与效度，因此，在调查问卷的设计中充分借鉴和参考此量表，作为衡量家庭照护者的照料负担的测量。

---

① M. Baumgarten, “The health of persons giving care to the demented elderly: A critical review of the literature, ” Journal of Clinical Epidemiology, vol. 42, no. 12, pp. 1137~1148, 1989.

② 王烈、杨小湜、候哲:《Zarit 护理者负担量表的初步应用与评价》,《中国公共卫生》2006 年第 8 期。

2. 量表维度

中文版Zarit护理负担量表是一个22项条目的结构式量表。量表包括个人负担（Personal strain）和责任负担（Role strain）两个维度，个人负担由条目1、4、5、8、9、14、16、17、18、19、20、21构成，责任负担由条目2、3、6、11、12、13构成。条目22是护理者对护理负担的总评价。

3. 量表信度与效度

信度是测定误差变异中的随机误差量。量表作为一种测量工具，必须具备可靠性和有效性。评价可靠性的指标是量表的信度。信度计算方法有克隆巴赫（Cronbach Alpha）系数法、分半信度法和平行信度法，其中克隆巴赫α系数因其应用性强而广为问卷编制者应用，是应用最广的信度评价指标。误差方差来源为内容抽样和内容异质性，克隆巴赫α系数主要用来检测量表条目的内部一致性，它的取值在0~1之间，其值越大，信度越高，一般α系数>0.7即可。许多研究应用中文版护理负担量表进行测量后其α系数均超过0.8，表现出较好的信度。本报告调查计算结果见表7–8。

表7–8 各条目间的克隆巴赫α系数

负担分类	α系数
总负担	0.7816
个人负担	0.6371
责任负担	0.5954

由表7–8可以看出，22项条目的克隆巴赫α系数为0.7816，接近0.8。总体来讲，修订后的中文版护理负担量表具有较高的信度，这与其他研究基本一致。个人负担维度与责任维度的克隆巴赫α系数相对较低，主要是因为条目偏少，整体的信度受到较大影响。但总体而言，22个条目的测量量表呈现出较高的克隆巴赫α系数，表明量表具有较好的内部一致性信度。责任负担（Role strain）维度的条目克隆巴赫系数α为0.5954，低于0.6，这可能是由操作量表时的测量环境、被试的依从性以及调查员等随机误差造成的，这是未来量表修订时需要进一步完善的方面。

效度反映一个测定工具是否有效地测定到了它所打算测定的内容，或测定工具的测定结果与预想结果的符合程度。经常采用的效度指标为内容效度，就是量表中的每一条目是否反映了它想表达的内容。为了进一步检验量表的效度，采用最能体现效度的结构效度，就是根据研究者所构想的量表结构与测定结果吻合的程度。本报告的结构效度情况如表 7–9 所示。

表7–9 Zarit护理负担量表维度与条目间相关系数

条目	个人负担（Personal strain）	责任负担（Role strain）
1	0.4101	0.1887
4	0.5982	0.4250
5	0.4245	0.3545
8	0.5507	0.1632
9	–0.0053	–0.0581
14	0.4720	0.3500
16	0.4963	0.4180
17	0.4042*	0.4629
18	0.1702	0.104
19	0.4249	0.4160
20	0.5229	0.2308
21	0.4088	0.0695
2	0.4388	0.6337
3	0.3467	0.5181
6	0.0621	0.1228
11	0.4841	0.6860
12	0.3196	0.7777
13	0.3536	0.5317

注：* 表示内部条目的相关系数小于外部相关系数

通过表 7–9 可以看出，除条目 17 外，各因子内部条目的相关系数大于外部相关系数，表明各因子内条目的结构效度较好。

（二）家庭照护者压力状况

根据 Zarit 护理负担量表测量的结果，本报告所调查的家庭照护者的压力状况如下。

1. 总体负担、个体负担与责任负担总体情况

将总体负担、个体负担、责任负担按照各自条目进行汇总后得到总体得分情况。分布核密度估计结果如图 7–3~ 图 7–5 所示。

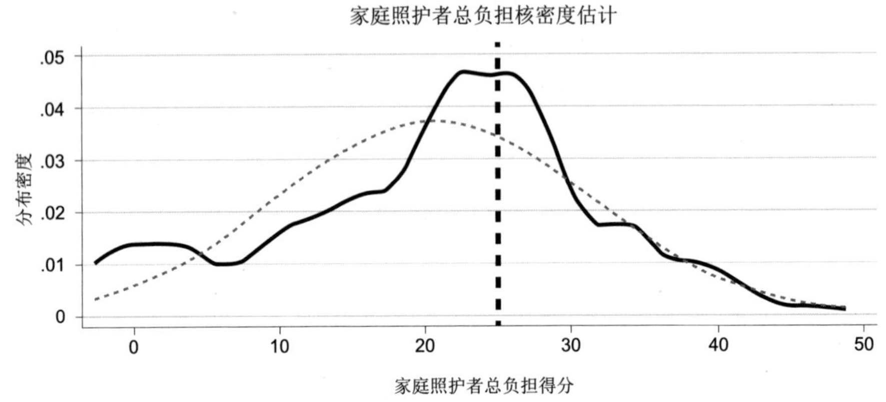

图7–3　家庭照护者总负担得分核密度估计结果

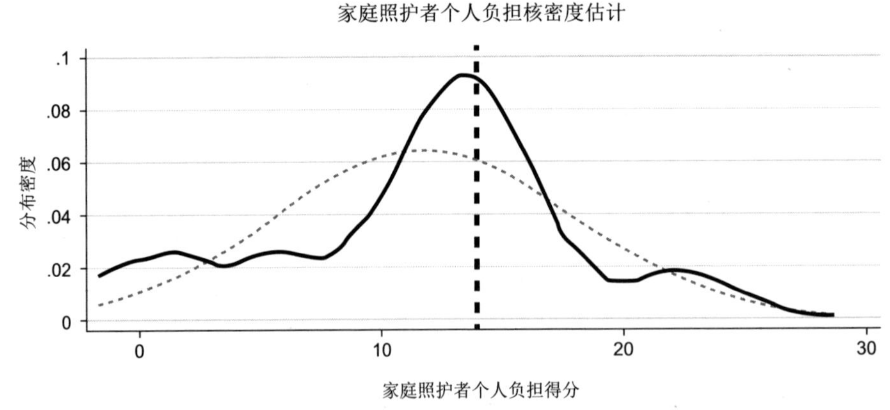

图7–4　家庭照护者个人负担得分核密度估计结果

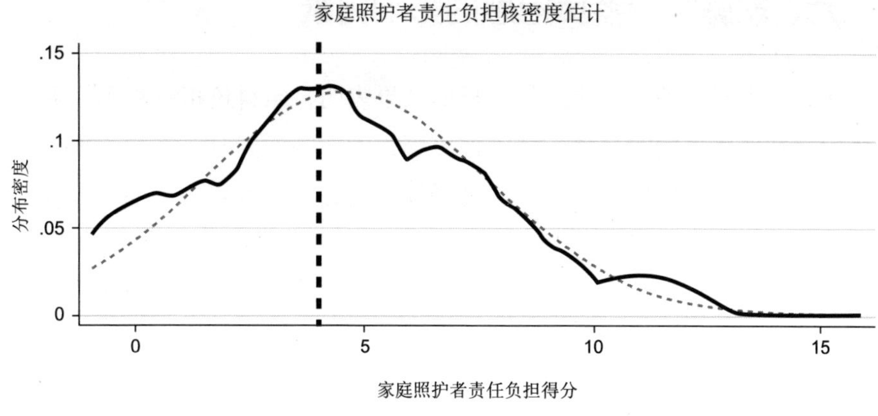

图7-5 家庭照护者责任负担得分核密度估计结果

根据图形分布来看，无论是总负担还是个人负担和责任负担都呈现偏正态分布的特点，与其他研究相比，负担感总体相对较轻。如表 7–10 所示，总体负担平均值得分为 20.63，共有 22 个条目，平均每条目得分不超过 1，在测量表中更多体现为“偶尔”，个人负担与责任负担也表现出与此类似的特点。这从一定程度上说明了家庭照护者的照料负担水平因为家庭成员的分担或其他因素的影响并未表现出非常明显的负担感，也可能缘于传统家庭的孝道文化倡导的对父母或老人的照顾是应尽的义务，即使存在压力，也并未形成真正意义上的负担感。

表7–10 负担感描述性统计

负担感	均值	标准差	95%置信区间	
			下限	上限
总体负担	20.63	0.72	19.20	22.05
个人负担	11.79	0.42	10.97	12.61
责任负担	4.58	0.21	4.17	4.99

六、家庭照护者负担感的影响因素

前面对家庭照护者现状进行分析的结果表明，照料负担感在不同照料者群体中存在着明显的差异性，受到许多因素的影响。同时，谁作为家庭照护者的家庭决策和家庭照护者负担程度同样会受到诸多因素的影响。因此，本部分内容从分析家庭照护者压力影响因素出发，拓展照料者压力响应模型，将照料决策纳入整体分析之中，深入探讨家庭照护者负担影响因素及压力形成机理。

（一）影响因素

根据上文提出的家庭照护者压力模型，家庭照护者负担感的影响因素来源于所面临的压力和环境因素，压力大小与老人的健康状况以及照料持续时间长短密切相关。而环境因素则与个体特征、个人价值观念和社会支持感有关。

1. 压力来源

（1）老人健康状况和失能程度。老人健康状况是家庭照护者压力的重要来源之一。当老人处于失能状态时，需要由家庭成员提供照料，随着失能程度的增加，所需要照料时间和内容都会增加，这会增强家庭照护者的负担，一定程度上会损害照料者的健康。

通过单因素方差分析比较不同失能程度老人家庭照护者总体负担感，可以发现家庭照护者因老人失能程度不同呈现显著差异。如表 7–11 所示，老人处于卧床状态总体负担均值为 24.43，能够自理时负担感均值为 18.82。另外，方差齐性检验结果为：卡方 =19.3225，自由度 =2，P 值 =0.000，因此可以认为不同组之间的方差存在差异，是非齐性的（表 7–12）。不过，通过比较不同分组之间的差异，如表 7–13 所示，可以发现，能够自理与半卧床状态老人带给家庭照护者的负担感差异并不明显，而两者均与处于照料卧床状态老人的负担感有着显著的差异。这从一定程度上说明，卧床状态老人确实给照料者带来了较大的压力和负担感，而处于半卧床状态或能够自理的老人则相对差异较小。具体原因还有待后续进行深入的分析和研究。

表7–11　不同失能程度老人家庭照护者总体负担差异情况

老人失能程度	总体负担均值	标准差	频数
能够自理	18.82	9.10	50
半卧床状态	20.27	11.98	110
卧床状态	24.43	6.83	49
合计	20.90	10.47	209

表7–12　不同失能程度老人家庭照护者总体负担方差分析

来源	SS	df	MS	F	Prob > F
组间差距	869.69	2	434.85	4.08	0.0182
组内差距	21933.20	206	106.47		
合计	22802.89	208	109.63		

注：Bartlett's test for equal variances: chi2（2）= 19.3225 Prob>chi2 = 0.000

表7–13　不同失能程度老人家庭照护者总体负担均值比较

列均值　行均值	能够自理	半卧床状态
半卧床状态	1.45273	
	1.000	
卧床状态	5.60857	4.15584
	0.022	0.06

通过单因素方差分析比较不同失能程度老人家庭照护者个人负担与责任负担时，发现了与总体负担类似的结论。唯一的差异就是，责任负担感在照料可自理老人与卧床状态老人方面并不存在显著的差异，但两者均与照料半卧床老人出现显著的差异。可以看出，老人生活能自理和完全处于失能状态，带给两者的责任负担感并无明显的差异，其中的形成机理值得后续研究深入探讨，可能一定程度上反映了我国照料老人时所承担的外界传统观念的积极影响。

（2）照料持续时间。照料持续时间长短会对家庭照护者带来较大的心理影响。随着照料时间的延长，照料者可能会产生照料老人的倦怠情绪，虽然照料时间越长并不总是带来更大的压力和负担，还受到个人的应对策略和其他因素的影响，但从直观上会增加照料者的压力和负担感。

表7–14 家庭照护者不同照料持续时间总体负担均值比较

照料持续时间（年）	平均值	标准差	人数
1	22.1	12.0	18
2	22.0	3.3	10
3	28.3	7.3	22
4	16.7	4.0	3
5	20.2	6.8	71
6	25.3	8.7	64
合计	23.1	8.5	188

从表 7–14 可以看出，家庭照护者由于持续照料时间不同，总体负担感有着显著的差异。大体上随着照料持续时间的变长，照料负担感会加重，体现出持续照料时间对家庭照护者心理等方面的影响。

2. 环境因素

环境因素对于照料负担感有着重要的影响，下面分别从个体特征、个人观念与社会支持感等方面进行分析。

（1）个体特征。家庭照护者的性别、年龄、教育程度、个人健康状况等个人特征变量都会对家庭照护者的负担感产生影响。通过单因素方差分析，如表 7–15 所示，责任负担存在着显著的差异，女性的责任负担得分要高于男性负担。教育程度、健康状况及是否有慢性病等个体特征在总体负担、个体负担和责任负担方面均存在着显著差异。尤其是随着健康状况的恶化，各种负担感均会上升，有慢性病与没有相比，负担感差异更为显著。

表7-15　家庭照护者不同特征总体负担/责任负担均值比较

个人特征	项目	均值	标准差	人数
性别	女性	5.10	3.24	134
	男性	3.76	2.72	85
	责任负担总体	4.58	3.11	219
教育程度	未上过学	14.00	0.00	1
	小学未毕业	22.06	12.68	32
	小学	15.37	10.22	49
	初中	22.16	9.68	86
	高中/职高/中专	18.73	5.95	26
	大专及以上	27.13	11.28	24
	合计	20.72	10.64	218
健康状况	很好	18.09	12.17	89
	较好	21.72	9.29	79
	一般	19.81	9.38	27
	不好	29.45	5.69	20
	合计	20.70	10.79	215
慢性病	没有	19.56	11.11	180
	有	27.00	5.98	34
	合计	20.74	10.80	214

（2）个人观念。个人观念或价值观对负担感有着重要的影响。尤其是我国传统文化中讲究子女对父母的孝顺，在父母生病时要关心和照顾，不能遗弃或置之不理。照料老人时即使受到较大压力，也会通过有效的措施进行缓解。在我国广大农村则是更为普遍的现象。因此，个人所拥有的价值观会影响负担感。

本章以送老人进养老院意愿作为传统家庭价值观的替代进行分析。调查结果表明，有近 82.0% 的家庭照护者表示不愿意或不太愿意将老人送到养老院。通过分析不愿意将老人送到养老院的原因（现在或将来），可以发现有79.0%的照料者认为在养老院里老人不自由，而且养老院服务质量差。老人子女不同意的比例也达到69.2%。但是如果条件改善，如老人不自由的情况得以改善，那么将会有66.7%的人认为可以送到养老院，但子女即使同意，不愿意将老人送到养老院的比例仍高达63.6%。通过将老人送入养老院和护理院仍然面临着较大的心理压力，传统价值观将会对家庭照护者的照料负担产生影响。

（3）社会支持感。个人和环境因素会影响个人对于压力的评价和应对策略的选择。其中之一的因素社会支持感被界定为“发生社会关系互动的本质，特别是个人是如何将他们视为支持力”。社会支持感反映了个人相信在任何时刻都会有人来帮助照料的信心。与实际支持或网络规模相比，这被认为是对照料者福利更为一致的一个预测变量。社会支持感对于照料评价和应对具有更重要的影响。

通过把共同照料老人的人数作为家庭支持感的重要因素进行分析。单因素方差分析结果表明（表7–16），在拥有不同照料人数情形下家庭照护者的负担感均存在着显著差异，但并没有呈现出共同照料人数越多而照料负担感越低的情况，这可能与老人的生活自理能力状况及其他因素有关。分析表明在共同照料人数为3人时表现出较高的照料负担感。虽然有着更多的人进行照料，但因为在家庭内部存在着复杂的利益与关系博弈，家庭照护者负担感并不会与共同照料人数形成显著的正相关关系，还会受到其他因素的影响。

表7–16　不同照料人数情形下家庭照护者负担感差异

共同照料人数	总负担均值	个人负担均值	责任负担均值	人数
无	22.5	13.3	4.7	26
1人	24.9	13.4	5.4	30
2人	18.1	9.2	4.8	39
3人	28.0	16.6	6.8	25
3人以上	22.2	13.6	4.4	59
合计	22.6	13.0	5.0	179

（二）回归分析

为了更好地分析家庭照护者负担感影响因素的共同作用，对家庭照护者负担感相关影响因素进行回归分析。负担感具有显著的等级特征，简单的线性回归不能充分反映相关的信息，所以采取有序 Logit 回归技术进行分析。

有序 Logit 模型的一般形式是：

$$Y_i = \beta X'_i + \mu_i \qquad i = 1, 2, \cdots, N \tag{1}$$

Y_i 是有序响应变量，X_i 是解释变量的集合，β 是待估计参数，μ_i 是随机变量，有序响应值 Y 有 n 类。排序响应模型定义为：

$$Pr(Y=j \mid X, a, \beta) = F_j(\alpha_j - X'\beta) - F_{j-1}(\alpha_{j-1} - X'\beta) \tag{2}$$

其中，j=1，2，3，⋯，$\alpha_0=-\infty$，$\alpha_{j-1} \leq \alpha_j$，$\alpha_m=\infty$，$F$ 是累积正态分布函数。

考虑个体特征中的性别、年龄、教育程度、健康状况、慢性病情况，家庭情况中的同住人数、家庭月收入、个人月收入以及照料老人的特征（生活自理能力、持续照料老人时间、同时照料老人人数）等相关因素，分别对总负担、个人负担及责任负担进行回归分析。研究结果如表 7–17 所示。

表7–17　家庭照护者负担感影响有序Logit回归结果

变量	（1）	（2）	（3）
	总体负担感	个人负担感	责任负担感
性别（男性=1，女性=0）	3.715***	4.259***	–0.568
	（0.854）	（0.825）	（0.768）
年龄	–0.0292	0.0474	–0.0641**
	（0.0345）	（0.0330）	（0.0305）
教育程度	1.269***	1.212***	1.281***
	（0.360）	（0.322）	（0.362）
同住人数	1.252***	1.563***	0.106
	（0.348）	（0.377）	（0.358）
每天照料老人时间	0.583***	0.631***	0.495***
	（0.112）	（0.114）	（0.112）

续表7-17

变量	（1）	（2）	（3）
	总体负担感	个人负担感	责任负担感
家庭月收入	1.768***	2.478***	0.422
	（0.417）	（0.422）	（0.397）
个人月收入	-2.680***	-2.794***	-1.125**
	（0.544）	（0.520）	（0.480）
健康状况	-1.347***	-0.901**	-1.449***
	（0.427）	（0.385）	（0.441）
慢性病	5.586***	4.893***	3.913***
	（1.011）	（0.980）	（0.989）
老人生活自理能力	0.0284	0.0672	-0.625*
	（0.400）	（0.369）	（0.367）
照料老人持续时间	0.853***	1.238***	0.621**
	（0.290）	（0.292）	（0.276）
同时照料老人人数	-0.726***	-0.178	-0.0500
	（0.261）	（0.247）	（0.228）
全职照料老人	-0.231	-1.076	0.923
	（0.786）	（0.693）	（0.707）
送老人进养老院意愿	0.502	1.439***	-0.309
	（0.339）	（0.348）	（0.323）
闲暇时间	-0.0533	-0.119	-0.164**
	（0.0822）	（0.0771）	（0.0754）
Observations	132	132	132

注：Standard errors in parentheses
*** p<0.01，** p<0.05，* p<0.1

研究结果表明，个体特征、家庭状况、需要照料的老人特征及照料意愿和行为，都一定程度上对家庭照护者负担感产生影响。

1. 个体特征的影响

（1）性别、年龄及教育程度的影响。性别对于总体负担感和个人负担感有着显著正向影响，这意味着在其他条件相同的情况下，男性的总体负担感与个人负担感总体较女性要强。可能与男性照料老人时还要从事其他相关劳动、更会感觉负担重有关；教育程度越高，三方面的负担感均比较重，照料老人很大程度并不会给照料者带来相关的价值感，因此，越会感觉照料负担沉重。年龄因素仅对于责任负担感有着负向影响，这意味着年龄越大的照料者在承担责任方面所感受到的负担感会更轻。随着年龄的增长，无论是配偶还是子女，会将照料老人作为自身的重要职责，因此对照料活动的评价表现出更多的认同，明显会降低其负担感。

（2）照料者健康状况。照料者自身的健康状况会严重影响其负担感，患有慢性病的照料者明显感觉负担较重，长期受到慢性病的折磨在照料老人时明显负担感较强，但自评健康状况越好的照料者感觉负担会更重，与直观感觉不一致，可能与健康状况好的照料者面临着更大的其他压力有着密切关系。即使在身体状况较好时，因为照料老人会耽搁较多的时间，会很大程度上影响照料者对于负担感的评价，相同情况下认为负担感会更重。

2. 家庭状况的影响

（1）同住人数的影响。通过分析可以发现，同住人数越多的照料者总体负担感和个人负担感会更重，责任负担感并不显著。这表明，因为需要同时照料他人，需要花费更多的精力，会显著提升照料者的负担感，但因照料老人是自身的责任，因此在责任负担感上并不显著。

（2）家庭收入的影响。很显然，家庭月收入越高的照料者总体负担感与个人负担感会更重，而个人月收入越高则负担感会更轻。个人收入高意味着照料老人的机会成本高，在总体负担感并不是特别重的情况下，会使个人因照料老人带来心理上的满足感，对于照料活动的评价相对较高，因而负担感会感觉更轻。而家庭收入相对较高者照料老人时会导致更大的心理负担，尤其照料者是家庭内主要收入者时表现尤其明显。因此，收入因素一方面会影响个人的机会成本，另一方面会影响个人在家庭内的相对地位，导致在照料老人时面临着更为复杂的环境，可能也与其他因素有着密切的关系。

（3）个人闲暇时间的影响。若照料者有较多的闲暇时间，可以通过与他人沟通交流或其他娱乐活动降低因照料老人带来的压力感，会有更为积极的心态，将照料老人作为自身职责的认同度会更高，所以会明显感觉责任负担较轻。

（4）同时照料老人的人数。与一般理解不同，同时照料老人人数越多时，家庭照护者面临的负担会更重。这主要与照料者对于照料行为本身的评价有关，当照料人数较多，但照料者不得不作为主要照料者进行照料活动时，对照料行为赋予更低的评价，反而感觉总体负担感会较重。因此，存在责任分担机制而又不能履行真正责任时会给照料者带来更大的心理压力，从而导致更重的负担感。但同时照料老人人数的决策可能是由老人自理能力、照料者自身的特征等其他因素决定的，其影响机制较为复杂，需要在后续的研究中进一步探讨。

3. 需要照料老人特征的影响

重点分析老人生活自理能力的影响。老人生活自理能力对于家庭照护者的负担感并没有表现出显著的影响。虽然表面上会对家庭照护者造成一定的影响，但总体而言，存在家庭的支持性因素，在控制其他变量情况下，老人生活自理能力并不会受到显著的影响。因此，家庭内部各种行为决策的原因还需要进行深入分析。

4. 照料意愿及行为的影响

（1）送老人进养老院的意愿。这作为个人观念的替代变量，可以反映出传统思想的影响程度。研究结果表明，送老人进养老院意愿越低的照料者有着更重的个人负担感。这表明，传统观念进一步增强了照料老人时的个人负担感，有着更为复杂的内在心理机制。

（2）每天照料时间和持续照料时间等因素的影响。很显然，每天照料时间和持续照料时间对三方面的负担感均有显著的正向影响。这意味着，花费的照料时间越长，持续照料时间越长，会给照料者带来更为沉重的心理压力，带来更重的负担感。在控制了其他因素情况下亦表现如此。而是否全职照料老人并没有对负担感造成显著的影响。

七、家庭照料决策、照料行为与照料负担感的互动

（一）家庭照料的内部博弈行为

虽然照料可能会给照料者带来健康状况的影响，但非正式照料的提供可能是内生的，因为健康状况可能影响着个体和家庭做出谁来提供非正式照料的决策以及照料者是否继续或放弃照料的决策。两种选择标准可能导致照料对健康的影响并非线性变化的。因为，一个健康状况较好的家庭成员更有可能参与照料老人的活动；一个健康状况欠佳的家庭成员有可能进行非正式的照料，而放弃从事市场性有酬的工作。这种内生性问题使得非正式照料与照料者健康状况的因果关系显得较为复杂，很难厘清。有学者为了解决这一问题，采取工具变量法对两者的因果关系进行了探讨。如 Coe and Van Houtven 利用父母的死亡作为“选择退出”的工具变量，而用兄弟姐妹和家庭特征作为“选择进入”的工具变量。在他们的纵向研究中，并没有发现选择进入照料的内生性，但确实发现了选择退出照料内生性存在的证据[①]。Young Kyung Do 等扩展了这一基本的内生分析框架，利用韩国全国性的调查数据，采取工具变量法进行了两者因果关系的研究。研究表明，对于儿媳而言，有一个功能性限制的公婆或增加了为公婆提供非正式照料的可能性，但是一个公婆有功能性限制并不会直接影响儿媳的健康。他们比较了儿媳和女儿的样本以检验女儿样本工具变量的排他性假设，结果表明，提供非正式照料对于儿媳和女儿健康的多方面维度都有着负面的作用[②]。

从以上相关研究文献来看，正因为家庭内部存在着博弈互动行为，家庭照料决策实际上是与其他决策共同做出的。为了更清楚地了解内部的互动协调机制，还需要考虑其他因素以进行深入分析。

① N. B. Coe and C. H. Van Houtven, “Caring for mom and neglecting yourself? The health effects of caring for an elderly parent, ” Health Economics, vol. 18, no. 9, pp. 991~1010, 2009.

② Y. K. Do, E. C. Norton, S. Stearns, and C. H. Van Houtven, “Informal care and caregiver’ s health, ” National Bureau of Economic Research, 2013.

（二）结构方程分析

根据以上分析，考虑将家庭照料人数的决策与负担感的影响因素同时进行分析。将照料决策分为两个过程。其一，是家庭照料人数和照料者的决策，这是最能体现家庭面临老人失能时由谁来提供照料的过程，而且更能集中体现照料过程中负担感与照料人数的互动。其二，是负担感的形成。这与共同照料人数及老人特征及照料者特征等因素有着密切的关系。当照料者负担感增强时，会要求增加照料人手，以减轻负担感和压力。因此，共同照料人数实际上与负担感是相互影响和相互决定的，而且负担感还与个人对负担的认知有关。最适宜的方法就是联立方程分析方法。

根据前面单一回归方程涉及的变量，共同照料者人数受到照料者特征、老人特征、家庭经济情况和负担感等因素的影响，负担感的影响因素不变。表7–18 报告了联立方程估计的结果，与单一回归方程存在着一定程度的差异。

1. 个体特征的影响

（1）性别、年龄及教育程度的影响。性别因素对于共同照料人数与总体负担感和个人负担感均无影响，仅对责任负担感有影响。这意味着在家庭内部互动过程中，共同照料人数的决策与照料者性别无关，但考虑到共同照料情况时，则对责任负担有影响。结果表明，女性更有可能成为家庭照护者，而且分析年龄的影响会发现，年龄越大的照料者，共同照料人数会越少，但对负担感并没有显著的影响。教育程度则表现了对共同照料人数与负担感的正向影响。教育程度越高，则需要共同照料的人数越多，而且负担感均感到较重。这可能与高等教育程度家庭照护者在家庭内部拥有话语权有明显的关系。

（2）照料者健康状况。在共同决策情况下，照料者自身的健康状况对其负担感并无显著影响，但对共同照料人数有显著的影响。照料者健康状况越差，需要照料的人数越多，此结论与单一回归分析结果正好相反，因此能充分反映出家庭内部的博弈行为。但有慢性病的照料者共同照料人数反而越少，可能与其他未考虑到的因素有关。

2. 同住人数的影响

与前面分析不同，同住人数对于负担感并没有显著的影响，但同住人数越多，共同照料人数会越少。在共同照料者人数中，因同住会有更多的人提供内部支持，因此共同照料者的人数会越少，这充分体现了共同照料决策的复杂性。

3. 需要照料的老人特征的影响

重点考察老人生活自理能力的影响。老人生活自理能力对于家庭照护者的个体负担感和责任负担感均表现出显著的负向影响，老人生活自理能力越差，其负担感越重。而且老人生活自理能力越差，共同照料人数越多，充分体现了家庭内部的相互支持特征。其结论较前面单一回归分析的结论更符合实际，也确实体现了家庭这一社会基本单位内部的相互支持行为。另外，并没有发现照料老人的持续时间对照料者负担感有显著影响，可能是因为照料老人的持续时间与共同照料者人数共同决定负担感，因此并未表现出明显的影响。

表7–18　共同照料人数与照料负担联立方程回归结果

变量	（1）	（2）	（3）	（4）	（5）	（6）
	共同照料人数	总负担	共同照料人数	个人负担	共同照料人数	责任负担
性别	0.291	–1.825	0.311	–0.504	0.196	–2.509***
	（0.222）	（1.265）	（0.225）	（0.711）	（0.307）	（0.435）
年龄	–0.0865***	–0.0832	–0.0853***	0.0749	–0.0857***	0.0168
	（0.0111）	（0.271）	（0.0107）	（0.152）	（0.0106）	（0.0929）
教育程度	0.609***	5.443***	0.660***	2.712**	0.647***	1.265*
	（0.124）	（2.107）	（0.146）	（1.184）	（0.140）	（0.724）
每天照料老人时间		1.239***		0.579**		0.279*
		（0.438）		（0.246）		（0.151）
同住人数	–0.421***	0.998	–0.393***	1.583	–0.408***	0.512
	（0.111）	（1.990）	（0.113）	（1.118）	（0.102）	（0.683）
健康状况	0.833***	0.633	0.858***	0.341	0.800***	–0.871
	（0.144）	（2.331）	（0.149）	（1.309）	（0.163）	（0.800）
慢性病	–1.145***	6.029**	–1.109***	3.135**	–1.112***	1.435

续表7-18

变量	(1) 共同照料人数	(2) 总负担	(3) 共同照料人数	(4) 个人负担	(5) 共同照料人数	(6) 责任负担
	(0.410)	(2.844)	(0.382)	(1.599)	(0.385)	(0.977)
老人生活自理能力	0.324**	-1.194	0.319**	-1.557**	0.297**	-0.958**
	(0.127)	(1.370)	(0.126)	(0.771)	(0.138)	(0.471)
照料老人持续时间		-0.906		-0.388		0.0178
		(0.572)		(0.326)		(0.199)
同时照料老人人数		-2.639		-0.0115		-0.171
		(3.089)		(1.735)		(1.061)
全职照料老人		4.372**		3.322***		1.242
		(2.203)		(1.242)		(0.759)
总负担	-0.00345					
	(0.0303)					
个人月收入	-0.163*		-0.173*		-0.169*	
	(0.0963)		(0.0981)		(0.0974)	
个人负担			-0.0278			
			(0.0516)			
责任负担					-0.0473	
					(0.104)	
Constant	4.546***	9.331	4.466***	-5.486	4.642***	0.811
	(0.764)	(15.78)	(0.779)	(8.866)	(0.790)	(5.419)
Observations	154	154	154	154	154	154
R-squared	0.464	0.409	0.465	0.480	0.465	0.438

注：Standard errors in parentheses

*** p<0.01，** p<0.05，* p<0.1

（三）基本结论

家庭照护者负担感与家庭内部博弈行为的关系研究表明，照料决策与负担感形成存在复杂的互动机制。通过联立方程分析方法研究，揭示了共同照料人数与照料者负担感之间的双向因果关系，以及家庭成员特征、被照料老人特征等多维度因素的综合影响。

在个体特征层面，研究发现性别因素仅对责任负担感产生显著影响，而对共同照料人数的决策影响并不显著。年龄与共同照料人数呈现负相关关系，但对负担感无显著影响。值得注意的是，教育程度对照料决策和负担感均呈现正向影响，这可能与高等教育者在家庭决策中拥有话语权相关。照料者的健康状况在共同决策情境下展现出与单一回归分析不同的结果：健康状况越差，需要的共同照料人数越多，这更符合家庭内部理性博弈的逻辑。

在家庭结构层面，同住人数与共同照料人数呈现负相关关系，这反映了家庭内部支持网络的替代效应。特别是在考察被照料老人特征时，研究发现老人生活自理能力与照料者个体负担感和责任负担感呈显著负相关，且自理能力越差，所需共同照料人数越多。这一发现充分体现了家庭作为社会基础单元在应对照料压力时的内部调适机制。

本研究揭示了家庭照料决策的动态性和复杂性，强调了将照料人数决策与负担感影响因素进行整合分析的重要性。这不仅能更准确地反映家庭照料现实，克服了单一回归分析的局限性，而且更全面地展现了家庭照料决策的内在机理，为理解家庭内部的博弈行为提供了新的视角。研究结果对于制定相关社会政策具有重要的参考价值。

八、家庭照护者的需要及期望

为了清楚地了解照料者的需要及期望，问卷中设置了几个相关的问题，从知识获取途径、学习方式、暂替照料、相关政策等方面进行调查。

（一）需要接受的知识和技能培训

从家庭照护者的调查情况来看（表 7-19），清洁卫生、睡眠照料、饮食照料的知识、方法和技巧、给药、观察、消毒、冷热应用、急救、常见病护理等护理知识以及与老人沟通、协调及情绪疏导的具体方法步骤等方面的知识和技能需要程度较高，而肢体康复和临终关怀技巧需要程度比例较低，反映了家庭照护者主要承担日常生活照料。不过值得注意的是，也有 47.8% 的家庭照护者认为需要了解老年人的心理特征、观察老人日常生活中的心理变化，以及疏导技巧。

表7-19　需要学习的知识和技能

需要学习的知识和技能	响应百分比	个案百分比
清洁卫生、睡眠照料、饮食照料的知识方法和技巧	24.5%	66.7%
给药、观察、消毒、冷热应用、急救、常见病护理等护理知识	22.3%	60.9%
肢体康复	12.8%	34.8%
了解老年人的心理特征、观察老人日常生活中的心理变化，以及疏导技巧	17.6%	47.8%
与老人沟通、协调及情绪疏导的具体方法步骤	18.6%	50.7%
临终关怀技巧	4.3%	11.6%

（二）暂替照料需要

在对调查问题“是否希望他人来帮助自己照料一天，而有时间去做别的事情”的回答中，有 11.4% 的照料者表示非常希望，25.7% 的照料者表示比较希望，两项累计达到了样本的 37.1%，还有 30.0% 的照料者表示一般或无所谓，剩下 32.9% 的人表示不希望或者用不着他人帮助照料，这可能与有更多的人一起来照料而个人所承担的压力相对较小有关（表 7-20）。

表7-20　是否希望他人来帮助自己照料老人一天

希望程度	频率	百分比	有效百分比	累积百分比
非常希望	24	10.3	11.4	11.4
比较希望	54	23.1	25.7	37.1
一般	63	26.9	30.0	67.1

续表7-20

希望程度	频率	百分比	有效百分比	累积百分比
不希望	21	9.0	10.0	77.1
用不着	48	20.5	22.9	100.0
合计	210	89.7	100.0	

（三）相关政策期望

在对政府出台政策方面（表 7-21），66.7% 的照料者希望政府能为老人提供日常照料，60.9% 的照料者希望政府为照料老人提供补贴，34.8% 的人希望政府能够完善社区上门照料服务，47.8% 的人希望减免老人医疗费用，50.7% 的人希望给予照料者带薪假期，而需要提供照料老人的培训的比例仅为 11.6%。这一分析结果表明，大部分照料者还是希望政府能够直接从经济利益上给予支持。

表7-21　家庭照护者相关政策期望

期望的政策	响应百分比	个案百分比
为老人提供日常生活照料	66.7%	24.5%
给照料老人提供补贴	60.9%	22.3%
完善社区上门照料服务	34.8%	12.8%
减免老人医疗费用	47.8%	17.6%
给予照料老人带薪假期（如每月2天）	50.7%	18.6%
提供照料老人的培训	11.6%	4.3%

（四）对养老院的期望

在对目前养老院的了解程度上的调查结果表明（表 7-22），2.9% 的人非常了解，5.7% 的人比较了解，35.7% 的人一般了解，不太了解占到 52.9%，完全不了解占 2.9%。这一结果可能缘于两方面的原因。其一，受传统养老模式的影响，目前对于将老人送入养老院进行照料的接受度还不高。家庭照护者不愿意将老人送往养老机构的占 55.2%，非常愿意、比较愿意的分别占 6.0% 和 13.4%。相对于不愿意的来说，比例很小。其二，目前对养老院的认知状况较差，有 55.2% 的照料者认为现在的养老院很差，认为养老院较好的仅占 6.0%。进一步分析不愿意将老人送到养老院的原因（现在或将来），可以发现，有 90.0% 的照料者认为在养老院里老人不自由，而且养老院服务质量差、居住环境差。老人子女不同意将老人送到养老院的比例达到 57.8%。但是如果条件改善，如老人不自由的情况得以改善，那么将会有 61.1% 的人认为可以送到养老院，但子女即使同意，仍不愿意将老人送到养老院的比例高达 70.7%。将老人送入养老院，照料者仍然面临着较大的心理压力，但有改善的余地和空间。

表7–22　家庭照护者不愿意将老人送到养老院的原因（现在或将来）

不愿意的原因	您不愿意将老人送到养老院的原因		如果该项条件改善了，您是否愿意将老人送到养老院	
	是	否	是	否
子女们不同意	57.8	42.2	29.3	70.7
怕被人家说	41.9	58.1	35.3	64.7
老人不自由	90.9	9.1	61.1	38.9
收费标准高	54.5	45.5	38.2	61.8
服务质量差	77.8	22.2	52.8	47.2
居住环境差	59.1	40.9	44.1	55.9
其他（请注明）	40.0	60.0	44.4	55.6

第八章　国际长期照护人力资源政策

国际上，许多国家老龄化程度较高，建立了比较完善的养老服务体系，政府为了解决长期照护人力资源短缺的问题，出台了相关的政策措施，这对于解决我国未来长期照护人力资源短缺的问题提供了较好的借鉴[①]。

一、经合组织国家长期照护人力资源需求态势

1. 失能人口趋势

毫无疑问，长期照护作为一个劳动高度密集型的产业，未来长期照护需求的增长会导致长期照护人力资源数量的增长。

在过去几十年中，经合组织国家人口中 65 岁及以上和 80 岁及以上人口比例增长迅速。1960 年经合组织国家中 65 岁及以上人口比例为 8.4%，到 2010 年这一比例为 14.7%[②]。随着“婴儿潮”一代的进一步老化及人口预期寿命不断提高，未来老年人口的比例将会持续增长。预计到 2050 年，经合组织国家总人口中 65 岁及以上人口比例将达到 25.3%，而 80 岁及以上高龄老人预测比例将由 2020 年的 3.9% 增长到 2050 年的 9.5%[③]。欧盟 27 国的比例将会

---

① R. Fujisawa and F. Colombo, “The long-term care workforce: Overview and strategies to adapt supply to a growing demand, ” 2009.

② OECD, “OECD Health Data 2008, ” OECD, Paris, 2008.

③ Organisation for Economic Co-operation and Development, “Labour force statistics: Population projections. ” OECD Employment and Labour Market Statistics Database, 2014.

更高。

经合组织国家人口变动趋势对于长期照护服务需求的影响，还需要考虑老年人失能流行率的变动趋势。有学者研究 2004—2014 年各国数据，发现不同国家失能率差异大，观察到的时间趋势也不同。对于比利时、捷克和墨西哥等国家，失能发生率有所上升，而在丹麦、英国、希腊、韩国、波兰和瑞典等国家，失能发生率大幅下降[①]。

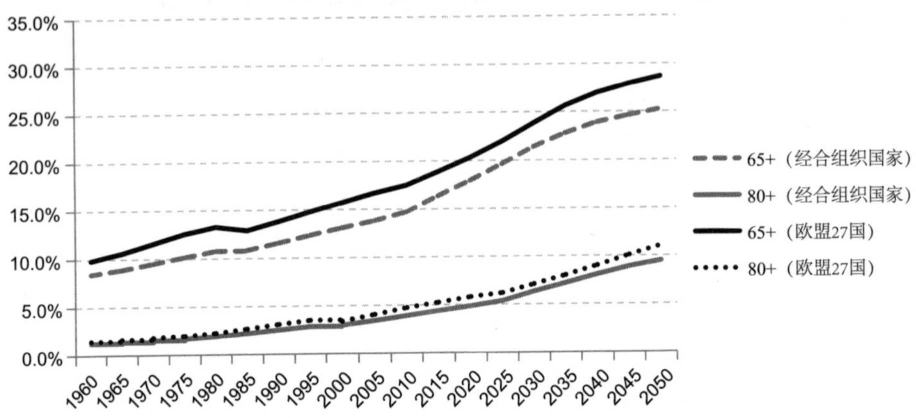

图8-1 经合组织国家及欧盟27国老年人口比例变动趋势

2. 长期照护接受者的数量迅速增长，尤其是家庭

在经合组织国家，虽然长期机构照料支出占总的长期照护支出的比例超过 70%，但居家照料仍然占据主流，而且长期照护床位数量有减少的趋势。近些年来，有从机构照料转向家庭照料的趋势，虽然比例小，从澳大利亚、比利时、意大利、日本、韩国和瑞典这些国家可以看出[②]。这反映了老人在家接受照料的偏好和降低了对于昂贵机构照料的依赖，特别是那些轻度失能的人员。[③]

不同国家接受长期照护老人的比例表现出较为明显的差异性，虽然近些

① J. Lee, S. Lau, E. Meijer, and P. Hu, “Living longer, with or without disability? A global and longitudinal perspective,” The Journals of Gerontology: Series A, vol. 75, no. 1, pp. 162~167, 2019.

② Organization for Economic Co-operation and Development, “Society at a glance 2009: OECD social indicators,” OECD Publishing, 2009.

③ Organization for Economic Co-operation and Development, “Long-term care for older people,” OECD Publishing, 2005.

年来有趋同的迹象。在北欧国家长期照护体系的覆盖面相对较广，2006 年 65 岁及以上老人中有超过 15% 接受长期照护。类似地，那些有着普遍性或综合性的长期照护覆盖的国家（如奥地利、德国、日本、卢森堡和荷兰），接受长期照护的比例较高。另一方面，在韩国、意大利和东欧国家（除了匈牙利），长期照护服务并未成体系，接受长期照护服务的老年人的比例则为 0.6%~3.6%。随着时间的推移，在 2000 年老年人口中接受长期照护者的比例相对较低的国家中，这一比例有所增长（澳大利亚、比利时、冰岛、意大利、日本和韩国），而那些在 2000 年超过经合组织平均值的国家及爱尔兰和美国则有所下降（如芬兰、德国、挪威、瑞典和瑞士）。

3. 社会变化导致家庭照护者供给数量下降

成年子女，尤其是女性后代，传统上一直在承担对身体机能下降的老年人的照护角色。然而，当前生育率的下降、女性劳动参与率的上升以及老年人独居现象的增加，导致未来家庭成员可能难以提供稳固的照护支持。

根据研究，20 世纪 70 年代的高出生率使得许多经合组织国家的老人有更高的拥有存活的成年子女概率，这一现象为老年照护提供了基础[①]。然而，此后生育率持续走低，经合组织相关研究表明，这种趋势在未来不太可能逆转[②]。

与此同时，女性参与劳动力市场的比例不断攀升。1960—2021 年期间，经合组织国家 15~64 岁女性就业率从约 47% 升至 66.4%[③]。在欧盟国家，这一趋势同样显著，1992 年为 49%，而到 2022 年已升至 69.3%[④]。随着女性受教育水平持续提高，非正式照护的机会成本相比过去明显增高。在美国，多数家庭照护者（主要为女性）因承担家庭照护责任而在收入和福利方面受到不利

① J. Gaymu, P. Ekamper, and G. Beets, “Who will be caring for Europe’s dependent elders in 2030?,” Population, vol. 62, no. 4, pp. 675~706, 2007.

② A. C. D’Addio and M. Mira d’Ercole, “Trends and determinants of fertility rates: The role of policies,” OECD Publishing, 2005.

③ Organisation for Economic Co-operation and Development, “Employment outlook 2023,” OECD Publishing, 2023. doi: 10. 1787/1d49af6d-en.

④ Eurostat, “Employment statistics by gender,” Eurostat Statistics Explained. [Online]. Available: https://ec. europa. eu/eurostat/statistics-explained/index. php?title=Employment_statistics.

影响，例如，减少退休储蓄和阻碍职业晋升[①]。这体现了家庭照护对女性职业生涯的挑战。

配偶作为重要的非正式照护来源，在老人照护中发挥了积极作用。然而，老年人独居比例显著上升。在经合组织国家，独居老人比例从1990—2021年增长显著，即使是在传统家庭观念强烈的南欧和东亚国家。例如，在美国，至2020年，有超过120万没有孩子或兄弟姐妹的65岁及以上老人独居[②]。在一些国家，如英国、德国、挪威和西班牙，研究表明，高龄老人更偏向于居家接受专业人员的照护服务[③]。这种趋势预示着传统家庭照护模式面临持续压力及向专业化、社会化照护服务的转换需求。

4. 长期照护工作不具吸引力导致人员保留困难

随着全球人口老龄化加剧，发达国家的劳动力市场面临着日益严峻的挑战。女性就业率的持续上升与总劳动力人数的下降，使得吸引和保留长期照护工人变得愈加困难。在经合组织国家，尽管各国工资水平差异较大，长期照护人员的平均工资普遍低于社会平均水平，但相对高于某些低技能职业。此外，长期照护人员享有的社会福利（如养老金和育儿补贴）也相对较少。

在澳大利亚，政府提供的照护津贴未能为家庭照护者提供充足的养老金支持，这个问题在低收入的非家庭照护者中表现尤为明显，他们通常不参与国家的退休计划[④]。在加拿大，对长期照护人员的工作转移不提供充分的经济补偿[⑤]，家庭支持人员通常缺乏带薪休假、健康保险和养老金等工作福利[⑥]。

此外，长期照护工作因易诱发精神和身体压力而面临额外挑战。美国老

---

① Alzheimer’s Association, “2023 Alzheimer’s disease facts and figures,” Alzheimer’s & Dementia, vol. 19, no. 4, pp. 1598~1695.

② Administration for Community Living, “2020 profile of older Americans,” U. S. Department of Health and Human Services, 2021. [Online]. Available: https://acl.gov/aging-and-disability-in-america/data-and-research/profile-older-americans.

③ S. O. Daatland and K. Herlofson, “‘Lost solidarity’ or ‘changed solidarity’: A comparative European view of normative family solidarity,” Ageing & Society, vol. 23, no. 5, pp. 537~560.

④ S. Korczyk, “Long-term workers in five countries: Issues and options,” American Association of Retired Persons, 2004.

⑤ Canadian Home Care Human Resources Study, “Synthesis report,” 2003.

⑥ S. Harmuth, “The direct care workforce crisis in long-term care,” North Carolina Medical Journal, vol. 63, no. 2, pp. 87~91, 2002.

年痴呆症协会的报告指出，约三分之一的家庭照护者因照护工作而遭受健康问题困扰[①]。护理人员面临的职业伤害和疾病发生率居各行业之首[②]。根据最新数据，护理人员的职业伤害发生率是其他行业平均水平的两倍，这不仅影响了他们的健康，也增加了医疗系统的负担。

不规律的工作时间和不稳定的工作条件加剧了护理人员的流动性。在加拿大，一些照护者因必须连续工作 12~14 小时才能积累 6~8 小时的付酬时间而承受高频率转换照护对象[③]。兼职和临时合同工使工作条件更加不稳定。长期照护行业通常被认为不具备吸引力，缺乏明确的职业发展规划[④]。此外，照护者的贡献常常未被家庭、雇主和社会广泛认可[⑤]。

这些劳动力市场的动态变化导致经合组织国家长期照护人员的高离职率。例如，在澳大利亚，年离职率为 20%~30%[⑥]；加拿大的一项研究显示，年均离职率达 56%[⑦]；在意大利，私人护理机构的离职率超过 50%[⑧]。美国的护理院离职率在 40%~100% 之间波动，导致经济损失每年接近 40 亿美元[⑨]。

在很多国家，长期照护职位的空缺率居高不下。例如，奥地利有 1400~6500 个全职岗位空缺；英国在 2000 年的社会照护空缺率为 6%~11%。根据最新的统计数据，美国的长期照护职位空缺率已上升至 12%，这进一步加剧了人力资源的短缺。总体来看，各国都面临着确保足够数量的长期照护人员的挑战。

---

① Alzheimer's Association, "2023 Alzheimer's disease facts and figures," Alzheimer's & Dementia, vol. 19, no. 4, pp. 1598~1695, 2023.

② Bureau of Labor Statistics, "Occupational employment and wage statistics," U. S. Department of Labor, 2022.

③ 同②。

④ C. V. Browne and K. L. Braun, "Globalization, women's migration, and the long-term care workforce," The Gerontologist, vol. 48, no. 1, pp. 16~24, 2008.

⑤ Institute of Medicine, Retooling for an aging America: Building the health care workforce. National Academies Press, 2008.

⑥ P. Angley and B. Newman, "Who will care? The recruitment and retention of community care (aged and disability) workers," Brotherhood of St. Laurence, 2002.

⑦ Canadian Home Care Human Resources Study.（2003）. Synthesis report.

⑧ J. Chaloff, "Mismatches in the formal sector, expansions of the informal sector: Immigration of health professionals to Italy," OECD Publishing, 2008.

⑨ D. Seavey, "The cost of frontline turnover in long-term care," 2004.

二、现有长期照护人力资源的特征

每个国家长期照护服务体系有差异，长期照护职业的分类也有所区别，要想了解不同国家长期照护人员的数量和基本特征并非易事。随着人口老龄化和非正式照护模式的变化，未来几年对长期照护工作者的需求将增加。同时，长期照护行业面临着长期以来在满足供应需求方面的困难。根据对31个经合组织国家相关调查数据，下面对长期照护人力资源的特征进行简单阐述。

行业对个人护理工作者所受教育和培训要求特别低，而教育与所需技能之间的错配——如特定的老年医学培训、健康监测和协调护理——可能会对提供的护理质量产生负面影响。除了低工资和就业不稳定外，有限的培训和教育机会以及职业前景也可能降低长期护理职业的吸引力。有个别国家已推出政策，以改善长期护理工作者与他们工作任务之间的技能匹配，以应对这一问题[①]。

我们通过改善工作条件、提供培训机会、创造职业发展路径以及提高社会认可度，可以吸引更多人才进入这一行业，并留住现有的优秀工作者。同时，利用科技创新和探索新型护理模式也可以为缓解劳动力短缺提供新的思路。

（一）长期照护人员供给呈现跨国差异

由于不同国家制度安排的差异性和兼职工作的流行程度不同，65岁及以上老人与机构的长期照护人员的比率也呈现出明显的跨国差异。

根据经合组织国家的数据（图8-2），截至2021年，在23个提供数据的经合组织国家中，每100名65岁及以上的人平均有5.7名长期护理工作者，最高的是挪威，为12名，最低的是葡萄牙，仅为0.8名。尽管几乎所有国家的长期护理工作者数量都在增加，但每100名65岁及以上老年人所拥有的平均长期护理工作者人数均略有下降，从2011年的5.9名降低至2021年的5.7名。约有一半的国家观察到了这一现象，其中荷兰、爱沙尼亚、美国、匈牙利和爱尔兰的降幅超过20%。这表明，长期护理工作者的供给增长未能与因

① Organisation for Economic Cooperation and Development, “Who cares? Attracting and retaining care workers for the elderly,” OECD Publishing, 2020.

人口快速老龄化导致的更大需求保持同步。相比之下，13 个经合组织国家每 100 名 65 岁及以上人口的长期护理工作者数量有所增加，其中葡萄牙和韩国的增幅最大。

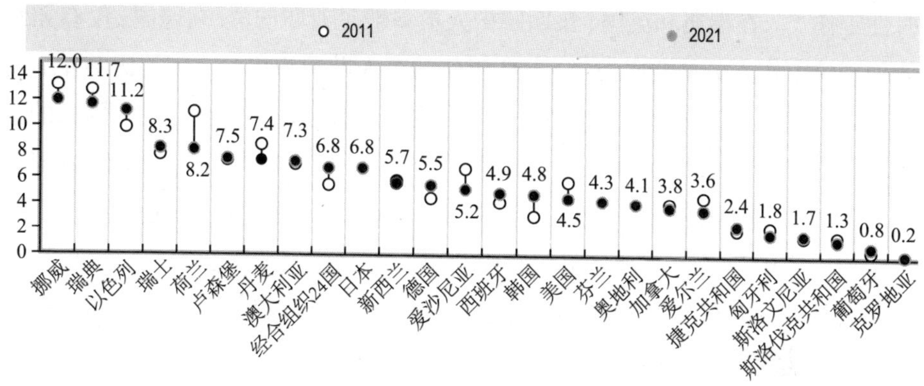

图8-2　每百名 65 岁及以上人口长期护理人员人数（2011—2021）

注：新西兰的最新数据为 2018 年数据。
数据来源：OECD Health Statistics 2023

（二）主要的长期照护人员在非正规部门，许多从事兼职工作

在许多经合组织国家，非正式照料是主流。虽然总体上的数据难以获得，但是在数据可得的 5 个经合组织国家（意大利、荷兰、西班牙、英国和美国）中，非正式照料人员大大超过正式照料人员。在美国过去十几年间，长期照护人员人数几乎翻了一番，而且大多数新增的直接照护人员都是在家庭照护。家庭照护人员的数量增长了 145%，并且过去 10 年，居家护理劳动力增长了 29%，而疗养院的护理助理人数减少了 7%①。

把护理工作作为兼职工作非常普遍。根据经合组织国家的调查数据，瑞典作为全职工作的长期照护人员的比例为 40%，而在美国约为 57%。在有长期护理保险的日本，作为全职工作的长期照护人员的比例为 67%，在新西兰为 76%，捷克为 97%。其他研究表明在其他经合组织国家，把护理工作作为

① PHI, “Workforce data center. ” [Online]. Available: https://phinational.org/policy-research/workforce-data-center.

兼职工作是十分普遍的行为。在澳大利亚，只有 11% 的居家照料者是永久性的全职雇员，而超过 60% 的是兼职人员，而且兼职人员的比例要高于其他部门[①]。在加拿大，有一半的家庭照护者是兼职的，而有 11%~18% 的人员是临时性工作[②]。在瑞典和英国，长期照护人员一般是兼职的[③]，在德国，仅有 42% 的护理院工作人员是全职的[④]。兼职工作的个人助理和相关工作的比例在荷兰相当高（90%），在法国略低（46%）[⑤]。根据近期针对 31 个经合组织国家的分析，兼职就业的长期护理工作者比例平均为 37%，其中韩国、冰岛、德国、荷兰和澳大利亚的长期护理工作者中 66% 为兼职（图 8–3）。此外，31 个经合组织国家中，平均每八名工作者中就有一名是固定期限合同工。这种情况在澳大利亚、西班牙和瑞典尤为普遍，这些国家超过四分之一的长期护理工作者是固定期限合同工[⑥]。

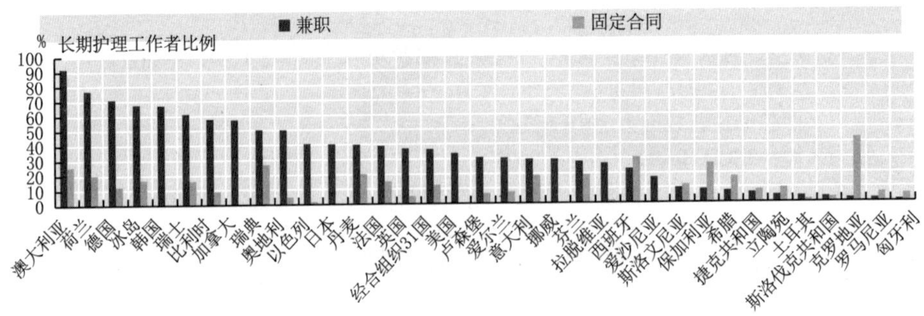

图8–3　经合组织国家兼职和固定合同长期护理人员比例（2021年）

数据来源：OECD Health Statistics 2023

---

① M. D. Fine and A. Mitchell, "Immigration and the aged care workforce in Australia: Meeting the deficit," Australasian Journal on Ageing, vol. 26, no. 4, pp. 157~161, 2007.

② Canadian Home Care Human Resources Study, "Synthesis report," 2003.

③ S. Johansson and P. Moss, "Care work in Europe, current understandings and future directions, work with elderly people: A case study of Sweden, Spain and England with additional material from Hungary," European Commission, 2004.

④ H. Rothgang and G. Igl, "Long-term care in Germany," Japanese Journal of Social Security Policy, vol. 6, no. 1, pp. 54~85, 2007.

⑤ S. Korczyk, "Long-term workers in five countries: Issues and options," American Association of Retired Persons, 2004.

⑥ OECD, "Health at a glance 2023," OECD Publishing, 2023. [Online]. Available: https://doi. org/10. 1787/70bff492-en.

（三）长期照护人员主要是女性，教育水平和年龄多样化，工资水平相对较低

总体来看，长期护理行业的特征是工作条件差，包括工资低、身体和心理健康风险较高、非标准就业以及认可度低[①]。

长期护理工作者中女性比例达到80%或更高，正式照料人员中女性的比例在89%~93%之间。在意大利、卢森堡、荷兰、西班牙和美国，非正式照料者中女性比例在60%~77%之间。其他针对澳大利亚、丹麦、德国和瑞典的研究表明，长期照护人员几乎全部为女性[②]。

从受教育程度来看，正式照料者的教育水平比起健康照料人员来说要低一些。卢森堡的研究表明，正式长期照护人员58%的个人照料者都是低技能的人员[③]。在匈牙利，居家为老人和失能者提供照料的人员中有三分之二仅仅达到基础教育水平，在西班牙、瑞典和英国，大多数的长期照护人员受教育水平较低[④]。相反，在荷兰，超过三分之二的个人照料者（大约为正式照料人员的40%）和93%的护士以及西班牙所有在机构工作的护士，至少有更高的中等教育水平[⑤]。在加拿大，大多数正式长期照护人员有大学学位[⑥]，但在丹麦，长期照护人员至少有中等教育水平[⑦]。在澳大利亚，大多数长期照护人员中等教育比例更高[⑧]。美国的数据并不一致，根据经合组织国家试点调查数

① Organisation for Economic Co-operation and Development, "Beyond applause? Improving working conditions in long-term care," OECD Publishing, 2023.

② H. van Ewijk, P. Moss, and C. Turner, "Care work in Europe: Current understandings and future directions, WP3 mapping of care services and the care workforce," Thomas Coram Research Unit, Institute of Education, University of London, 2002.

③ Organisation for Economic Co-operation and Development, "OECD pilot data collection on long-term care workers," OECD Publishing, 2008.

④ S. Johansson and P. Moss, "Care work in Europe, current understandings and future directions, work with elderly people: A case study of Sweden, Spain and England with additional material from Hungary," European Commission, 2004.

⑤ 同上。

⑥ Canadian Home Care Human Resources Study, "Synthesis report," 2003.

⑦ S. Korczyk, "Long-term workers in five countries: Issues and options," American Association of Retired Persons, 2004.

⑧ B. Martin and D. King, "Who cares for older Australians? A picture of the residential and community based aged care workforce, 2007," Commonwealth of Australia, 2008.

据，仅有 4.5% 的个人照料者（约占正式照料人员的一半）和几乎没有护士是低技能人员。但是，有一项研究发现在 2005 年高技能人员（约有 60% 的护理和家庭健康助理有高中文凭）比例较低。根据 2005 年《美国社区调查》数据，约有三分之二的非正式个人和家庭照料助理有中等教育文凭或更低的教育水平①。

从年龄结构来看，许多经合组织国家长期照护人员平均年龄较大。在澳大利亚，45~54 岁主要照料者的数量最多，老年居家照料人员 45 岁及以上员工比例为 57%，比全体劳动力的平均年龄要大②。在加拿大，大多数正式照料者年龄为 40~60 岁。在丹麦，社会和健康服务帮助者及助理的年龄同样较高③。在日本，根据《居民健康福利综合调查》，三分之一的家庭照护者与 70 岁及以上照料接受者共同居住。

非标准就业在长期护理行业很常见。经合组织国家长期护理工作者中兼职就业的比例平均达到 37%，韩国、冰岛、德国、荷兰和澳大利亚的长期护理工作者中 66% 处于兼职。此外，在 31 个经合组织国家中，每八名工人中就有一名是签订固定期限合同的工作者。这在澳大利亚、西班牙和瑞典尤为普遍，在这些国家，超过四分之一的长期护理工作者是在固定合同下工作的④。

从工资水平来看，个人护理工作者的低工资长期以来被认为是该行业招募和留存人才的主要障碍。行业平均工资比全国平均工资低 20%。2018 年，在 28 个经合组织国家中，机构照料者和家庭照料者的工人的收入都显著低于平均工资⑤。其中，机构照料者仅获得平均毛小时工资的 71%，而家庭照料者仅获得平均毛小时工资的 67%（见图 8-4）。在荷兰，护理工作者获得的收入

① W. N. Leutz, “Immigration and the elderly: Foreign-born workers in long-term care,” Immigration Policy in Focus, vol. 5, no. 12, pp. 1~12, 2007.

② M. D. Fine and A. Mitchell, “Immigration and the aged care workforce in Australia: Meeting the deficit,” Australasian Journal on Ageing, vol. 26, no. 4, pp. 157~161, 2007.

③ J. J. Jensen and H. K. Hansen, “Care work in Europe, current understandings and future directions, surveying demand, supply and use of care - Denmark,” Danish National Institute of Social Research, 2002.

④ J. J. Jensen and H. K. Hansen, “Care work in Europe, current understandings and future directions, surveying demand, supply and use of care - Denmark,” Danish National Institute of Social Research, 2002.

⑤ 同上。

超过该国平均毛小时工资的 90%，而在美国，护理工作者的收入仅为该国平均毛小时工资的一半（51%）。

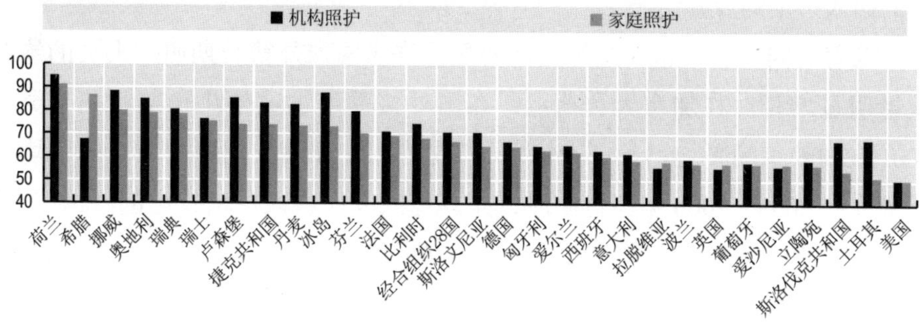

图8-4　经合组织国家个人护理人员平均小时工资占全行业平均工资比例（2018年）

注：个人护理人员是指国际标准职业分类（ISCO-08）中第 53 类别下的人员，该类别包括个人护理人员和儿童保育人员。

数据来源：OECD, “Long-term care workers,” in Health at a Glance 2023: OECD Indicators, Paris: OECD Publishing, 2023. [Online]. Available: https://doi.org/10.1787/26712652-en

（四）各国外籍长期照护人员数量增长

在许多经合组织国家，由于国内长期照护人员短缺，国外照护人员承担了更多的工作。在数据可得的 12 个经合组织国家，对于在家提供的服务（包括照料儿童、失能人员和老人），外籍人员比本国人数要多（德国除外）[①]。除荷兰外，在 14 个经合组织国家外籍低技能劳动力的比例从 1995—2006 年平均增长了 50%。面临找工作的困难，移民人员从事低技能工作，导致了许多经合组织国家移民人员的浪费。

根据经合组织国家搜集的数据，美国外籍正式长期照护人员比例为 18%，加拿大在国外接受培训的长期照护人员的比例为 26%，比总的外籍工人比例要略高一些（分别为 16% 和 21%）。另一方面，在荷兰和澳大利亚，外籍长期照护人员的比例低于劳动力的比例（分别为 8% 和 25%）。将低技能人员作为参考群体时，在荷兰，外籍长期照护人员略低于低技能劳动力的比例，在

① Organisation for Economic Co-operation and Development, “International migration outlook, ” OECD Publishing, 2007.

美国要明显更低一些。外籍护士比本国护士更可能在长期照护机构工作。在英国，14% 的在国外接受培训的护士在私营护理机构工作，高于国内接受培训的白人护士的 5%[①]。

随着时间推移，这一趋势更加明显，许多国家外籍长期照护人员的绝对数量明显增长。在加拿大和荷兰，在国外接受培训或外籍长期照护人员在 2001—2006 年间平均增长了 6%。同样在美国，外籍长期照护人员的平均增长幅度在 2005—2006 年超过 12%，尤其是家庭照料人员增长比例高达 33%。在过去几年，从东欧国家（波兰、捷克和斯洛文尼亚）涌入德国的照料人员数量迅速增长[②③]。希腊和意大利也发生了同样的状况[④]。

在美国，非本土长期照护人员数量比总的长期照护人员以及外籍低技能劳动力人员数量增长要快一些，导致非本土的照料者比例更高。在加拿大，外籍长期照护人员比例和国外低技能人员的比例在 2001—2006 年间有所下降，但是前者比后者降幅要小。

最后，外籍照料者有很大比例在非正规部门工作。在奥地利，约有一半的照料者（包括正式照料者和非正式照料者）是非法的，通常提供的是家庭照料。外籍照料者估计占希腊私人家庭照料工作的 70% 以上[⑤]，约占意大利家庭照护者的 90%[⑥]。

---

① AARP, "Global focus on long-term care workforce, " AARP International, 2005.

② M. J. Gibson and D. L. Redfoot, "Comparing long-term care in Germany and the United States: What can we learn from each other?, " AARP Public Policy Institute, 2007.

③ H. Rothgang and G. Igl, "Long-term care in Germany, " Japanese Journal of Social Security Policy, vol. 6, no. 1, pp. 54~85, 2007.

④ G. Lamura, "Supporting carers of older people in Europe: A comparative report on six European countries, " presented at the 11th European Social Services Conference, Venice, Italy, 2003.

⑤ C. N. Kanellopoulos and M. Gregou, "Managed migration and the labour market-The health sector in Greece, " Center of Planning and Economic Research, 2006.

⑥ J. Chaloff, "Mismatches in the formal sector, expansions of the informal sector: Immigration of health professionals to Italy, " OECD Publishing, 2008.

（五）外籍长期照护人员一般为来自邻国的中年女性

有较少的证据表明，流入经合组织国家的长期照护人员反映了一般的低技能工人的流动模式，与语言、距离和历史渊源有着密切的关系①。许多欧洲国家的长期照护人员来自欧盟内部。欧盟扩张过程也导致了新进的东欧国家的职业照料人员流向奥地利和德国②③④。在希腊、意大利和西班牙，从毗邻的非洲国家、西班牙语系的南美或中美洲国家以及菲律宾移民的照料者占外籍照料者很大比例⑤。在爱尔兰也有相当数量的菲律宾女性照料者⑥。

外籍长期照护人员主要是中年女性，她们的资质条件一般比职业要求要高一些。在美国，国外出生的直接照料人员相比本土人员，一般年龄要大一些，受教育水平也更高⑦。在美国，国外出生的长期照护人员中有近 90% 是女性，大多数在照料机构工作⑧。意大利大约 90% 的移民照料者（包括老人和儿童照料者）是女性，许多东欧移民为人到中年、受过良好教育的女性⑨。在加拿大、西班牙、英国和美国，没有获得资格认证的移民护士也可能会从事长

① Organisation for Economic Co-operation and Development, "International migration outlook," OECD Publishing, 2007.

② B. Schütz, "Managed migration and the labour market-The health sector: Austrian report," International Organization for Migration, 2006.

③ M. J. Gibson and D. L. Redfoot, "Comparing long-term care in Germany and the United States: What can we learn from each other?," AARP Public Policy Institute, 2007.

④ H. Rothgang and G. Igl, "Long-term care in Germany," Japanese Journal of Social Security Policy, vol. 6, no. 1, pp. 54~85, 2007.

⑤ G. Lazaridis, "Filipino and Albanian women migrant workers in Greece: Multiple layers of oppression," in Gender and migration in Southern Europe, F. Anthias and G. Lazaridis, Eds., Berg, 2000, pp. 49~79.

⑥ E. Quinn, "Managed migration and the labour market-the health sector in Ireland," European Migration Network, 2006.

⑦ W. N. Leutz, "Immigration and the elderly: Foreign-born workers in long-term care," Immigration Policy in Focus, vol. 5, no. 12, pp. 1~12, 2007.

⑧ Organisation for Economic Co-operation and Development, "OECD pilot data collection on long-term care workers," OECD Publishing, 2008.

⑨ F. Bettio, A. Simonazzi, and P. Villa, "Changes in care regimes and female migration: The 'care drain' in the Mediterranean," Journal of European Social Policy, vol. 16, no. 3, pp. 271~285, 2006.

期照护工作[①②]。

三、经合组织国家长期正式照护人力资源政策

为了满足日益增长的长期照护人员的需求，需要增加长期照护人力资源的供给，科学合理配置现有人力资源，以及在降低可获得性和质量的情况下，寻求更为有效的措施减少长期照护者与接受者的比例。

（一）增加长期照护人员的供给水平

增加长期照护人员的供给水平的方法多种多样。雇主或政府部门可以提供额外的培训、提高长期照护工作的吸引力以及吸引那些在劳动力市场上并不活跃的群体加入照护行业。

1. 通过培训提高长期照护工作的吸引力

（1）长期照护人员的培训政策。为了应对技能缺口和人员短缺问题，经合组织国家实施了一系列培训政策。对于护士，主要措施包括提供专门的老年护理奖学金（如以色列、日本、奥地利等国）、开发双轨制培训项目（如荷兰和德国）、提供实习机会（如加拿大、韩国），以及建立卓越培训项目（如加拿大、保加利亚）[③]。对于个人护理人员，政策重点是提供基础培训资金支持（如澳大利亚、奥地利、加拿大、塞浦路斯等国）、发展在职培训项目（如韩国的持续教育项目），以及建立职业发展通道（如丹麦、德国允许护理助手晋升为护士）[④]。为提高培训的灵活性和可及性，各国采用了数字化培训方法（如美国的在线培训项目）、模块化培训（如韩国），以及工作时间内的培训（如

① International Labour Office, "Migration of health workers: Country case study: The Philippines, " 2005.

② D. L. Redfoot and A. N. Houser, "'We shall travel on' : Quality of care, economic development, and the international migration of long-term care workers, " AARP Public Policy Institute, 2005.

③ J. Spetz and N. Dudley, "Consensus-based recommendations for an adequate workforce to care for people with serious illness, " Journal of the American Geriatrics Society, vol. 67, no. S2, pp. S392~S399, 2019.

④ D. Libault, "Concertation: Grand âge et autonomie, " Ministère des Solidarités et de la Santé, 2019.

奥地利)。此外，一些国家还通过集体谈判协议(如美国、冰岛、英国)和专门的培训中心(如韩国的"长期护理工作者中心")以支持培训。为确保培训质量，各国还建立了资格认证体系，如欧洲护理证书计划。培训内容日益注重老年病学知识、沟通技能、技术使用能力以及康复护理等[①②]。这些政策的实施不仅提升了护理人员的技能水平，也有助于提高工作质量和留任率，但各国在培训投入、课程设置和认证标准等方面仍存在较大差异。

(2)长期照护人员培训政策效果。从培训政策效果来看，培训政策在提升护理人员技能水平和服务质量方面取得了显著成效。例如，日本通过资助基础培训项目，使长期护理人员数量在2011—2015年间增长了约20%。德国和荷兰采用双轨制培训模式(包括普通护理和老年护理两个方向)，帮助学生更好地理解工作实际并获得特定技能。加拿大和保加利亚开展的卓越培训项目(CLRIs)促进了"教学护理院"模式的发展，该项目注重以居民为中心的护理问题，如应对行为、预防跌倒等。研究表明，培训对提高护理质量、增强工作满意度和降低人员流失率具有显著作用[③]。此外，一些国家通过提供奖学金(如德国、日本、以色列)、实习机会(如加拿大、韩国)等方式增加学生接触老年护理的机会。

(3)长期照护人员培训面临的挑战。培训政策实施中仍面临诸多挑战。首先是培训参与度不足，由于工作时间限制和机会成本高等原因，许多护理人员难以参加培训。例如，挪威的一项调查显示，仅不到四分之一提供老年护理的护士在其课程中接受过老年护理培训[④]。其次是培训内容与实际需求存

① M. Prince et al., "The burden of disease in older people and implications for health policy and practice," The Lancet, vol. 385, no. 9967, pp. 549~562, 2015.

② A. Clegg, J. Young, S. Iliffe, M. O. Rikkert, and K. Rockwood, "Frailty in elderly people," The Lancet, vol. 381, no. 9868, pp. 752~762, 2013.

③ C. A. Surr et al., "Effective dementia education and training for the health and social care workforce: A systematic review of the literature," Review of Educational Research, vol. 87, no. 5, pp. 966~1002, 2017.

④ O. S. Sunde, K. R. Øyen, and S. Ytrehus, "Do nurses and other health professionals' in elderly care have education in family nursing?," Scandinavian Journal of Caring Sciences, vol. 31, no. 3, pp. 505~514, 2017.

在脱节，特别是在老年病学知识、沟通技能、技术使用等方面的培训不足[①②]。再次是培训标准不统一，各国在资格认证要求上差异较大。例如，在美国，Medicare/Medicaid 认证的家庭健康助手必须接受 75 小时的培训，但培训内容和时长因州而异[③]。最后是培训投入不足，许多国家缺乏足够的财政支持和激励措施。

（4）长期照护者培训工作的改进策略。首先，在培训方式的创新与灵活性方面，各国正在积极推进系统性改革。根据经合组织国家的最新报告，长期照护行业面临着重大的人力资源挑战，培训创新已成为应对这一挑战的关键策略。报告指出，各国正在探索混合式学习模式，将传统面授与在线学习相结合，既确保了培训质量，又为护理人员提供了更大的时间灵活性。特别是在疫情后的环境下，数字化培训方式的应用显著提升，这不仅提高了培训的可及性，也为护理人员提供了更灵活的学习选择[④]。

其次，在培训支持体系建设方面，美国政府近期采取了具有里程碑意义的行动。据 CMMS 报道，拜登—哈里斯政府通过发布三项最终规则，致力于提升护理工作者的薪酬和工作质量。这些政策措施的核心是建立完整的职业发展通道，将培训与职业晋升紧密结合。政策特别强调了对护理人员的全方位支持，包括培训费用补贴、工资补贴等，这些措施显著降低了护理人员参与培训的机会成本，提高了参与培训的积极性[⑤]。

再次，在培训质量保证体系方面，Spilsbury 等通过实证研究发现，建立健全的质量评估框架对提升长期照护服务质量具有重要意义。研究强调，培

---

① M. Prince et al. , “The burden of disease in older people and implications for health policy and practice, ” The Lancet, vol. 385, no. 9967, pp. 549~562, 2015.

② A. Clegg, J. Young, S. Iliffe, M. O. Rikkert, and K. Rockwood, “Frailty in elderly people, ” The Lancet, vol. 381, no. 9868, pp. 752~762, 2013.

③ J. Spetz and N. Dudley, “Consensus-based recommendations for an adequate workforce to care for people with serious illness, ” Journal of the American Geriatrics Society, vol. 67, no. S2, pp. S392~S399, 2019.

④ Organisation for Economic Co-operation and Development, “Beyond applause? Improving working conditions in long-term care, ” OECD Publishing, 2023.

⑤ Centers for Medicare & Medicaid Services, “Biden-Harris administration takes historic action to increase access to quality care and support for families and caregivers. ” [Online]. Available: https://www. cms. gov/newsroom/press-releases/biden-harris-administration-takes-historic-action-increase-access-quality-care-and-support-families

训质量保证体系应包括统一的培训标准、规范的机构资质以及科学的效果评估方法。特别是在推广新型培训模式时，如何确保培训质量成为各国关注的重点。研究建议建立多层次的质量监控机制，包括过程监控、效果评估和持续改进等。同时，提升长期照护培训质量需要多方利益相关者共同参与。政府部门需要提供政策支持和资金保障，培训机构需要创新教学方法和提升培训质量，雇主需要为员工参与培训提供必要的支持和激励，而护理人员则需要保持持续学习的积极性。只有各方协同努力，才能真正提升长期照护服务的整体质量[①]。

最后，在国际合作与标准互认方面，各国正在加强对话与合作。随着人口老龄化的全球化趋势，护理人员的跨境流动日益频繁，如何促进护理资格的国际互认成为重要议题。这不仅需要统一培训标准，还需要建立跨国认证体系。同时，各国也在积极分享培训经验和最佳实践，如培训课程设置、教学方法创新、质量保证措施等，这种国际合作有助于提升整体培训水平，促进护理服务质量的全面提升。

2. 从非劳动力人群中招聘长期照护工作者

（1）从失业人员中招募长期照护工作者的政策措施。长期照护（LTC）行业面临严重的人力资源短缺问题，从失业人员中招募长期照护工作者是一个重要的措施。根据经合组织国家的研究显示，目前仅有约 50% 的国家实施了相关的招募政策。主要的政策措施包括三方面。首先是提供培训补贴和就业激励。例如，日本通过资助基础培训项目，不仅面向新生，还包括希望重返工作岗位的有经验工作者，这使得 2011—2015 年间长期照护工作者数量增加了约 20%[②]。以色列和罗马尼亚则通过提供长期照护教育财政支持和坚持性补助金来培训失业人员。其次是实施就业转型项目。德国实施了针对失业人员的职业转型培训计划，帮助他们获得长期照护工作所需的基本技能[③]。最后是

① K. Spilsbury et al., "Implementation and impact of the enhanced health in care homes framework: A realist evaluation," Age and Ageing, vol. 52, no. 2, 2023.

② R. Fujisawa and F. Colombo, "The long-term care workforce: Overview and strategies to adapt supply to a growing demand," 2009.

③ H. Rothgang, M. Fünfstück, and T. Kalwitzki, "Personalbemessung in der Langzeitpflege," in Pflege-Report 2019, K. Jacobs, Ed., Springer, 2020, pp. 147~157.

建立就业配对平台。荷兰建立了专门的长期照护人才招聘平台，为失业人员和长期照护机构提供精准匹配服务。研究表明，这些政策措施的实施效果与当地的劳动力市场条件、培训质量以及工作条件密切相关[①]。

（2）针对年长者的招募策略及其实施效果。随着人口老龄化加剧，招募年长者进入长期照护行业成为一个重要的政策方向。经合组织国家数据显示，长期照护工作者的中位年龄为 45 岁，比一般劳动力高出 1.5 岁。针对年长者的招募策略主要包括三方面。第一，提供灵活的工作安排。北欧国家普遍采用弹性工时制，允许年长工作者根据自身情况调整工作时间。第二，开发适合年长者的岗位。日本开发了一系列轻体力劳动的照护辅助岗位，专门面向 55 岁以上求职者。第三，提供专门的技能培训项目。澳大利亚为 45 岁以上人群提供免费的长期照护职业培训课程，并配备专门的职业指导[②]。研究发现，这些措施的实施效果较为积极：年长工作者往往具有更强的工作稳定性，离职率低于年轻工作者；他们的工作经验和生活阅历也有助于提供更好的照护服务。但同时存在一些挑战，如体力限制、新技术适应等问题需要通过合理的工作设计来解决。

（3）男性工作者招募政策的创新与突破。在长期照护行业中，女性工作者占比超过 90%，如何吸引更多男性工作者进入该行业是一个重要课题。创新性的招募政策主要包括三方面。首先是改变行业刻板印象。英国、挪威等国通过媒体宣传、职业体验等方式，展示男性在长期照护行业的积极贡献。其次是开发特色岗位。德国设计了侧重于康复训练、设备操作方面的专门岗位，以吸引男性求职者。最后是提供针对性培训。荷兰为男性求职者提供专门的职业培训课程，帮助他们更好地适应照护工作。研究表明，这些政策的实施效果逐步显现：一些国家的男性长期照护工作者比例有所提升，男性工作者在某些特定领域（如失智症照护、康复训练等）展现出独特优势。但总体而言，改变根深蒂固的性别刻板印象仍需要长期努力。

---

① J. Spetz and N. Dudley, "Consensus-based recommendations for an adequate workforce to care for people with serious illness," Journal of the American Geriatrics Society, vol. 67, no. S2, pp. S392~S399, 2019.

② S.-Y. Qian, P. Yu, Z.-Y. Zhang, D. M. Hailey, P. J. Davy, and M. I. Nelson, "The work pattern of personal care workers in two Australian nursing homes: A time-motion study," BMC Health Services Research, vol. 12, no. 1, 2012.

（4）从其他行业转型人员的招募措施。随着产业结构调整，从其他行业吸引人才转入长期照护行业成为重要的政策方向。主要措施包括：首先是建立转型培训体系。美国通过老年医学劳动力强化项目（GWEP），为其他行业转型人员提供系统培训。其次是提供职业发展路径。法国建立了完整的职业发展阶梯，使转型人员能够通过继续教育逐步提升职业水平。最后是实施经济激励。德国为从制造业等领域转型的工作者提供培训补贴和过渡期工资补助。研究发现，这些政策的效果与多个因素相关：转型培训的质量、新旧工作的技能相关性、薪资待遇的竞争力等都会影响政策成效。同时，建立有效的支持系统（如导师制、心理辅导等）对帮助转型人员适应新工作环境也很重要。

3. 招聘外籍长期照护工作人员

从前面相关研究中可以发现，许多经合组织国家的长期照护人员来自国外。但是，通过正规的移民渠道进入护理行业的人员仅仅是一小部分，大部分从事长期照护的人员并没有获得正式认可，这对于这些国家的政策提出了巨大的挑战。

（1）移民工作者现状。目前，移民工作者在经合组织国家长期照护行业中占据重要地位，平均占比超过 20%[①]。在多数欧洲国家，机构护理中的移民工作者比例高于居家护理，而美国和澳大利亚则相反。例如，在澳大利亚，机构护理中 32% 是移民工作者，居家护理为 23%[②]。这些移民工作者通常较为年轻，且在原籍国往往具有护士资格，拥有较高技能水平。他们选择目的国主要考虑地理接近度、语言文化以及经济水平等因素。值得注意的是，多数移民工作者在目的国从事低于其资质水平的工作，存在明显的技能错配现象。研究显示，在大多数欧洲国家，长期照护行业的移民工作者报告技能低于资质的比例高于其他部门[③]。

---

① F. Colombo, A. Llena-Nozal, J. Mercier, and F. Tjadens, Help wanted? Providing and paying for long-term care. in OECD Health Policy Studies. OECD Publishing, 2011.

② K. Mavromaras et al., "The aged care workforce, 2016," Department of Health, 2017.

③ The Global Ageing Network Leading Age LTSS Center@UMass, "Filling the care gap: Integrating foreign-born nurses and personal care assistants into the field of long-term services and supports," 2018.

（2）主要政策措施 。尽管长期照护领域对外籍工作者需求迫切，但多数经合组织国家并未建立专门的劳动力移民渠道。大部分外籍工作者是通过家庭团聚、学生签证、低技能工人一般移民渠道或国际保护等非经济移民渠道进入该行业[①②]。例如，在加拿大温尼伯的菲律宾医疗助理研究显示，他们主要通过移民社区内的非正式网络招聘[③]。少数国家采取了特殊措施，如法国、西班牙、葡萄牙、意大利和芬兰将长期照护工作列入劳动力短缺职业清单，免除劳动力市场测试；加拿大通过护理人员计划（如已取消的 Live-in Care Programme 及其替代试点项目）、以色列通过长期照护部门签证进行定向引进[④]。

（3）政策效果与挑战。现有政策在实施过程中面临诸多挑战。首先是招聘渠道的问题，特别是当个人或家庭作为雇主时，难以实现供需有效匹配且签证处理时间往往无法满足紧急护理需求。其次是文化认同问题，部分老年人可能对外籍护理人员存在抵触情绪，涉及种族或宗教歧视。最后是非法就业风险，在现金补贴普遍的国家，外籍工作者更容易陷入灰色市场，面临工资待遇低、工作稳定性差等问题。如在意大利，现金购买长期照护服务的普遍性助长了对低薪移民女性服务的使用[⑤]。此外，中介机构虽然可以提供匹配服务，但由于缺乏有效监管，可能产生高额费用、招聘流程不透明等问题。

（4）建议措施。为改善外籍长期照护工作者的处境，需要采取以下措施。首先，加强对工作者权益的保护，特别是那些依赖雇主获取签证或社会福利的群体，提高其法律维权意识并主动维护这些权利。其次，改善教育培训可及性。日本和加拿大的经验值得借鉴：日本通过经济伙伴关系协议为特定国家的护理工作者候选人提供签证支持，加拿大通过“先前学习评估与认可过程”促进移民资质认证。再次，实施培训和辅导项目，提升移民护理人员的

① R. Fujisawa and F. Colombo, “The long-term care workforce: Overview and strategies to adapt supply to a growing demand, ” 2009.

② A. Cangiano and K. Walsh, “Recruitment processes and immigration regulations: The disjointed pathways to employing migrant carers in ageing societies, ” Work, Employment and Society, vol. 28, no. 3, pp. 372~389, 2014.

③ S. Novek, “Filipino health care aides and the nursing home labour market in Winnipeg, ” Canadian Journal on Aging, vol. 32, no. 4, pp. 405~416, 2013.

④ 同上。

⑤ Organisation for Economic Co-operation and Development, Jobs for immigrants (Vol. 4): Labour market integration in Italy. OECD Publishing, 2014.

沟通技能，教育客户和同事践行零容忍种族歧视政策，加强对当地文化环境和护理服务递送的培训。最后，加强对中介机构的监管，确保其在保证培训和认证要求的同时维护招聘流程的透明性。

（二）现有长期照护人力资源的充分利用

满足日益增长的长期照护人员的第二个战略就是对现有资源充分利用的投资政策，例如，提高工作吸引力、支持家庭和非正式照料者以及改善照料的合作协调等。

1. 提高薪酬待遇和开展社会对话

（1）工资待遇问题。长期照护（LTC）行业普遍存在工资水平偏低的问题。数据显示，在 11 个经合组织国家中，长期照护工作者的时薪中位数仅为 9 欧元，而医院同类岗位工作者的时薪为 14 欧元。一些国家如爱沙尼亚和葡萄牙的长期照护工作者工资仅与最低工资持平。为改善这一状况，多个国家采取了提高工资的措施。表 8–1 显示，自 2011 年以来，经合组织国家一直在实施三项主要措施，以提高长期护理人员的收入：提高或保障工资、加班和出差时间工资以及税收优惠 / 财务奖励。

表8–1 不同国家改善长期护理工作人员收入措施

措施	国家	影响
提高工资	奥地利、捷克共和国、匈牙利、韩国、马耳他、波兰、德国、罗马尼亚、斯洛文尼亚、英国、美国、荷兰	美国和捷克共和国的经验表明，这些措施对留住人才有积极影响
加班费和旅行时间工资	荷兰、美国	尚未对该计划进行评估
税收优惠和财政激励	韩国	津贴降低了韩国的人员流动率

资料来源：OECD 2018 年长期护理服务劳动力调查和文献综述

其一，实施最低工资标准等措施。调整最低工资标准（准入或门槛）一直是提高长期护理行业薪资的有效方式[①②]。然而需要注意的是，在英国，2016年国家生活工资标准的引入可能导致零工时合同使用的增加[③]。在马耳他，长期照护行业的所有薪资都与公共服务薪资保持一致，以确保私营机构获得相同待遇。在韩国，根据长期护理保险报销计划政策规定，护理机构必须在法律上满足劳动力成本的最低比例要求。这项规定旨在鼓励护理机构向长期护理工作者支付公平工资。德国于2010年在该行业引入了适当薪资激励措施，设立了行业最低工资标准，并自2017年起通过在成本谈判中保证集体协议工资的方式加强了这一政策。在法国，新立法提案的建议包括将该行业最低工资提升至国家最低工资（SMIC）水平，并在后者上调时自动调整行业最低工资[④]。

其二，不断提高长期照护行业的工资水平。匈牙利在2013—2018年间将长期照护行业工资提高了62%；捷克在2016—2017年间分阶段提高了护理人员工资（2016年11月增加4%，2017年7月增加23%，2017年1月增加10%）；挪威为在行业工作10年以上的护士引入新的最低工资标准，涨幅达12%[⑤]。研究表明，提高工资确实有助于留住员工。美国的研究发现，每小时增加1美元工资可以使长期照护工作者离职倾向降低2%[⑥]。但单纯提高工资并非万能解决方案，还需要配套充足的资金支持，否则可能导致工作时间减少

① F. Vadean and S. Allan, "The effects of minimum wage policy on the long-term care sector," The Economics of Social and Health Care Research Unit, 2017. [Online]. Available: http://www.pssru.ac.uk.

② P. Osterman, Who will care for us? Long-term care and the long-term workforce. Russell Sage Foundation, 2017. [Online]. Available: http://www.jstor.org/stable/10.7758/9781610448673.

③ 同①。

④ M. El Khomri, "Plan national en faveur de l' attractivité des métiers du grand-âge 2020-2024," Ministère des Solidarités et de la Santé, 2019. [Online]. Available: https://solidarites-sante.gouv.fr/IMG/pdf/rapport_el_khomri_-_plan_metiers_du_grand_age.pdf.

⑤ P. Osterman, Who will care for us? Long-term care and the long-term workforce. Russell Sage Foundation, 2017. [Online]. Available: http://www.jstor.org/stable/10.7758/9781610448673.

⑥ R. Baughman and K. Smith, "Labor mobility of the direct care workforce: Implications for the provision of long-term care," Health Economics, vol. 21, no. 12, pp. 1402~1415, 2012.

或工作负担加重。

其三，通过加班和通勤时间补偿提高收入水平。美国《公平劳动标准法》使未持证的居家护理工作者能够获得加班工资：每周工作超过 40 小时的长期护理工作者有权获得额外工时的报酬。该法案还允许通勤时间补偿。2017 年，韩国引入了一项交通费用补贴。但需要注意的是，这项政策旨在提高服务使用者的服务质量，而非支持长期护理工作者。

其四，提高长期护理工作者的福利和财务激励改善其收入或储蓄。大约三分之二的 33 个经合组织国家至少向长期护理工作者提供一种现金福利，这些现金福利既可以直接支付给照护者（通过照护者津贴），也可以支付给需要照护的人，其中部分资金可用于正式补偿照护者。20 个国家直接向照护者支付款项，而 13 个国家则为照护接受者提供现金福利，这些福利可用于正式补偿照护者。荷兰、斯洛伐克共和国、西班牙、瑞典和英国（英格兰）提供这两种类型的现金福利。这些现金福利在除了爱尔兰、芬兰和瑞典之外的所有国家都不征税。

经过 20 多年的讨论，斯洛文尼亚于 2021 年通过了一项长期护理结构性改革，包括新的资金渠道、新的需求评估工具以及 5 个等级的分级量表。受益人可以选择接受现金补贴、居家正式护理或在长期护理机构接受正式护理。该法案将于 2024—2025 年间实施。韩国长期护理工作者（包括每月工作超过 60 小时的临时工）可参与国民养老计划、医疗保险计划、就业保险计划和工伤赔偿保险计划。

在津贴等现金补贴的发放方式上，一般采用直接补贴的形式，间接护理津贴的普及程度较低（直接现金补贴为 65%，间接现金补贴为 42%）。一些国家（如法国、德国和荷兰）要求护理接受者与其护理人员签订正式合同（或医疗计划）才能获得补贴。除挪威外，所有北欧国家都要求护理接受者与相关公共机构（通常是市政局）签订正式合同。这些间接护理津贴的优势在于管理更为规范，因此能为护理人员和护理接受者提供更多保障。

（2）工作条件与职业发展。长期照护行业的工作条件普遍较差，非标准就业形式普遍存在。数据显示，该行业的临时就业比例几乎是医院的两倍，约 50% 的工作者需要轮班工作，45% 是兼职工作。许多国家的兼职工作者希望增加工作时间，但无法如愿。工作者面临较大的身心健康风险，导致多个国家的病假率居高不下。为改善这一状况，一些国家采取了创新性措施。比如，澳大利亚引入了新的管理模式，通过灵活排班提高工作满意度[①]；荷兰推出教练项目；日本提供工作场所咨询服务以预防事故和职业倦怠。此外，一些国家如葡萄牙采用创新的团队工作方式，允许工作者在不同岗位间轮换，增加工作的多样性[②]。

（3）技能培训与发展。研究发现长期照护工作往往比表面看起来更为复杂，但工作者往往缺乏适当的技能培训。超过三分之二的国家个人护理工作者的任务已经超出了日常生活活动协助（如穿衣、卫生）的范畴，需要与其他专业人员合作。在四分之三以上的国家中，长期照护部门的护士需要承担案例管理任务，但她们缺乏足够的老年医学和人际交往技能培训。为应对这一问题，多个国家加强了培训力度。匈牙利在 2018 年引入了新的培训体系，包括针对长期照护工作领导者的特定管理培训；挪威政府资助护士攻读领导力技能硕士学位[③]。此外，一些国家开始尝试任务授权，允许经过适当培训的护理人员承担更多职责，但这也带来了工作压力增加的风险[④]。

（4）集体谈判与社会对话。集体谈判和社会对话在改善长期照护工作条件方面发挥着重要作用，但各国情况差异较大。在荷兰，主要雇主组织和工会可以就全行业范围内的协议进行谈判，2018—2019 年的协议内容要求在 2019 年年底将全行业工资提高 4%。芬兰的公共长期照护服务遵循市政服务协议。相比之下，在保加利亚、捷克和波兰，集体协议仅在企业进行，且协议数量相对较少。研究表明，缺乏部门内和跨部门协调的企业谈判往往导致

① J. Cohen-Mansfield and A. Bester, "Flexibility as a management principle in dementia care: The Adards example," The Gerontologist, vol. 46, no. 4, pp. 540~544, 2006.

② S. Hunt et al., "Registered nurse retention strategies in nursing homes," Health Care Management Review, vol. 37, no. 3, pp. 246~256, 2012.

③ R. Atwell, "Implementing transformational leadership in long-term care," Geriatric Nursing, vol. 32, no. 3, pp. 212~219, 2011.

④ S. Edwards, A. Bitton, J. Hong, B. Landon, G. Ritter, and L. Hicks, "Task delegation and burnout trade-offs among primary care providers and nurses in Veterans Affairs Patient Aligned Care Teams (VA PACTs)," The Journal of the American Board of Family Medicine, vol. 31, no. 1, pp. 83~93, 2018.

劳动力市场较差[①]。因此，建立健全的行业社会伙伴关系或制定适当的集体协议行政扩展机制十分必要。

这些问题的解决需要采取综合性政策措施。正如经合组织国家报告指出的，确保满足老年人的长期照护需求将有助于应对人口老龄化带来的挑战，提高社会成果。有效的政策组合包括提高该行业就业吸引力的措施，以及通过更好地利用技术和护理协调提高长期照护工作者的生产力。通过改善工作质量和培训提高留任率是发展适当长期照护人员的重要政策。

2. 改善工作条件和降低健康风险

（1）工作时间安排的优化。更好的工作时间安排对于提高长期护理工作者的留任率至关重要。研究表明，灵活的工作安排和自主排班可以显著提升工作满意度[②]。护理机构应当允许员工对班次和开始时间有一定的控制权，同时根据护理人员的个人情况（如年长员工）调整工作时间。对于兼职工作者，应提供增加工作时间的选择。此外，更好的日常工作和轮班计划也是必要的。这些措施不仅有助于提高工作效率，也能帮助员工实现更好的工作生活平衡[③]。

（2）健康和安全问题的处理。长期护理工作中的健康和安全风险需要系统的解决方案。首先，应实施压力管理的辅导项目，为员工提供就业管理建议的咨询服务[④]。其次，必须提供安全的病人搬运和转移培训，建立病人安全文化。最后，针对肌肉骨骼疾病的预防工作的实施也很重要，包括使用环境干预措施，如机械升降设备等[⑤]。这些措施可以有效降低工作伤害的发生率。

（3）工作场所安全措施。工作场所安全是留住员工的重要因素。加强劳

---

① Organisation for Economic Co-operation and Development, “OECD employment outlook 2018,” OECD Publishing, 2018.

② F. Colombo, A. Llena-Nozal, J. Mercier, and F. Tjadens, Help wanted? Providing and paying for long-term care. in OECD Health Policy Studies. OECD Publishing, 2011.

③ Organisation for Economic Co-operation and Development, “OECD employment outlook 2019: The future of work,” OECD Publishing, 2019.

④ P. Osterman, Who will care for us? Long-term care and the long-term workforce. Russell Sage Foundation, 2017. [Online]. Available: http://www.jstor.org/stable/10.7758/9781610448673.

⑤ H. Miranda, L. Punnett, R. Gore, and J. Boyer, “Violence at the workplace increases the risk of musculoskeletal pain among nursing home workers,” Occupational & Environmental Medicine, vol. 68, no. 1, pp. 52~57, 2011.

动监察、扩大职业安全与健康法规的覆盖范围是基础性措施①。实施预防性安全培训计划，制订工作场所暴力预防协议也很重要。此外，还需要建立保护面临安全问题员工的程序②。这些措施的综合实施可以创造一个更安全的工作环境，提高员工的安全感。

（4）支持项目的建立。完善的支持体系对提高员工留任率具有重要作用。提供指导和监督是基本要求；实施辅导项目（如荷兰政府的 20000 个工作场所教练）可以提供必要的支持。提供咨询服务（如日本的专业机构）也很重要。通过主管或护理经理建立支持系统，可以帮助员工更好地应对工作挑战③。这些支持措施可以提高员工的工作适应能力和职业发展潜力。

（5）环境干预措施。工作环境的改善对降低职业风险至关重要。首先，要安装适当的设备，如合适的座椅高度等④。其次，实施人体工程学解决方案，提供病人转移的机械辅助设备。最后，进行工作场所改造以减轻身体压力⑤。这些环境干预措施不仅可以降低工作伤害风险，还能提高工作效率和舒适度。

经合组织国家改善措施的实施效果已得到研究证实，包括降低人员流动率、改善工作生活平衡、提高工作满意度、降低工作相关伤害率、减少离职意向和改善员工健康状况⑥。不过，这些措施的成功实施需要雇主、员工代表、劳动监察部门和职业健康服务机构等多方利益相关者的共同参与和协作。只

---

① I. Needham, C. Abderhalden, R. J. Halfens, J. E. Fischer, and T. Dassen, "Non-somatic effects of patient aggression on nurses: A systematic review, " Journal of Advanced Nursing, vol. 49, no. 3, pp. 283~296, 2005.

② N. Perrin, N. Yragui, G. Hanson, and N. Glass, "Workplace violence against homecare workers and its relationship with workers health outcomes: A cross-sectional study, " BMC Public Health, vol. 15, 2015.

③ F. Colombo, A. Llena-Nozal, J. Mercier, and F. Tjadens, Help wanted? Providing and paying for long-term care. in OECD Health Policy Studies. OECD Publishing, 2011.

④ R. Coman, C. Caponecchia, and A. McIntosh, "Manual handling in aged care: Impact of environment-related interventions on mobility, " Safety and Health at Work, vol. 9, no. 4, pp. 372~380, 2018.

⑤ A. Ramsey and K. Montgomery, "Technology-based interventions in social work practice: A systematic review of mental health interventions, " Social Work in Health Care, vol. 53, no. 9, pp. 883~899, 2014.

⑥ Organisation for Economic Co-operation and Development, "Who cares? Attracting and retaining care workers for the elderly, " OECD Publishing, 2020.

有通过系统性的方法，才能真正改善长期护理工作者的工作条件，提高行业吸引力和留任率。

（三）降低长期照护人员的需求

虽然老龄化社会的到来，导致需要长期照护的老人数量上升，但还可以从减少需要照料的老人入手减轻未来长期照护的压力。通过提高生产力和加强预防措施来延缓长期护理需求恶化，从而帮助长期护理工作者实现更高效率的创新解决方案。这些政策对于使长期护理人员能够专注于基本护理并充分发挥其技能至关重要。目前在国际上主要聚焦在三个重要方面：技术应用、改善技能组合和帮助老年人健康老龄化。从目前情况来看，这些政策有望改善护理成效，但在技能、任务分配和员工参与度方面的劳动力障碍也需要得到解决。

1. 提高生产效率和延缓长期护理需求将提升护理质量

随着人口老龄化，护理服务的需求预计将会增加。此外，提供长期照护（LTC）的成本也在上升，部分原因是老龄人口对护理的需求增长，同时也因为在经济增长过程中劳动密集型服务往往会出现生产力下降（通常被称为鲍莫尔成本病）。在持续的用工需求压力下，能够提高长期护理工作者生产力的政策可能有助于在有限的劳动力条件下更好地满足老龄人口的需求。

鉴于该行业面临的从业人员短缺问题，迫切需要找到创新方法来缩小长期护理供需差距并提高长期护理工作者的生产力。其中一种方法是帮助长期护理人员以更智能的方式工作，确保相同数量的专业人员能够完成更多工作并提供更好的护理服务。这可以让专业人员从可以自动化的任务中解放出来，使他们能够专注于对需要护理的人来说最重要的服务。重要的是，这也可能有助于提升护理质量。可以通过三种方式更好地利用护理人员的时间：更智能地使用技术、改善劳动力技能组合和帮助老年人健康养老。

提高长期护理行业的生产力并非一项简单的工作，因为这是一个高度劳动密集型的行业。医疗和社会工作者执行的许多任务都难以标准化，需要由人来完成。护理行业的生产力普遍较低。针对英国的研究显示，社会护理行业在劳动生产力绝对水平上排在倒数第二位[①]。然而，最新证据表明仍有改进空间：最近的 Topol 评估指出，通过护理院、养老院与经验丰富的临床医生之间的远程会诊，约 38% 的全科医生转诊可以避免，救护车转运减少高达 40%[②]。

各国在其劳动力议程中，对长期护理人员的生产力这一议题的重视程度存在显著差异。在大约 60% 的国家（如奥地利、比利时、爱沙尼亚和德国），提高长期护理工作者的生产力是中高优先级事项。在其他国家（如卢森堡、塞浦路斯和保加利亚），这一问题被列为中低优先级。这种差异可能与各国不同的国家优先事项有关，但也可能缘于人们认为提高长期护理工作者生产力具有挑战性这一潜在观念。

2. 广泛应用新技术提高劳动生产率

新技术在支持长期护理工作者方面具有巨大潜力，特别是在改善与需要照护的老年人之间的沟通和监测、帮助记录和处理数据以及改善专业人员工作条件等方面。目前缺乏连接医疗和社会护理的统一电子记录可能会导致效率低下。在英国，据估计护理工作者 15%~70% 的时间用于行政任务[③]。在荷兰，护士约三分之一的时间用于行政报告，例如，为保险公司、政府部门等填写表格。

就技术在长期护理领域的应用展现出显著的发展前景，不仅有助于节省成本，还能提升护理质量和安全性。研究显示，社会护理领域约 30% 的任务具有自动化潜力，远程护理技术的应用已经在降低老年人住院率方面取得明显成效，如法国利穆赞地区的案例。越来越多的证据表明，技术服务和设备正在显著提高老年人的居家独立性和护理人员的工作效率[④]。具体而言，配备

---

① J. Forth and A. Aznar, “Productivity in the UK’ s low-wage industries, ” Joseph Rowntree Foundation, 2018.

② National Health Service, “Improving digital literacy, ” NHS England, 2017. [Online]. Available: https://www. hee. nhs. uk/sites/default/files/documents/Improving%20Digital%20Literacy%20-%20HEE%20and%20RCN%20report. pdf.

③ National Health Service, “Preparing the healthcare workforce to deliver the digital future – The Topol Review, ” Health Education England, 2019.

④ S. Carretero, “Technology-enabled services for older people living at home independently: Lessons for public long-term care authorities in the EU Member States, ” 2015.

先进算法的可穿戴设备支持远程监控，智能家居设备（如智能冰箱）和药物分配器促进自我护理，无声报警系统和智能过滤系统则有助于更精准地识别紧急需求。这些技术创新不仅优化了老年人的基本需求，也提高了专业护理人员的时间使用效率，为长期护理服务的质量提升提供了新的解决方案。

（1）创新技术正在缓慢但坚定地进入长期护理领域。第四次工业革命已经到来，并日益影响着我们生活的各个领域，长期护理行业也不例外。养老院、居家护理服务和其他社区服务正在逐步接纳科技，不仅用于支持员工提供服务，也用于改善居民的健康和参与度。这些工具的应用范围从简单易用的技术，如智能手机、报警系统、传感器和 GPS 监控器，到更复杂的设备，如监护和陪护机器人，以及全方位的技术，如自给自足的智能家居。

目前使用的大多数技术都具有较低的准入成本且易于获取。长期护理行业当前使用的技术大多是那些生产边际成本低且容易获得的技术，包括报警系统、摄像头和运动检测传感器等。这些设备的普及程度在不同国家之间和国家内部都存在显著差异。私营养老院、居家护理服务机构或那些获得更多公共资金支持的机构，往往是创新技术更为普遍的地方。各国也在较小程度上探索更复杂的技术，包括可以替代或补充长期护理工作者的人形机器人，以及支持独立生活的全功能智能家居。

从目前情况来看，绝大多数国家在长期护理服务中使用辅助技术。辅助技术包括在家庭中使用或安装养老院的传感器，如连接到智能手机的传感器。它们帮助专业人员监控被护理者，从而节省了他们的时间。在养老院中使用这些设备可以减轻员工的压力。它们允许团队间的沟通（如养老院与医院之间），支持护理提供者的自主性，并使护士能够服务于多个被护理者的家庭。远程护理和自我管理技术的使用也相当普遍。这些技术包括用于老年人心理运动技能训练的互动程序（如在德国使用的）或供老年人锻炼和社交的专用健身房。

此外，社交技术也被用作连接医疗专业人员之间或与用户之间的方式。例如，在挪威，一款类似于 Whats App 的社交媒体应用程序连接了在同一地区工作但服务不同客户的护士。这有助于她们分享专业建议，这在居家护理服务中尤为重要。在法国伊勒—埃—维莱讷地区，实施了一种新的远程处理工具，允许护士实时沟通，更容易协调工作时间表，并以安全的方式共享医疗数据。

与其他行业相比，长期照护（LTC）工作的自动化风险较低。新技术，如机器人和人工智能（AI），正在颠覆并自动化人们的工作。长期护理行业也不例外。人形机器人的发展已经相当先进，它们可能在未来长期护理服务中扮演更重要的角色。例如，Pepper[①] 和 Paro[②] 能够读取并响应人类的互动和情感，记忆个性特征，玩记忆游戏，发送电子邮件和展示视频。它们成功地取代了医院和养老院的医疗和社会工作者，研究表明，它们有助于应对孤独并与老年人建立社会联系。

对于长期照护职位来说，机器人所带来的影响尚不确定。与其他行业相比，长期照护职位的自动化风险相对较低。证据表明，健康助理专业人员和个人护理工作者在高风险（10%）和显著风险（30%）自动化的工作比例上，与信息和通信技术（ICT）专业人员相当。这些比例与采矿、建筑、制造和运输业或销售行业的工作者面临的风险相比相对较低。

然而，长期护理职位的未来将取决于技术发展持续演变的速度，但更主要的是技术普及和采用的速度。尽管如此，机器人和人工智能更可能在很大程度上协助和辅助长期护理工作者的工作，而不是完全取代。某些任务的自动化有可能为护士和个人护理人员腾出时间，让他们能够花更多时间处理需要人际交往技能的护理任务，如沟通和团队合作。

长期护理领域的更多创新、数字化和自动化也可能带来新的就业机会。这些机会可能包括能够将健康和技术开发之间的知识结合起来的职位。充分利用这些机遇并确保变化带来有利结果，将需要机器学习工程师和数据科学家与护理工作者共同合作。数字化时代，这些职业可以为与系统治理和政策决策相关的非临床但非常重要的活动增加很多价值。

（2）制定相关政策保证长期护理工作者能够从技术发展中获益。长期护理工作者需要支持才能更好地利用新技术。这可以通过三种方式实现：提高

① Pepper 机器人由日本软银公司设计，最初是作为陪伴型机器人研发的。然而，目前它已被应用于不同场景，如在比利时的医院里为患者指引各个科室方向，或者作为社会工作者参与社区互动、提高公众意识以及协助开展其他活动。

② Paro 是一款由日本国立先进工业科学技术研究所开发的治疗用机器海豹。它的行为可以根据患者的需求进行编程。制造商进行的初步小规模研究发现，这款机器人在促进老年患者之间的互动和交流方面取得了积极的效果。

他们的数字技能，促进对技术如何支持护理人员工作的更好理解，以及调整相关法规。

提高专业人员的数字技能。护理工作者需要具备数字素养。这指的是个人在数字化工作场所和社会中有效学习、工作和发展的能力[①]。具有数字素养的护理人员将会带来诸多优势。精通数字技术的护理人员将能够与家庭和机构提供者共享数据和数字护理计划。数字技能可以改善决策能力，减少重复性和体力劳动任务，提高灵活性和生产力[②]。提高该行业的数字素养不仅有助于吸引和留住护理工作者，还可以吸引具有其他技能的人才从事护理工作。具备数字素养的居家护理提供者还可以帮助护理接受者使用应用程序，并与其家人和朋友进行数字连接。某些任务的自动化意味着工作者将有时间承担更复杂的任务，如在新情况下解决问题，他们需要具备扎实的读写、计算和问题解决能力，同时具备自主性、协调能力和协作技能，以及信息通信技术技能。

提升护理工作者的数字技能需要在初始教育和培训中对技术使用技能进行全面和定期更新。一些经合组织国家已实施全国性战略，以提高初始教育中护理工作者的数字技能。例如，挪威正在实施 2020 年能力计划，重新制定卫生和社会工作者课程，包括 12 个新的学习成果，其中包括技术使用和开发。在英国，数字技能被视为长期护理工作者的核心技能，但未具体说明护理工作者需要发展的基本能力。为弥补这一点，慈善机构和其他非政府组织已设计出定义社会护理核心数字技能的框架。

鉴于新技术发展速度之快，当前的长期护理工作者也需要技能提升和再培训。在 2016 年欧洲成人数字技能调查中，87% 的受访者表示，在过去五年中，信息通信技术改变了个人护理工作者的工作任务，86% 的人认为这种趋势将在未来五年继续。雇主有责任营造学习环境，确保护理工作者在信息通信技术方面得到再培训和技能提升。访谈数据显示，护理人员培训往往是

① National Health Service, "Improving digital literacy," NHS England, 2017. [Online]. Available: https://www.hee.nhs.uk/sites/default/files/documents/Improving%20Digital%20Literacy%20-%20HEE%20and%20RCN%20report.pdf.

② Skills for Care, "Core digital skills in social care," Skills for Care, 2016. [Online]. Available: https://www.skillsforcare.org.uk/Documents/Topics/Digital-working/Core-digital-skills-in-socialcare.pdf.

根据养老院和居家护理服务中使用的设备和工具临时进行的。建议增加基于健康状况的数字素养促进项目，并提高对远程护理的认识[①]。还应支持不同的学习方法，包括非正式学习和社交学习。例如，使用数字领军者（如在英国）是促进数字技能的一种成功方式。这些熟悉技术的员工可以作为其他员工的老师或知识中心。研究发现，数字领军者能够促进学习并为同事提供各种支持[②]。

（3）长期护理工作人员对新技术表现出抵触情绪。长期护理工作人员在采用新技术时可能会表现出一定程度的抵触。他们的担忧通常因为护理的去个性化、害怕失去地位和相关性，或对使用新技术的机会和好处认识不足[③]。一项范围性综述发现，护士及其他社会护理工作者在使用类人机器人时担心护理对象的安全和隐私[④]。一些人还认为，使用技术可能会将诊断的艺术从长期护理工作人员转移到算法上，可能会加剧现有的不平等。许多长期护理工作人员不信任数据，这可能会削弱临床判断。

在长期护理领域推广技术创新，需要建立全面的变革文化和有效的实施策略。研究表明，成功的技术创新依赖于护理人员的积极参与和认同。例如，比利时佛兰德护理计划通过创新应对人口老龄化挑战，重点发展辅助技术、监控应用和信息通信技术等领域。研究发现，具有良好团队合作和沟通机制的护理机构在技术创新方面表现更佳[⑤]。当护理人员在技术丰富的环境中工作

---

① V. Waights, P. Bamidis, and R. Almeida, “Technologies for care – the imperative for upskilling,” 2018. [Online]. Available: http://oro. open. ac. uk/55287/.

② E. Kispeter, “What digital skills do adults need to succeed in the workplace now,” Warwick Institute for Employment Research, 2018.

③ A. Ramsey and K. Montgomery, “Technology-based interventions in social work practice: A systematic review of mental health interventions,” Social Work in Health Care, vol. 53, no. 9, pp. 883~899, 2014.

④ I. Papadopoulos, C. Koulouglioti, and S. Ali, “Views of nurses and other health and social care workers on the use of assistive humanoid and animal-like robots in health and social care: A scoping review,” Contemporary Nurse, vol. 54, no. 4~5, pp. 425~442, 2018.

⑤ A. Avgar, P. Tambe, and L. Hitt, “Built to learn: How work practices affect employee learning during healthcare information technology implementation,” MIS Quarterly, vol. 42, no. 2, pp. 645~659, 2018.

时，他们普遍认为收益超过了实施过程中的困难[①]。为促进技术创新的有效实施，一些国家采取了积极措施，如挪威和英国培训护士掌握技术开发基础知识，而比利时、法国、德国和瑞典则建立创新孵化器，促进技术专家与医疗专业人士的合作。这种趋势在日本和英国等国家已显示出可观的市场潜力，如日本个人护理机器人市场预计到 2035 年将增长至 37 亿美元[②]。这些发展不仅提升了护理质量，还为长期护理工作者创造了新的职业发展机会。

技术在长期护理领域的快速发展带来了新的监管和培训需求，特别是在数据安全、伦理规范和基础设施建设方面。随着技术赋能护理的普及，各国需要更新和完善相关法规，以规范医疗卫生和社会工作者使用技术的方式。特别是在处理老年人敏感信息时，需要建立严格的数据安全和隐私保护机制。研究显示，目前人工智能在医疗健康领域的应用仍面临监管不足的问题，如英国调查发现，仅 18% 的人工智能健康和社会项目获得监管批准，而 78% 的受访者认为监管对实现人工智能潜力至关重要[③]。各国已开始采取积极措施，如德国通过《预约服务与供应法》推进电子健康记录的普及，并完善基础设施建设。然而，农村地区的互联网覆盖不足和老年人家庭仍在使用模拟电话等问题，可能导致护理服务获取的不平等。为应对这些问题，各国需要加大对护理工作者技术培训的投入，特别是在健康数据管理、人工智能伦理、机器人技术应用等方面的教育。同时，建立更强有力的技术监管框架，不仅有助于保护用户权益，也能增强护理人员和受护理人对新技术的信任，从而促进技术在长期护理领域的有效应用。

3. 改善技能组合提高长期护理生产率

技能组合的改善是提高长期护理生产力的重要途径之一。当前长期护理人员的技能与工作要求之间存在不匹配现象，这种不匹配可能导致人力资本

---

① M. Ruiz Morilla, M. Sans, A. Casasa, and N. Giménez, “Implementing technology in healthcare: Insights from physicians, ” BMC Medical Informatics and Decision Making, vol. 17, no. 1, 2017.

② S. Rimpiläinen, C. Morrison, and L. Rooney, “Review and analysis of the digital health sector and skills for Scotland, ” Social Work in Health Care, vol. 53, no. 9, pp. 883~899, 2014.

③ National Health Service, “Accelerating artificial intelligence in health and care: Results from a state of the nation survey, ” The Academic Health Science Network, 2018.

浪费、工作满意度降低，以及服务质量较低和安全方面的潜在风险。在这一背景下，任务委派作为一种重要的技能优化手段值得关注。

自 2011 年以来，约三分之一的经合组织国家在长期护理领域实施了任务委派制度。然而，任务委派制度的实施程度和范围在不同国家间存在显著差异，这主要受到各国长期护理组织结构、法规体系以及管理体制的影响。在允许任务委派的国家中，委派任务的范围从基础医疗操作到复杂的医疗程序不等，且通常需要配套相应的培训机制。例如，以色列允许护士执行较广泛的医疗操作，而荷兰则将授权范围限制在特定医疗程序上。

任务委派的发展主要受两个因素推动：护理人员短缺和医疗技术进步。在护理人员短缺的情况下，任务委派成为解决人力资源不足的重要手段。同时，数字化技术的发展为任务委派提供了新的可能性，使得个人护理员能够承担更多的基础医疗监测任务。然而，任务委派的实施需要建立在严格的监控和培训体系基础之上，以确保护理质量和安全性。一些国家已经开发出创新性的方法以降低任务委派中的潜在风险，如葡萄牙采用预包装药物剂量的方式以减少用药错误。

研究表明，任务委派对长期护理质量和效率具有积极影响。Lichtenstein 等的研究发现，在跨学科团队管理计划中实施任务委派与社区实践中护理质量的提高存在正相关关系。此外，将某些行政任务委派给个人护理工作者可以提高护理劳动力的整体生产力，使护士能够更专注于核心医疗服务和护理协调工作。在家庭护理环境中，合理的任务委派可以提高服务效率，减少不必要的时间浪费[①]。美国加利福尼亚州的“增强家庭护理”试点项目证实,通过对个人护理工作者进行额外培训，可以显著改善药物依从性和患者健康状况[②]。

然而，任务委派也面临着诸多挑战。医生向护士的任务委派可能因沟通

① B. Lichtenstein, D. Reuben, A. Karlamangla, W. Han, C. Roth, and N. Wenger, “Effect of physician delegation to other healthcare providers on the quality of care for geriatric conditions, ” Journal of the American Geriatrics Society, vol. 63, no. 10, pp. 2164~2170, 2015, doi: 10. 1111/jgs. 13654.

② P. Osterman, Who will care for us? Long-term care and the long-term workforce. Russell Sage Foundation, 2017. [Online]. Available: http://www. jstor. org/stable/10. 7758/9781610448673.

障碍和责任分配问题而受阻[①]。护士在接受委派任务时可能面临更大的压力，特别是在处理复杂病例时，可能增加职业倦怠风险[②]。同样，护士向个人护理工作者委派任务也需要更高水平的培训和指导，且存在护理质量控制的潜在风险[③]。

为了更好地实现技能组合的优化，一些国家正在进行制度创新。例如，荷兰通过立法改革以明确不同教育背景的护士的工作职责和技能要求，建立更清晰的职业发展路径。这种做法有助于实现技能、任务和工作角色之间的更好匹配，提高长期护理系统的整体效率。

总的来说，改善技能组合通过任务委派这一途径能够提高长期护理的生产力，但其成功实施需要建立在完善的培训体系、严格的质量监控以及合理的制度设计基础之上。未来的发展方向主要是着重于如何平衡效率提升与护理质量保障之间的关系，同时考虑护理人员的职业发展需求和工作压力管理。

4. 鼓励老年人自助有助于延缓对长期护理的需求

随着人口老龄化，对长期护理服务的需求预计将持续增长。在这种背景下，帮助老年人保持健康和自主性变得尤为重要。许多国家正在致力于帮助老年人健康老龄化或在失能时恢复自主能力的活动。这些措施主要包括以下几方面。

（1）预防措施和康复活动的重要性。预防性安全措施对减轻长期护理压力具有重要意义。根据世界卫生组织的估计，全球每年有 28%~35% 的 65 岁及以上老年人发生跌倒，超过 3000 万起跌倒事件需要医疗救治[④]。在英国，65

① J. Tjia, K. M. Mazor, T. Field, V. Meterko, A. Spenard, and J. H. Gurwitz, “Nurse-physician communication in the long-term care setting: Perceived barriers and impact on patient safety,” Journal of Patient Safety, vol. 5, no. 3, pp. 145~152, 2009.

② S. Edwards, A. Bitton, J. Hong, B. Landon, G. Ritter, and L. Hicks, “Task delegation and burnout trade-offs among primary care providers and nurses in Veterans Affairs Patient Aligned Care Teams (VA PACTs),” The Journal of the American Board of Family Medicine, vol. 31, no. 1, pp. 83~93, 2018.

③ M. Denton, “Task shifting in the provision of home and social care in Ontario, Canada: Implications for quality of care,” Health and Social Care in the Community, vol. 23, no. 5, pp. 485~492, 2015.

④ National Council for Ageing, “Fact sheet: Falls,” National Council for Aging Care, 2018. [Online]. Available: https://www.aging.com/falls-fact-sheet/.

岁及以上人群的跌倒和骨折每年占用超过 400 万住院日，脆性骨折的成本约为 44 亿英镑[①]。研究表明，仅运动就可以减少 10% 的跌倒发生率；如果重点关注平衡能力，这一比例可以提高到 25%[②]。预防认知能力下降也有助于老年人继续独立完成日常任务。随着年龄增长，概念推理、记忆力和信息处理速度等能力会逐渐下降。多领域生活方式干预研究表明，同时管理多个和生活方式相关的风险因素可以改善老年人的认知功能[③]。

（2）提高长期护理工作者的沟通技能和健康素养知识可以加强针对老年人的预防政策。研究显示，至少三分之一的经合组织国家人口可能存在较低的健康素养水平，而老年人是高风险群体。美国和加拿大等国家已制定了针对老年痴呆症、听力障碍或记忆力丧失等特定疾病患者的沟通指南。在法国，培训长期护理工作者了解接受者的健康知识需求已显示积极成效，这不仅改善了护理体验，还增强了生活方式咨询的影响力，加强了医生与体弱老年人之间的联系[④]。

（3）越来越多的国家正在投资康复或重建能力项目，帮助老年人恢复自主能力。这些政策通常针对生活在社区中的体弱老年人，其成本效益和整体积极影响已得到越来越多的证据支持。例如，丹麦的 Fredericia 康复模式显示出显著的积极成果，参与者的功能能力得到恢复，护理需求明显减少。一些国家正在增加作业治疗师和物理治疗师的数量，以开展此类活动，重点关注更好、更以人为本的资源使用。

（4）通过技术创新和改进护理协调也可以支持老年人自助互理。日本和北欧国家等正在逐步将创新技术引入长期护理领域。虽然目前大多数技术仍较为简单，如智能手机、报警系统、传感器和 GPS 监控器，但监控和陪护机

---

① National Health Service, “Improving digital literacy, ” NHS England, 2017. [Online]. Available: https://www. hee. nhs. uk/sites/default/files/documents/Improving%20 Digital%20Literacy%20-%20HEE%20and%20RCN%20report. pdf.

② H. Oxley, “Policies for healthy ageing: An overview, ” OECD Publishing, 2009.

③ T. Ngandu et al. , “A 2 year multidomain intervention of diet, exercise, cognitive training, and vascular risk monitoring versus control to prevent cognitive decline in at-risk elderly people (FINGER): A randomised controlled trial, ” The Lancet, vol. 385, no. 9984, pp. 2255~2263, 2015.

④ L. Moreira, “Health literacy for people-centred care: Where do OECD countries stand?, ” OECD Publishing, 2018.

器人或全方位智能家居等更复杂的设备已开始出现[①]。

总的来说，通过预防措施、提高健康素养、康复项目以及技术支持等多种方式鼓励老年人自助，不仅可以帮助他们保持更好的生活质量，还能有效延缓对长期护理的需求（表 8–2）。这需要长期护理工作者具备评估老年人需求的能力，同时也需要政策制定者的支持与激励[②]。未来，随着老年人口的增加，这种以预防为导向、促进自助的方式将变得越来越重要，这需要政策制定者、医疗卫生机构和社会各界的共同努力和持续投入。

表8–2 增加长期照护服务供给的劳动力政策

	招聘措施	公共培训	增加工资和福利	改善工作条件	提高社会地位/职业形象	管理改善	生涯规划	资格认证	人力资源规划	其他措施
澳大利亚	※	※					※			※
奥地利					※		※			
比利时	※	※	※						※	
加拿大	※								※	
捷克共和国		※	※							
芬兰		※		※						
法国	※	※	※	※	※	※	※			
德国	※	※	※	※	※	※			※	
爱尔兰	※				※					
日本	※		※	※	※			※		
韩国	※		※	※	※			※		
墨西哥										
荷兰	※					※			※	※
新西兰	※	※	※						※	
挪威	※	※		※	※	※	※	※	※	※

① J. Broekens, M. Heerink, and H. Rosendal, "Assistive social robots in elderly care: A review," Gerontechnology, vol. 8, no. 2, pp. 94~103, 2009.

② H. Oxley, "Policies for healthy ageing: An overview," OECD Publishing, 2009.

续表8-2

	招聘措施	公共培训	增加工资和福利	改善工作条件	提高社会地位/职业形象	管理改善	生涯规划	资格认证	人力资源规划	其他措施
斯洛伐克			※							
斯洛文尼亚			※							
瑞士		※		※					※	
英国	※	※			※	※	※	※	※	※
美国	※		※	※		※	※	※	※	※

来源：OECD，Help Wanted? Providing and Paying for Long-term Care，Paris 2011，p. 191

四、经合组织国家家庭照护者相关支持政策

（一）家庭照护者的社会支持政策

家庭成员和其他非正式照料提供者承担了非常大的照料责任。数据表明，正式照料仅仅代表了“照料冰山”露出海面的部分。非正式照料对照料接受者来说，有着经济的、健康的和社会的利益，也能够降低总体的公共长期照护支出[①]。但是，非正式照料者面临着生理和心理的压力，可能会导致身体健康状况的恶化。进而，照料责任也会减少正规的劳动力市场参与，但是，劳动参与率的增长，尤其是女性，会降低非正式照料供给。这些因素促使政策制定者需要充分考虑支持非正式照料者在照料和就业之间的平衡。

工业化国家对家庭照护者提供支持政策，一般以提高照料者的知识水平及情绪支持为手段，减轻照料者因照料产生无尽的负担感，或为照料者提供经济支持。对家庭和其他非正式照料者的支持政策在不同国家差异较大，充分反映了非正式照料的社会价值、非正式照料者鼓励参与劳动力市场的程度以及正式长期照护覆盖和提供体系的组织的差异。对非正式照料者的支持可以采取经济或非经济的形式。前者对非正式照料服务赋予了货币价值，减轻

① C. H. Van Houtven and E. D. Norton, “Economic effects of informal care,” Swiss Journal of Economics and Statistics, 2006.

了照料者的经济负担。可能由照料者津贴、照料期间的薪酬或税收或养老金组成，适用于有酬工作人员和非经济活动的照料者。后者，如暂替照料、照料假期和辅导，降低了非正式照料者的身体和心理负担，这对提供的照料服务质量有着积极的影响。在不同国家，这些收益有着不同的门槛标准和水平。具体的政策包括提供信息与培训、暂替照料、税收减免以及企业和私营机构行为规制等政策。

1. 提供非常具体的技能培训

例如，如何进行翻身以保证背部不扭伤，或者提供照料者团体心理训练和个体咨询。许多国家采取措施改善非正式照料者的工作条件，减少压力和健康恶化的风险[①]。这些措施包括提供暂替照料和心理辅导。例如，在澳大利亚的家庭和社区照料项目提供心理辅导、信息共享和倡议。在卢森堡，照料接受者享有额外的每年 3 周的护理津贴以支付给暂替照料人员，以及临时性居住在养护院的资助。家庭照护者也能够从额外的照料培训和照料减轻中受益。在英国，可以提供在日间照料中心和居家短期照料的服务。在美国，各州为照料者提供帮助、心理辅导和培训以及暂替和补充服务。

2. 提供某种形式的暂替照料，临时减轻照料者的负担

正式的暂替照料服务在有些发达国家如澳大利亚、美国、英国等国以单独项目存在，有的还成为长期照料护理保险的一部分，如德国和日本。供家庭任务的暂替照料在荷兰并不总是可得的，而在波兰，暂替照料单位在大城市还是较为丰富的。

3. 雇主福利项目

为缓解照料需求与工作需求之间的矛盾，有的国家（如瑞典、美国）要求企业提供带薪假期以照顾失能或患病的家属，有的企业（通常是大企业）为家庭照护者提供相应的福利项目。大多数的经合组织国家通过照料津贴的形式资助非正式照料者。对受雇群体来说，照料津贴可以采取请假时的收入保证的形式，请假允许长期照护人员通过减少他们工作时间进行联合和照料服务的递送。在许多北欧国家，这样带薪休假的薪酬水平是非常高的（在瑞

① B. -K. Yoo, J. Bhattacharya, K. M. McDonald, and A. M. Garber, "Impacts of informal caregiver availability on long-term care expenditures in OECD countries," Health Services Research, vol. 39, no. 6, Pt. 2, pp. 1401~1432, 2004.

典是平时工资的 80%，在荷兰是 70%），但是这样的照料假期时间相对较短。另一方面，挪威和希腊的长期照护人员在照料假期间并不会获得补偿，而在日本，会有着相对较长的假期（93 天），假期的工资水平相当于平时的 40%，收入来源于雇主或从他们的保险基金中支付。澳大利亚和加拿大的照料者津贴规定了照料期间工资补偿的最高限额。因为天花板效应的存在，照料的机会成本高，特别是那些寻求职业照料的高收入者。

4. 对家庭照护者的经济支持

包括进行税收减免或直接提供补贴，还有极少数国家为了解决因照料老人养老金不足而给予的养老金补贴（如德国）。照料假期政策在一些经合组织国家也在实施，直接增加了长期照护部门额外的人力资源，而原有的工作不变。与带薪休假的持续时间、享受规则以及休假的薪酬的不同，反映了政府政策的优先次序。尽管不同国家的安排不同，但那些临时离开工作岗位、作为家庭成员或朋友来照料老人者，在重新工作赚取相同收入时会遇到困难。例如，对美国的女性[①]、欧洲（除某些国家，非全部）国家来说，在完成照料工作后她们的工作时间一般略微有些下降。

总的来说，很难将经济激励（照料津贴、税收和养老金减免）的相关政策在不同国家间进行比较。在一些管理或照料体系分散的国家或国家内部，制度规则和受益方式均有所不同。合格标准是基于依赖程度和照料需求（如法国和德国），或基于与照料接受者的法定亲属关系（不同国家界定有所差异），或基于共同居住（如澳大利亚和加拿大）。当然，也需要经过收入审查（如加拿大、法国、芬兰和英国），或照料提供的最低需求标准（如澳大利亚、瑞典和英国）。照料津贴一般会在照料期间提供，但是在照料工作结束后仍可继续领取（如挪威和英国）。在某些国家，非正式照料者可以享受优惠的收入待遇，他们可以全部或部分偿还长期照护支出（如澳大利亚、加拿大、法国、德国、荷兰和美国），或者在照料期间享受养老金折扣（如芬兰、法国、德国、荷兰、挪威和英国），但是照料津贴有时会收税（如澳大利亚、加拿大、挪威和英国）。

---

① E. K. Pavalko and J. E. Artis, “Women’s caregiving and paid work: Causal relationships in late midlife,” The Journals of Gerontology: Series B, Psychological Sciences and Social Sciences, vol. 52, no. 4, pp. S170~S179, 1997.

5. 支持家庭和其他非正式照料安排

对家庭和其他非正式照料者的支持政策，不同国家差异较大，充分反映了非正式照料的社会价值、非正式照料者鼓励参与劳动力市场的程度以及正式长期照护覆盖和提供体系的组织的差异。学者对于正式照料对非正式照料的挤出效应的研究较为热烈。有学者发现更高的正式照料支出会减少非正式照料的发生率，但也发现正式家庭照料并没有对家庭或其他非正式照料者形成完全的替代。

对非正式照料者的支持可以采取经济或非经济的形式。前者对非正式照料服务赋予了货币价值，减轻了照料者的经济负担。可能由照料者津贴、照料期间的薪酬照付或税收或养老金组成，适用于有酬工作人员和非经济活动的照料者。后者，如暂替照料、照料假期和辅导，降低了非正式照料者的身体和心理负担，这对提供的照料服务质量有着积极的影响。在不同国家，这些收益有着不同的门槛标准和水平。

非正式照料者的非经济支持看起来并不充分，这也意味着非正式照料者的贡献并没有被意识到。例如，提供家庭任务的暂替照料在荷兰并不总是可得的，而在波兰，暂替照料单位在大城市还是较为丰富的。

（二）澳大利亚家庭照护者经济支持政策

1. 税收优惠政策

（1）照料者税收抵免。照料者的税收抵免政策，主要面向那些照顾成年依赖者或老年亲属的照料者。基本的资格条件是要求照料者必须与照料接受者共同居住，照料接受者必须是照料者（其配偶或公婆、岳父母）的父母、子女，或兄弟姐妹，或侄子、阿姨、叔叔，或祖父母、孙子。照料接受者必须是因为精神或身体失能而需要接受照料，或者是1945年之前出生的父母或祖父母。

如果照料接受者已经申请合法的税收减免，照料者就无法进行申请。在2010年，最大的税收抵免是4223美元。而且要求照料接受者的净收入低于18645美元才能获得税收抵免。在加拿大的许多省，为照料者提供了额外的税收抵免政策。如在新斯科舍省，照料者的税收抵免政策与联邦政府的税收抵免政策比较相似，而在马尼托巴湖省，税收抵免政策规定最多抵免1275美元，最为重要的是可以退还的。

（2）18 岁以上弱依赖者税收抵免。这项税收抵免面向照顾有依赖的成人亲属的照料者。照料接受者必须是照料者（其配偶或公婆、岳父母）的父母、子女，或兄弟姐妹，或侄子、阿姨、叔叔，或祖父母、孙子。和照料者税收抵免政策不同，这项抵免政策并不需要照料接受者与照料者共同居住，但是，在其他人申请符合依赖者税收优惠，或为照料者申请照料税收抵免的情况下，照料者就不能申请此项目。到 2010 年，最大的抵免是 4223 美元。要求接受照料者的收入低于 10215 美元。这是一个不可返还的抵免政策。

（3）从照料接受者转移的失能税收抵免政策。这项抵免主要面向那些需要照料并且符合失能税收抵免政策的亲属照料者。照料接受者必须是照料者（其配偶或公婆、岳父母）的父母，或兄弟姐妹，或侄子、阿姨、叔叔，或祖父母、孙子。当失能的配偶、公婆或岳父母已经为失能者申请失能税收抵免或其他非返还的税收抵免项目（不是其他医疗支出），照料者就不能申请此项目。2010 年最大的抵免额是 7239 美元。这是一项不可返还抵免。

（4）医疗支出税收抵免。这项抵免政策主要面向需要照顾的成年父母或孩子亲属的照料者。照料接受者必须是照料者的配偶，或公婆、岳父母，或他们的配偶、公婆、岳父母需要照顾的孩子。在 2010 年，支出必须超过净收入的 3%，或者 2024 美元，如果低于这一标准，将不会有任何抵免。照料者如果支付部分医疗费用，也可以申请医疗支出税收抵免。

（5）其他可申请的支出项目。还有一些费用可以纳入减免的范围。如医生、牙医或护士，以及在公立医院或许可的私立医院的支出，涵盖直接支付的费用，或租赁必要设备的租金。

2.“照料者津贴”项目

“照料者津贴”项目在 1999 年建立，是一项主要面向照料严重失能或患重病的成人或儿童的照料者的收入补充计划。是一项有限的、非税收入为 90 美元 / 两周，津贴的主要目的是帮助那些照料需要照顾的老人或儿童的照料者的额外成本支出。

（1）基本资格。居家照料条件：①有共同生活的 16 岁以下失能或严重疾病孩子 1 个；②有 2 个及以上 16 岁以下共同生活的孩子、总计达到第 1 项所列孩子资格情况；③有超过 16 岁失能或严重疾病或脆弱的老人。

（2）照料者的要求。①照料者和被照料者必须都为澳大利亚公民，并在澳大利亚居住，若持续获得津贴，则必须一直在澳大利亚居住；②照料需求：必须是为失能或患有严重疾病的老人每天额外提供照料，可以获得超过 1 个人的津贴；③收入或资产要求：无任何收入或资产要求，不管获得的收入状况如何，满足资格条件均可以获得照料津贴。

（3）被照料者的要求。16 岁以上需要照料的人员要求：在成人失能评定确定（Adult Disability Assessment Determination 1999，ADAT）中的得分很高，并失能至少持续 12 个月，除非中止；照料必须是在被照料者家、照料者家或医院；没有收入或资产的要求。

（4）资格和支付标准。①照料者与被照料者必须同时满足要求的条件，才能有资格领取；②支付标准与收入或资产无关，而且获得的津贴不纳入应征税额内，支付标准每年 1 月 1 日随生活调整一次；③被照料者超过 16 岁的津贴标准是 124.70 美元 / 两周；④如果照料孩子或其他人父母（并不是自己的父母），获得津贴的一部分，其他的照料者获得剩余部分，与个人提供的照料多少有关。

3.“照料者收入”项目

澳大利亚有两种类型的直接补贴项目：“照料者津贴”项目和“照料者收入”项目。“照料者收入”（之前叫“照料者养老金”）项目是一项面向低收入照料者的支持项目，主要为面向那些因承担照料责任而不能全职工作的人提供的平均水平的救济金。与其他社会保险金支付水平相同，其接受者也可以申请其他形式的资助项目，如公共事业津贴或电话津贴。

（1）基本资格。①申请人必须正在照料 1 个以上 ADAT（Adult Disability Assessment Determination，1999）或 DCLAD 得分较高、有着照料需求的照料接受者，而且至少持续了 6 个月或其余生低于养老金收入和资产核查限制，另外，申请人与照料接受者都必须为澳大利亚国籍，并在澳大利亚居住。若要持续得到项目资助，必须一直有澳大利亚国籍；②申请人必须是澳大利亚居民，在申请之前在澳大利亚居住时间超过 104 周。如果申请人是澳大利亚公民，或以难民身份进入澳大利亚，或持有特别签证则不必有 104 周的等待期。

（2）照料者条件。作为合格的申请者必须在家提供持续的照料，包括：严重失能或患有严重疾病的脆弱老人，或 2~4 个年龄在 16 岁以下孩子的照料需求加总后与 1 个特别需要照顾的孩子需求相当，或 1~2 个 16 岁以下和 1 个成人需求加总后与 1 个特别需要照料孩子相当，或 2 个以上 16 岁以下需要同时照料的孩子。申请者的收入要求低于收入评审标准、自有资产低于资产评审标准。

如果除照料外，主要照料者还从事其他 25 小时（含通勤时间）以上的活动，如有酬工作、自愿工作、学习或培训，则仍可获得相应的补贴，但要求申请者必须仍然是主要照料者，而且申请得到的补贴与获得的收入有关。

（3）照料接受者条件。照料 16 岁以上成人的要求：照料接受者的 ADAT 得分必须足够高，而且患有疾病或失能可能至少持续 6 个月以上或疾病晚期，必须在照料接受者家、照料者家或医院接受照料。

如果接受照料者没有养老金或来自退伍军人事务部的收入，必须满足：收入必须少于每年 109917 美元、资产低于 67.8 万美元（资产不包括居住房屋等条件）。

（4）支付水平和标准。每年的 3 月 20 日和 9 月 20 日进行支付标准调整，以适应生活成本的调整。不同的关系状态会影响到获得的收益水平。

表8–3 不同关系状态照料者收入标准

每两周的支付标准	单身	夫妇分开居住	夫妇共同居住	因病夫妇分开居住
最高基本标准	$814.00	$613.30	$1，227.20	$814.00
最高养老金补贴	$66.30	$50.00	$100.00	$66.30
能源补助	$14.10	$10.60	$21.20	$14.10
合计	$894.40	$674.20	$1，348.40	$894.40

（三）典型国家的非经济支持政策

从官方的政策意图来看，家庭照护者并不是长期照护体系的重要服务对象，一般并不会直接赋予相应的权利，而是通过被照料者间接接受服务。从照料者的角度来看，有两种类型的服务。其一是提供正式的家庭照料服务以支持那些需要帮助的老年人，如个人照顾或护理的有偿服务递送。其二是直接面向照顾者的服务，如暂替照料、信息和教育培训等。

在加拿大不同省甚至不同省内部，需要照料老人的服务政策有很大程度的差异。不过在大多数的省或者地区，都会有一些直接面向家庭以及亲属照料者的服务项目。如居家或机构的暂替照料和成人日间照料项目，都会提供一段时间的暂替服务或者喘息服务。虽然大家都意识到亲戚朋友提供的照料服务发挥着十分重要的作用，但是照料者在接受服务方面仍然存在着许多挑战。这与他们在公共政策和项目方面的模糊定位有密切的关系，如在新斯科舍岛“家庭支持项目”（1997）以及最近几年出台的照料者不仅可以申请暂替服务项目，而且还可以申请照护者福利计划项目。

从传统意义上来讲，家庭照料服务项目是最能满足照料接收者的直接需求，但对家庭照护者的需求和利益的考虑经常被忽视。研究人员和实践者都承认照料评估在家庭照护者需求决定和减少照料者负担的各种各样的干预项目的效率当中发挥着重要作用。在加拿大，对照料者的评估并不是家庭照料项目的一部分。在英国以及其他地区都有对照料者由专业人员评估的立法权力。评估一般由当地的社会服务机构做出，通过这些评估，关于这些项目的信息就直接与照料者相联系。

对照料者的需求进行评估意味着可以采取一系列的服务和项目来满足这些需求。对照料者的日益增长的暂替服务和教育支持服务被各种利益群体以及学术研究认为是对照料者非常重要的支持方式。其他形式的咨询服务，被认为是太少、太晚，以及对于照料者的健康并没有显著的影响。在照料接受者没有接受正式的服务以及支持或照料，被照料者提供的服务质量达不到要求时，暂替照料服务将会面临相应的挑战。

但是，对暂替照料服务以及其他支持性项目的改善，如成人日间项目，还是存在着巨大的机会和空间。社会支持应该直接提供给照料者，而不是照料接受者，因为照料接受者有可能并不赞同成为公共基金项目的受益者。比如，在澳大利亚，有国家照料者展区服务项目，可以直接为照料者暂替服务、暂替中心、资源中心和照料者咨询服务项目提供资金支持。这个项目是独立于照料者经济支持政策之外的另外政策。

教育培训以及推荐是另外一个用来帮助照料者迅速增长的支持和服务。这些支持和服务并不由政府直接提供，而是通过自愿性组织和机构为照料者的需求提供支持性的服务。在澳大利亚，另外支持照料者的是照料者联盟，这是代表家庭照护者的全国性组织。它的成员都是各个州为照料者提供建议和顾问服务的照料者组织。其主张就是为照料者向政府争取更多的权利和利益。

照料者津贴项目承认照料工作的价值，向与照料接受者共同居住或每周至少花费 24 小时提供照料的照料者提供相应的经济支持。并没有收入方面的资格限制。该项目是 2007 年由澳大利亚人权和公平机会委员会提出，照料者的退休金计划可以向那些因照料退出劳动力市场两年以上，或者比联邦最低工资高 9% 的照料者进行支付。那些后来返回劳动力市场的照料者也可以申请不超过雇主提供工资 9% 的政府补贴。

（四）家庭照护者支持政策实施效果评价

1. 税收优惠项目的实施效果

许多国家针对家庭照护者的税收优惠项目，实际上承认了非正式照料者在照料过程中发生的成本。但是，严格的准入标准可能会导致大多数有需要的照料者被排斥在外。而且，标准的复杂性会导致出现“逆向选择”现象，意味着最为需要的人群申请到补贴的可能性最小，而那些最不需要的人群可能有着更强获取补贴的能力。为了更好地了解家庭照护者社会支持政策的效果与效率，下面借鉴学者有关充分性、公平性、合适性及可持续性的评价原则对不同项目实施效果进行分析。

（1）充分性。很少有研究提供充分的证据来说明税收减免方式在资助照料补偿方面的充分性。许多研究人员发现，因为支持家庭照护者的税收减免政策力度太小，对家庭照护者来说，并没有明显的帮助。因为缺乏确定性的证据，税收优惠措施是否实现了延缓或减少个人入住机构所带来高成本的经济目标还不清楚。税收抵免可能会增强非正式照料体系稳定性，鼓励亲属认为部分服务成本应该需要额外的公共支持。但是，因存在时间滞后效应，会导致照料者接受帮助后，尽量减少入住养老机构可能性的政策目标是无效率的。研究表明，作为单独措施养老金计划同样对照料者支持力度不够。当个人健康状况和经济状况随着退休和正常的老龄化进程恶化或减少时，这样一系列的激励政策会显得太少也太晚。

（2）公平性。从照料者的视角来看，现有的政策，无论是税收减免还是养老金计划，并不是公平的。这两种形式的间接帮助都有着严格的申请标准，对大多数照料者来说实际上是无法获得的。例如，加拿大的“弱依赖性税收抵免”涉及的人群，仅仅是那些被照料加拿大人的净收入不超过6456加拿大元的照料者。美国的“依赖性护理税收抵免”仅仅涉及受雇并纳税的家庭照护者。结果，大量退休或辞职退出劳动力市场专门从事家庭照料的照料者被排斥在外。事实上，加拿大的研究表明，仅有1/4的家庭照护者是从事有酬的市场劳动。

许多税收减免政策形式同样歧视穷人。对低收入家庭来说，利用税收优惠政策补偿他们的花费带来的好处可能是有限的，因为他们在税收年度可能并没有金融资源去购买服务或充分的物品或设备，或者他们的花费达不到税收抵免所规定的最低消费额。那些税收抵免政策是非可返还的，对那些没有税收责任的家庭来说作用非常有限。

一般来说，税收抵免并不会随着总收入的提高逐步减少，因此，这对高收入者来说更为有利。同样的公平性问题在养老金计划中也存在。例如，在英国，养老金保障仅允许那些获得养老金的照料者领取。特别是仅仅那些接受ICANN或照料获得“(国家付给因护理严重伤残的亲友的)护理津贴”或“失能生活津贴”人群时才会适用养老金抵免政策，并没有可比较的措施来保护其他养老金计划中照顾者的权利。另外，有严格标准的养老金福利政策也限制了养老金抵免政策的实际效果。

作为一种间接福利，不同国家养老金抵免政策有很大差别，与特定国家的养老金制度密切相关。例如，在挪威，养老金抵免对配偶照料者有最低额限制，因为配偶作为家庭照护者可能有很少或没有额外的就业家庭以外的收入。全额养老金需要缴纳40年，领取基本养老金还要累积至少10年的抵免。

(3)适宜性。现有的税收计划可能要求照料者和被照料者同住。这是照料者与被照料者最不愿意采取的方式，而且也是最有压力感的模式。同样，与养老金计划相关的标准并不适合今天的大多数照料者。美国的“联邦依赖性照料税收抵免”要求被照料者每天在照料者家庭接受8小时的照料，这对那些为亲属提供照料并在附近工作或生活的人并不适宜。照料标准和失能程度确定通常由医疗专业人员自行决定，而专业评估结果可能会模棱两可。

另外，现有的税收优惠政策并没有充分考虑照料需求的变动。在挪威，“国家社会保险”基金支持的典型的照料养老金接受者是未婚、未被雇佣的女性。随着女性参与有酬劳动力市场人数的增长，很少会有女性全职照顾她们失能的亲属。

（4）持续性。现有的税收优惠政策的根本目的是激励家庭成员更多地参与到非正式照料之中，但对大多数家庭来说，一般会自愿尽自己最大努力去照料老人。因此，现有的政策会对现有照料状况形成较好的支持，但并不会改变那些拒绝承担照料责任的家庭行为。从公平角度来看，很少有税收优惠政策用以维持照顾关系。它们通常太少、太晚或限制性太强，并不会对照料者的行为产生重大影响。

养老金计划作为间接性的照料补偿措施也仅仅是在照料行为发生后实施，存在明显的滞后效应。比如，养老金的领取一般是在退休以后（如 65 岁），但照料行为可能比退休年龄早很多年。所以，对照料工作价值进行认可的养老金计划并不会影响现在照料关系的可持续性。

2. 非经济支持项目的实施效果评价

有研究表明，各种正式的支持与干预能有效地降低照料者的负担感。如心理教育干预能够减轻家庭照护者的负担感；在紧急时刻对暂替服务利用的准备能够降低照料者的负担，而因暂替服务预订模式导致的不便会导致更强的负担感；居家照料服务能够有效地降低家庭照护者的负担感。但对家庭照护者的经济支持无论是在微观还是宏观层面上均表现出了较大的复杂性，因为这些政策模糊了有酬劳动与未付酬工作、正式照料与家庭照料以及市场和非市场之间关系的界限。

五、经合组织国家长期照护人力资源政策借鉴与启示

（一）完善长期照护人力资源供给政策

1. 加强培训体系建设

西方发达国家普遍建立了系统化的长期照护培训体系。首先，通过提供专门的老年护理奖学金（以色列、日本）和培训补贴来支持基础培训。其次，采用灵活多样的培训方式，包括在线培训（美国）、模块化培训（韩国）以及工作时间内培训（奥地利）。德国和荷兰采用双轨制培训模式，将普通护理和老年护理分开培训，帮助学员更好地掌握专业技能。

培训内容日益注重老年病学知识、沟通技能、技术使用能力和康复护理等实用技能。加拿大等国开展的卓越培训项目（CLRIs）特别强调以居民为中心的护理问题培训，如行为应对、跌倒预防等。研究表明，这些培训对提高护理质量和降低人员流失率具有显著效果。

为确保培训质量，各国建立了资格认证体系，如欧洲护理证书计划。同时加强培训质量监管，包括统一培训标准、规范机构资质要求和科学的效果评估方法。

2. 拓宽人才招募渠道

各国积极开拓多元化的人才招募渠道。一是从失业人员中招募，通过提供培训补贴和就业激励来吸引求职者。如日本通过资助基础培训项目，使长期护理人员在 2011—2015 年间增长约 20%。德国实施失业人员职业转型培训计划，帮助其获得必要技能。

二是针对年长者的招募。北欧国家采用弹性工时制，日本开发适合年长者的轻体力劳动岗位，澳大利亚为 45 岁以上人群提供免费培训。研究发现，年长工作者具有更强的工作稳定性。

三是吸引男性从业者。英国、挪威等国通过媒体宣传改变行业刻板印象，德国设计侧重康复训练的特色岗位，荷兰提供针对性培训课程。

四是促进跨行业人才转型。美国通过老年医学劳动力强化项目（GWEP）提供系统培训，法国建立完整的职业发展阶梯，德国提供培训补贴和过渡期工资补助。

五是规范国际护理人员招募。日本和加拿大的经验值得借鉴：通过经济伙伴关系协议提供签证支持，建立“先前学习评估与认可过程”促进资质认证。同时加强对中介机构的监管，确保招聘流程透明规范。

（二）提升工作条件和职业吸引力

1. 改善薪酬待遇

目前经合组织国家长期照护人员的工资普遍偏低，时薪中位数仅为 9 欧元，比医院同类岗位低 35% 左右。为改善这一状况，多国采取了以下措施。

一是提高基本工资水平。奥地利、德国、英国等 11 个国家实施了工资改善政策，通过设定行业最低工资标准等方式提升薪酬。研究表明，每小时增加 1 美元工资可使离职倾向降低 2%。

二是完善加班和通勤补贴。美国《公平劳动标准法》规定，每周工作超过 40 小时可获得加班工资，并允许通勤时间补偿。韩国在 2017 年引入交通费用补贴制度。

三是提供税收优惠和财务激励。约三分之二的经合组织国家为护理人员提供现金福利，包括直接补贴和间接补贴两种形式。除爱尔兰、芬兰和瑞典外，这些补贴普遍免税。

2. 优化工作环境

长期照护工作具有高强度、高风险的特点，约 50% 的工作者需要轮班，面临较大的身心健康风险。各国主要采取以下措施改善工作环境。

一是实施灵活的工作时间安排。澳大利亚引入新的管理模式，通过灵活排班提高工作满意度。护理机构允许员工对班次有一定控制权，并根据个人情况（如年长员工）调整工作时间。

二是加强职业安全与健康保护。各国普遍实施压力管理辅导项目，提供就业管理咨询服务。同时加强安全培训，特别是病人搬运和转移技能培训，并配备机械升降设备等辅助工具。

三是建立工作场所暴力预防机制。通过加强劳动监察、扩大职业安全法规覆盖范围、制订预防方案等措施，创造更安全的工作环境。

3. 创造职业发展空间

缺乏明确的职业发展路径是影响行业吸引力的重要因素。为此，各国采取了以下措施。

一是建立清晰的职业晋升通道。法国建立了完整的职业发展阶梯，使护理人员能够通过继续教育逐步提升职业水平。丹麦、德国允许护理助手晋升为护士。

二是提供继续教育机会。匈牙利在 2018 年引入新的培训体系，包括针对管理人员的特定培训。挪威政府资助护士攻读领导力技能硕士学位。

三是实施导师制等支持项目。荷兰推出教练项目，日本提供工作场所咨询服务。这些措施不仅有助于新人快速成长，也能增强职业认同感。

提升工作条件和职业吸引力，需要在薪酬待遇、工作环境和职业发展等方面采取综合措施。各国经验表明，这些政策的实施效果已得到证实，包括降低人员流动率、改善工作满意度、减少离职意向等。但政策实施需要多方利益相关者的共同参与和长期投入。

（三）提高服务效率和质量

1. 推进技术创新应用

（1）合理运用智能化设备和信息系统。目前长期护理领域主要采用成本较低且易获取的技术，如报警系统、摄像头和运动检测传感器等。远程护理技术在降低老年人住院率方面已取得明显成效。智能家居设备（如智能冰箱）和药物分配器促进自我护理，无声报警系统和智能过滤系统有助于精准识别紧急需求。据估计，通过远程会诊可减少约 38% 的全科医生转诊和 40% 的救护车转运。

（2）加强护理人员技术应用培训。护理人员需要提升数字素养，掌握健康数据管理、人工智能伦理等知识。如挪威和英国培训护士掌握技术开发基础知识，比利时、法国、德国和瑞典建立创新孵化器，促进技术专家与医疗专业人士合作。研究发现，具有良好团队合作和沟通机制的护理机构在技术创新方面表现更佳。

（3）建立技术使用监管框架。需要建立更强有力的技术监管框架，保护用户权益，增强护理人员和受护理人对新技术的信任度。同时要关注技术使用的公平性问题，避免造成护理服务获取的不平等。

（4）平衡技术应用与人文关怀。由于长期护理是高度劳动密集型行业，许多任务难以标准化，需要保持人性化服务。技术应用应着重于提升护理效率，使护理人员能够将更多时间投入到直接护理服务中。

2. 优化技能组合

（1）实施合理的任务委派制度。自 2011 年以来，约三分之一的经合组织国家在长期护理领域实施了任务委派制度。如荷兰通过立法明确不同教育背景护士的工作职责和技能要求，建立了清晰的职业发展路径。

（2）促进多学科协作。鼓励机器学习工程师、数据科学家与护理工作者共同合作，提升系统治理和政策决策效率。加强作业治疗师和物理治疗师等专业人员的配备，开展更好的、以人为本的资源使用。

（3）提高人力资源配置效率。通过优化技能组合，实现技能、任务和工作角色之间的更好匹配。解决当前长期护理人员技能与工作要求之间的不匹配问题，避免人力资源浪费。

（4）保障服务质量和安全。技能组合优化需建立在完善的培训体系和严格的质量监控基础之上。平衡效率提升与护理质量保障之间的关系，同时考虑护理人员的职业发展需求和工作压力管理。

（四）加强非正式照护支持体系

随着全球老龄化的加剧，非正式照护在长期照护体系中扮演着越来越重要的角色。为了有效支持家庭照护者，必须完善相关政策和机制，确保他们能够在照护工作中获得必要的支持和保障。

1. 完善家庭照护者支持政策

一是提供专业技能培训。家庭照护者往往缺乏必要的专业知识和技能，导致照护质量不高。各国可以借鉴经合组织国家的经验，实施系统的培训计划。例如，澳大利亚和日本通过资助基础培训项目，帮助照护者掌握老年护理的基本技能和知识。培训内容包括老年病学、沟通技巧、健康监测等，以提升照护者的专业素养和自信心。此外，培训应灵活多样，结合在线学习和面对面授课，以适应不同照护者的需求和时间安排。

二是建立心理咨询和支持机制。照护工作常常伴随着巨大的心理压力，家庭照护者需要心理支持和情感疏导。许多国家（如澳大利亚和美国）已建立心理咨询服务，为照护者提供情感支持和心理辅导。通过定期的团体心理训练和个体咨询，帮助照护者缓解压力，提升心理健康水平。此外，建立支持小组，鼓励照护者之间的经验分享和相互支持，也能有效减轻孤独感和焦虑感。

三是提供暂替照料服务。暂替照料服务是减轻家庭照护者负担的重要措施。许多经合组织国家（如德国和日本）将暂替照料纳入长期照护保险体系，为照护者提供必要的休息时间。通过提供临时照护服务，家庭照护者可以得到喘息，恢复精力，从而更好地应对照护工作。政府应鼓励社区和私人机构提供此类服务，并通过财政补贴降低照护者的经济负担。

四是完善税收优惠政策。税收优惠政策可以有效减轻家庭照护者的经济压力。各国应根据照护者的实际情况，设计合理的税收减免政策。例如，美国和英国的照护者税收抵免政策虽然存在，但其覆盖面和力度仍需加强。政策应考虑到不同收入水平的照护者，确保低收入家庭能够受益。同时，简化申请流程，降低准入门槛，以提高政策的可及性和有效性。

2. 建立科学的评估机制

一是评估政策的充分性。对现有支持政策的评估应关注其对照护者的实际帮助程度。研究表明，许多国家的税收减免政策力度不足，无法有效支持家庭照护者。因此，政策制定者应定期评估政策的实施效果，确保其能够真正满足照护者的需求，并实现延缓机构照护的目标。

二是确保政策的公平性。现有政策往往存在准入门槛过高、覆盖范围有限等问题，导致许多需要帮助的照护者无法受益。政策制定应更加关注弱势群体的需求，确保所有家庭照护者都能公平地获得支持。例如，加拿大的“弱依赖性税收抵免”仅覆盖部分低收入家庭，需扩大适用范围。

三是保证措施的适宜性。政策要求应符合照护者的实际需求，避免设置过于苛刻的条件。例如，强制同住等条件可能增加照护者的压力。评估标准应考虑照护需求的动态变化，适应社会变迁和家庭结构的变化。

四是关注政策的可持续性。现有政策对改变家庭照护意愿的影响有限，且存在明显的时间滞后效应。应建立更具前瞻性的激励机制，确保政策效果的持续性。研究表明，结合经济支持和非经济支持的综合政策更有效，政策制定者应关注如何在长期内维持照护者的积极性和参与度。

加强非正式照护支持体系是应对老龄化社会挑战的重要举措。通过完善家庭照护者支持政策和建立科学的评估机制，可以有效提升照护者的工作满意度和照护质量，减轻其心理和经济负担。应借鉴经合组织国家的成功经验，结合本国实际，制定切实可行的政策，以支持家庭照护者在照护工作中的重要角色。

（五）构建综合协调机制

构建综合协调机制，通过加强部门协作和创新服务模式，可以有效提升长期照护服务的质量和效率，满足日益增长的老年人照护需求。

1. 加强部门协作

一是建立医疗、养老、护理等部门协调机制。各国应建立医疗、养老、护理等部门之间的协调机制，以促进不同领域的合作与沟通。例如，澳大利亚和加拿大在这方面的实践值得借鉴。通过跨部门的工作小组定期召开会议，分享各自的经验和挑战，确保各部门在政策制定和实施中的一致性和协同效应。

二是促进资源整合和信息共享。资源整合和信息共享是提高服务效率的关键。各国可以借鉴经合组织国家的经验，建立统一的信息平台，汇集医疗、养老和护理服务的相关数据。这不仅有助于照护者和服务提供者获取及时的信息，还能为政策制定者提供数据支持，优化资源配置。

三是完善服务衔接。服务衔接的完善可以有效减少老年人在不同照护阶段的适应压力。例如，德国的长期照护体系强调在居家照护、社区服务和机构照护之间的无缝衔接，确保老年人在不同阶段都能获得连续的支持。通过建立标准化的转介流程，确保信息和服务的顺畅流动，提升整体照护体验。

四是提高系统运行效率。整体系统的运行效率直接影响照护质量。各国应通过定期评估和反馈机制，监测各部门的协作效果，及时调整和优化工作流程。例如，芬兰通过建立综合评估体系，定期检查各项服务的实施效果，确保资源的高效利用和服务的持续改进。

2. 创新服务模式

其一，发展居家、社区和机构相结合的服务模式。随着老年人对居家照护的偏好增加，发展居家、社区和机构相结合的服务模式显得尤为重要。日本的“居家护理”模式通过整合社区资源，为老年人提供个性化的照护服务，既满足了他们的居住需求，又确保了照护的专业性和连续性。这种模式不仅提高了老年人的生活质量，也减轻了机构照护的压力。

其二，推广预防性和康复性照护。预防性和康复性照护是延缓老年人失能的重要手段。各国借鉴瑞典和挪威的经验，推广健康管理和康复训练项目，帮助老年人保持身体和认知功能。通过定期的健康评估和个性化的康复计划，降低老年人对长期照护的需求，提升他们的自主生活能力，从而减少对长期照护人力资源的需求。

其三，促进老年人自主能力提升。提升老年人的自主能力是实现有效照护的关键。各国通过提供技能培训、健康教育和社会参与机会，帮助老年人增强自我照顾能力。例如，澳大利亚的“健康老龄化”项目通过社区活动和教育课程，鼓励老年人积极参与社会生活，提升他们的生活质量和自我管理能力。

其四，延缓长期护理需求。通过综合措施延缓长期护理需求的增长是各国面临的重要任务。新一代信息技术的应用，如远程监控和智能家居设备，可以帮助老年人更好地管理日常生活，降低对照护服务的依赖。此外，政策制定者应关注老年人的健康促进和疾病预防，鼓励他们参与体育锻炼和健康饮食，从而减少失能风险。

第九章　我国老年长期照护人力资源相关政策

为了应对日益增长的养老需求，我国制定了相关的政策和措施以扩大长期照护人才队伍，根据前文分析，吸引人才队伍扩大有积极因素，也存在着许多消极因素，需要借鉴工业化国家的相关经验，在政策层面进行积极引导，从增加人力资源供给、现有人力资源充分利用、减少长期照护人力资源需求及完善家庭照护者支持政策四方面入手，增强我国长期照护人力资源政策的适应性。

一、我国老年长期照护人才队伍建设面临的机遇

（一）养老服务体系逐步迈向高质量发展阶段

随着我国人口老龄化程度不断加深，养老服务体系建设已成为重大民生工程和发展任务。近年来，我国养老服务体系建设取得显著成效，正在从基础建设向优质服务转变，从数量增长向质量提升迈进，逐步进入高质量发展新阶段。

1. 顶层设计不断完善

党和国家高度重视养老服务体系建设，相继出台多项重要政策文件，构建起较为完善的政策框架体系。《“十四五”国家老龄事业发展和养老服务体系规划》作为指导性纲领文件，对“十四五”时期我国老龄事业发展和养老服务体系建设作出全面的规划和部署，提出一系列目标任务和政策措施，为

推动养老服务体系高质量发展提供了战略指引。党的二十大报告提出："实施积极应对人口老龄化国家战略，发展养老事业和养老产业，优化孤寡老人服务，推动实现全体老年人享有基本养老服务。"这为新时代新征程推动养老服务高质量发展指明了前进方向，提供了根本遵循。"十四五"期间，《中共中央国务院关于加强新时代老龄工作的意见》从战略高度对老龄工作做出全面部署，强调要实施积极应对人口老龄化国家战略。加强新时代老龄工作，从健全养老服务体系、完善老年人健康支撑体系、促进老年人社会参与、着力构建老年友好型社会等方面提出了具体要求，为养老服务体系的完善提供了政策支持。这些政策文件的出台，标志着我国养老服务体系建设进入新的高质量发展阶段。

2. 养老服务体系日益健全

我国已初步形成建立居家社区机构相协调、医养康养相结合的养老服务体系。

一是居家养老服务不断优化。各地积极探索居家养老服务模式，通过政府购买服务、培育社会组织等方式，为老年人提供上门护理、助餐助浴、康复理疗等服务。例如，一些地方建立了居家养老服务信息平台，老年人可以通过电话或网络预约服务，方便快捷地享受各种居家养老服务。

二是社区养老服务快速发展。社区养老服务设施不断完善，社区日间照料中心、老年活动中心等如雨后春笋般涌现。这些设施为老年人提供了日间照料、文化娱乐、健康管理等服务，满足了老年人在社区内的养老需求。同时，社区还积极开展志愿服务活动，组织志愿者为老年人提供陪伴、关爱等服务。

三是机构养老服务更加专业。养老机构的数量和质量都在不断提升，机构养老服务逐渐向专业化、规范化、标准化方向发展。一些大型养老机构引入了先进的管理理念和服务模式，为老年人提供高质量的生活照料、医疗护理、康复保健等服务。此外，养老机构还注重与医疗机构合作，推进医养结合，为老年人提供更加全面的健康保障。

同时，医养结合已成为养老服务体系建设的重要方向。《关于深入推进医养结合发展的若干意见》明确了医养结合机构服务内容和管理要求，《关于加强医疗护理员培养培训的指导意见》强调要加强医养结合服务人才队伍建设。

3. 养老服务保障机制逐步完善

在资金保障方面，政府加大了对养老服务的投入力度，设立了养老服务专项资金，用于支持养老服务设施建设、运营补贴、人员培训等。同时，鼓励社会力量参与养老服务，通过税收优惠、财政补贴等政策，引导社会资本投入养老服务领域，形成了多元化的资金投入机制。

在人才保障方面，加强养老服务人才队伍建设，开展养老服务人员培训，提高其专业技能和服务水平。一些地方还出台了养老服务人才激励政策，提高养老服务人员的待遇和社会地位，吸引更多的人从事养老服务工作。

在监管保障方面，建立了养老服务综合监管制度，加强对养老服务机构的监管，规范养老服务市场秩序。明确了各部门的监管职责，建立了联合执法机制，加强对养老服务机构的安全管理、服务质量等方面的监督检查，保障老年人的合法权益。

4. 智慧养老创新发展

数字化转型推动养老服务创新升级。《智慧健康养老产业发展行动计划（2021—2025 年）》为智慧养老产业发展提供了行动指南。《关于加快实施老年人居家适老化改造工程的指导意见》提出要推进智慧养老发展。《关于切实解决老年人运用智能技术困难的实施方案》强调要帮助老年人跨越“数字鸿沟”。《关于推进养老服务信用体系建设的指导意见》提出要运用信息技术提升养老服务管理水平。

智能养老设备得到广泛应用。智能手环、智能床垫、智能呼叫器等智能养老设备在养老服务中得到广泛应用，这些设备可以实时监测老年人的身体状况、活动情况等，为老年人提供及时的救助和服务。同时，智能养老设备还可以与养老服务信息平台连接，实现数据的共享和交互，为养老服务的精准化提供了技术支持。

5. 社会力量积极参与

（1）企业参与度提高。越来越多的企业看到了养老服务市场的潜力，纷纷进入养老服务领域。企业通过投资建设养老机构、开发养老产品、提供养老服务等方式，为老年人提供了多样化的养老选择。例如，一些房地产企业转型发展养老地产，建设了集居住、医疗、护理、娱乐等功能于一体的大型养老社区。

（2）社会组织发挥重要作用。社会组织在养老服务中发挥着重要的补充作用，各类养老服务社会组织积极开展志愿服务、心理咨询、法律援助等活动，为老年人提供了全方位的关爱和服务。同时，社会组织还可以承接政府购买的养老服务项目，提高养老服务的供给效率和质量。

总之，我国养老服务体系在政策引领、服务供给、保障机制、科技应用、社会参与等方面都取得了显著的进展，正在逐步完善并迈向高质量发展阶段。这为加强养老服务人才队伍建设提供了重要保障。

（二）养老护理人才政策深化与全面升级阶段

从目前政策情况来看，养老服务人才队伍建设政策更加具体和系统化，进入全面升级阶段。

1. 进一步完善专业教育体系

2021 年 3 月，教育部发布《职业教育专业目录（2021 年）》，鼓励院校根据医养结合、心理健康等产业发展新岗位、新需求，灵活设置专业方向。支持有关高校在相关一级学科下自主设置“养老服务”二级学科或交叉学科。2020 年，教育部首次批准养老服务管理专业纳入本科专业目录后，截至 2023 年 7 月，已有 26 所高校开设养老服务管理专业。

鼓励医学院校增设老年医学、康复、护理等相关专业。老年人的生理、心理特点与一般成年人存在较大差异，需要专门的医疗护理知识和技能。2024 年 1 月 4 日，教育部办公厅印发《服务健康事业和健康产业人才培养引导性专业指南》，其中设置了五个新的医科人才培养引导性专业，包括老年医学与健康。这一举措旨在满足国家服务健康事业和健康产业的发展新需求，加快培养急需紧缺的复合型人才。

支持开展老年护理研究生教育。同时支持高校开展涉老、养老服务相关专业学位研究生教育。各高等学校也可以根据实际情况，在现有资助政策的基础上，采取减免学费、特殊困难补助等措施对学生进行资助。养老服务等专业学生可根据规定享受各项资助政策。

不断提高养老服务相关专业教学质量。加强实训基地建设，深入推动产教融合，促进院校与养老机构合作育人、合作发展，将专业标准与行业标准相互衔接，提高养老专业学生的动手能力和创新意识。鼓励职业院校或校企共建一批校内实训基地，提升专业建设和校企合作育人水平。积极吸引企业和社会力量参与，指导各地各校探索创新实训基地运营模式。提高实训基地的规划、管理水平，为社会公众、职业院校在校生取得职业技能等级证书和企业提升人力资源水平提供有力保障。推进教学标准体系建设。

根据民政部、全国老龄办发布的《2023 年度国家老龄事业发展公报》数据，2023 年全国高校新增设护理学、养老服务管理等专业点 34 个，截至 2023 年年末，全国高校共开设护理学、养老服务管理等专业点 770 余个。职业教育方面，现行职业教育专业目录设有智慧健康养老服务、老年人服务与管理等 15 个中职、高职专科、职业本科相关专业，2023 年中职相关专业布点 1700 余个，高职专科相关专业布点 1600 余个。继续教育方面，国家开放大学等 33 所高校 2023 年备案智慧健康养老服务与管理等专业点 34 个。

2. 进一步强化政策的综合性

2020 年 7 月，国家发展和改革委员会等 28 部门联合印发《关于支持新业态新模式健康发展　激活消费市场带动扩大就业的意见》，提出加大对养老服务等领域人才的政策支持力度。2020 年 12 月，国务院办公厅发布《关于建立健全养老服务综合监管制度促进养老服务高质量发展的指导意见》，强调加强养老服务人才队伍建设，提高从业人员素质。

2023 年 12 月，民政部等 12 部门联合印发《关于加强养老服务人才队伍建设的意见》，旨在加强养老服务人才队伍建设，为新时代养老服务高质量发展提供人才支撑，为我国养老服务人才队伍建设提供了全面的政策指导和具体措施。文件提出了到 2025—2035 年的发展目标，强调了政府主导、社会参与、以需求为导向、广纳人才和改革创新的原则。主要内容包括：拓宽人才来源渠道，如引导人才就业创业、支持跨行业人才流动；提升人才素质能力，包括加强专业教育培养和技术技能培训；优化人才发展环境，如完善薪酬待遇政策和职业发展通道；加强人才使用和管理，包括优化岗位配置和健全使用机制；完善人才保障激励措施，如落实待遇保障政策和加大褒扬激励力度。文件还强调了组织保障的重要性，要求各级党委和政府将养老服务人才队伍建设纳入总体部署，加强经费保障，并鼓励探索创新。这一文件的发布，标志着我国养老服务人才培养政策进入一个新的阶段。

3. 不断完善人才引进政策

（1）放宽落户条件，吸引高学历、高技能人才。例如，2021年6月，上海市杨浦区相继发布《关于提升本区养老服务护理人才队伍整体水平的实施意见（试行）》及《杨浦区养老服务护理行业拔尖技能人才扶持激励办法（试行）》，将养老服务护理行业拔尖技能人才作为重点人才引进，可以申请上海市户口。2023年12月，北京市民政局等六部门印发《北京市加快推进养老服务人才队伍建设行动计划（2023—2025年）》，提出实施养老服务人才“拴心留人”工程，完善养老服务人才引进及积分落户相关政策。行动计划明确，非京籍高层次养老服务人才可按照政策办理人才引进或享受积分落户加分。

（2）提供购房补贴和租房补贴，解决人才居住问题。如2023年6月，上海市发布《关于进一步完善本市养老服务人才政策的实施意见》，提出对符合条件的养老服务人才提供最高50万元的购房补贴或最高2000元/月的租房补贴。2020年9月，上海市人力资源和社会保障局等九部门联合印发《关于加强养老护理员队伍建设提高养老护理水平的实施意见》。

（3）逐步构建养老护理员入职补贴和岗位津贴制度。逐步建立依据职业技能等级和工作年限确定护理价格的制度，增强养老护理员的职业吸引力。据不完全统计，截至2024年10月，北京、上海、河北、辽宁、江苏、山东、山西、贵州、浙江、河南、青海等省（市）建立了养老护理员省级入职补贴制度与岗位补贴制度。如辽宁省调整完善老年服务与管理等专业毕业生入职养老服务机构补助政策，引导和鼓励老年服务与管理等专业毕业生到养老服务领域就业创业。其中，全日制本科及以上毕业生最高可申请6万元入职补助。上海市职业技能等级认定合格、并自证书核发之日起12个月内实现养老护理岗位就业（含证书核发前已在岗）的人员，可申请职业技能提升补贴（申请补贴时应当仍在岗），初级工补贴1500元，中级工2000元，高级工2500元。北京市对取得初级（五级）护理员等级的，每人每月补贴500元；取得中级（四级）护理员等级的，每人每月补贴800元；取得高级（三级）护理员等级的，每人每月补贴1000元；取得技师（二级）等级的，每人每月补贴1200元；取得高级技师（一级）等级的，每人每月补贴1500元。

4. 人才培养政策

（1）不断完善培训补贴政策。鼓励人才参加培训和继续教育，提供培训补贴，不断完善养老护理人才培训补贴政策，补贴范围覆盖全国各地，包括职业院校和社会培训机构。无论是城市还是农村，无论是公立还是民营机构，都可以得到相应的培训补贴。养老护理人才培训补贴的金额和内容非常丰富，除了基本的培训费用补贴外，还有职业资格证书考试费用、教材费用、实习费用等多种补贴项目。同时，补贴金额也根据培训等级和时长进行了调整，确保培训效果和培训质量的提升。为了满足不同养老护理人才的培训需求，培训形式也更加多样化。除了传统的课堂教学外，还增加了网络培训、远程教育、实操演练等多种形式。这些培训形式不仅提高了培训的灵活性和便利性，还增强了培训的针对性和实效性。随着养老护理人才培训补贴政策深入实施，其效果逐渐显现。一方面，养老护理人才的素质和能力得到了显著提升，能够更好地满足老年人的护理需求；另一方面，养老护理行业的整体业务水平也得到了提高，为应对人口老龄化提供了有力的人才支撑。

（2）完善养老服务人才培训基地建设。我国政府高度重视养老服务人才培训基地建设，出台一系列政策措施，加大对养老服务人才培训的投入力度。各地也积极探索养老服务人才培训基地建设模式，取得了显著成效。

其一，政府通过政策引导与资金支持，积极推动养老服务人才培训基地建设。多地政府部门出台相关政策，鼓励和支持养老服务人才培训基地的建设。例如，云南省民政厅、教育厅、人力资源和社会保障厅联合启动养老服务人才培养培训基地遴选工作，推动建立养老服务人才梯队式培养培训机制，为养老服务高质量发展提供人才支撑。政府通过财政拨款、补贴等方式，为培训基地的建设提供资金保障。一些地区还会对参与培训的人员给予培训补贴，提高其参与培训的积极性。

其二，建设主体的多元化。不少普通本科高校、职业院校积极参与养老服务人才培训基地的建设。这些院校具有丰富的教学资源和专业的师资队伍，能够为养老服务人才培养提供系统的理论教学和实践指导。同时，一些养老服务企业也积极建设培训基地，以满足自身对专业人才的需求。企业建设的培训基地通常更注重实践操作技能的培养，能够为学员提供实际的工作场景和实习机会。如苏康养·海峡康养人才培训基地在昆山启用，该基地兼具人才培训和养老服务两大功能，引入台湾地区老年产业成熟经验。政府与企业合作共建养老服务人才培训基地，充分发挥政府的政策支持和企业的市场资源优势，提高培训基地的建设质量和运营效率。例如，宁波市镇海区人社局和民政局合作共建养老服务人才公共实训基地，聘请专业护理技能专家，打造养老服务“大师工作室”。

其三，培训内容与方式不断丰富。除了基本的养老护理技能培训外，培训基地还增加了老年心理学、康复治疗、健康管理、社会工作等方面的课程，培养复合型的养老服务人才。积极推进培训方式创新，采用理论教学与实践操作相结合、线上学习与线下培训相结合、模拟实训与实地实习相结合等多种培训方式，增强培训效果。一些培训基地还会邀请行业专家、优秀养老服务人员进行经验分享和案例教学。

其四，注重师资队伍建设。培训基地的师资队伍不仅包括院校的专业教师，还包括来自养老服务机构的一线工作人员、行业专家等。他们能够为学员提供丰富的实践经验和专业指导。为了提高师资队伍的教学水平，培训基地会定期组织教师参加培训和学习交流活动，不断更新教学理念和方法。

其五，与就业紧密结合。实现了实习就业一体化，通过养老服务人才培训基地与养老服务机构建立合作关系，为学员提供实习和就业机会。学员在培训结束后可以直接进入合作机构实习或就业，实现培训与就业的无缝对接。同时，一些培训基地还会为学员提供就业推荐和职业指导服务，帮助学员更好地融入养老服务行业。

（3）积极探索中国特色学徒制。建立导师带徒制度，帮助年轻人才快速成长。2023 年 12 月，民政部等 12 部门发布《关于加强养老服务人才队伍建设的意见》，强调了创新养老服务人才培养培训模式，积极探索中国特色学徒制，为导师带徒制度在养老服务人才培养中的应用提供了政策方向。湖北宜昌市社会福利院采用了导师带徒的实训模式。2023 年，宜昌市社会福利院与湖北三峡职业技术学院康养与护理学院签约成为养老人才培训基地，2024 年，有 5 名经过“跟班 + 导师带徒”实习的大学生正式入职。在实训过程中，实习生与导师“一对一”结对，学习养老护理的各项技术，通过全方位培训为以后成为合格的养老护理员打下坚实基础。

5. 逐步建立养老护理员荣誉激励机制

（1）营造关爱养老护理员的社会氛围。2021 年，民政部、人力资源和社会保障部联合举办全国养老护理职业技能大赛，这是养老服务领域竞赛规格最高、参与人数最多、技能水平最高、影响力最大的职业技能大赛。大赛的举办提升了养老护理员的职业技能和专业水平，推动了行业标准化和规范化发展；大赛提升了养老护理行业的社会曝光度和关注度，有助于提高养老护理员的社会地位和职业认同感。同时，大赛为全国各地的养老护理工作者提供了交流学习的平台，促进了行业内部的经验分享和技能传播。此外，各地还同时举办形式多样的养老护理员宣传展示活动，宣传养老护理员的感人事迹，营造全社会关爱养老护理员的氛围。

（2）表彰奖励为养老护理做出突出贡献的先进个人和集体。人力资源和社会保障部作为国家奖励表彰的综合管理部门，坚决贯彻党中央、国务院决策部署，把表彰奖励先进模范作为培育和践行社会主义核心价值观、增强中国特色社会主义事业凝聚力和感召力的重要手段，高度重视对包括养老护理员在内的从业人员的表彰工作，在各级各类表彰中注重向基层一线倾斜，大力支持民政部开展养老服务先进单位和先进个人表彰工作。表彰活动不仅有效提升了养老护理员的社会地位和职业荣誉感，还激励了更多人投身养老服务事业。通过树立榜样和展示职业发展前景，吸引了更多年轻人关注并考虑加入这个行业。同时，表彰制度促进了行业内部的良性竞争，推动了整个行业的专业化和标准化发展。此外，通过宣传养老护理员先进事迹，增强了社会对养老服务重要性的认识，提高了公众对养老护理工作的理解和尊重。

（三）长期护理保险试点为养老服务业提供发展空间

自 2016 年开始，我国开展长期护理保险试点探索，截至 2024 年 10 月，已有 49 个城市纳入试点范围。党的二十大和二十届三中全会均明确提出构建长期护理保险体系的目标。从目前各地探索情况来看，取得了较好的效果，通过医保基金划转和财政补贴、个人缴费等多渠道筹资机制，扩大了长期护理保险的适用范围，提高了入住养老机构和护理机构的比例，减轻了家庭长期照料带来的经济与服务的双重负担，应该说，极大地促进了家庭照护者的健康发展。同时，长期护理保险制度的落地实施，扩大了长期护理保险适用范围。根据国家医疗保险局公布的《2023 年全国医疗保障事业发展统计公报》，截至 2023 年 12 月，全国 49 个长期护理保险制度试点城市参加长期护理保险人数共计 18330.87 万人，享受待遇人数 134.29 万人。2023 年基金收入

243.63 亿元，基金支出 118.56 亿元。长期护理保险定点服务机构 8080 家，护理服务人员 30.28 万人。

从现有长期护理保险试点相关政策来看，此项制度强化了与养老机构的定点合作与结算方式，主要面向对需要符合条件的老人提供长期护理保险，采取直接结算的方式，对长期照护行业的健康发展起到了非常积极的作用。通过服务人员配备标准要求和服务质量要求，扩大了长期护理人员的需求。有的试点地区将长期护理保险纳入居家照料范围，在开展入户服务时与照料服务机构进行结算。这些措施和办法逐步深入家庭照护者层面，是为老人提供照料服务和家庭照护者提供了相应的支持，应该说具有十分重要的意义。未来随着长期照护保险的深入展开，其具有的发展潜力很大程度上会减轻家庭照护者及家庭的经济负担，可以为老人得到更好的照料服务提供基本保证和前提。比如，在成都试点的长期护理保险具有类似养老互助式组织所具备的特征，不仅可以为失能老人提供必备的经济支持，而且服务上的互助性也可以有效减轻照料者的负担，使各种暂替照料服务的提供具有了现实的基础。

（四）技术进步带来的机遇

1. 长期照护技术创新及应用

先进的照护技术和设备不断涌现，如智能护理床、远程健康监测设备等。这些技术的应用提高了照护效率和质量，也要求照护人员掌握相应的技术操作和维护知识。智能护理床可以实现自动翻身、体位调整，减轻了护理人员的体力劳动。护理人员需要经过专业培训，掌握智能护理床的操作方法和注意事项。据调查，使用智能护理床后，护理人员的工作效率有所提高，同时也提高了老人的舒适度和安全性。康复技术不断创新，如虚拟现实康复训练、机器人辅助康复等，为老年长期照护人员提供了更多的康复手段和方法。康复治疗师可以利用这些先进技术为老人制定个性化的康复方案，提高康复效果。例如，虚拟现实康复训练系统可以模拟各种生活场景，帮助老人进行平衡训练、认知训练等，受到了广泛关注和应用。

2. 数字化管理与服务的飞速发展

养老服务信息化建设不断推进，建立了养老服务信息平台、老年人健康管理数据库等。通过信息化手段，实现对老人健康状况实时监测、照护服务的精准管理。信息平台的运营需要专业的信息技术人才和熟悉养老服务业务的管理人员。他们可以通过数据分析，为养老机构的运营决策提供支持，优化服务流程，提高服务质量。

远程医疗和远程教育的发展为老年长期照护人才的培养提供了新的途径。护理人员可以通过远程培训学习最新的照护知识和技能，医生可以通过远程医疗为老人提供诊断和治疗建议。这打破了时间和空间的限制，提高了资源利用效率，使人才能够更便捷地获取知识和服务，提升自身素质和服务能力。

二、长期照护人才建设面临的挑战

（一）较低的社会认知度与职业吸引力

养老护理员这一职业长期以来面临着社会认知度低、职业吸引力不足的困境。在传统观念的影响下，社会公众往往将养老护理工作简单地等同于“伺候人”，忽视了其专业性和职业价值。根据中国老年学和老年医学学会2022年的调查数据显示，超过80%的受访者表示会因社会偏见而对从事养老护理工作持消极态度。这种根深蒂固的社会偏见不仅影响了潜在人才的职业选择，也在很大程度上削弱了现有从业人员的职业认同感和工作积极性。

与社会认知问题相伴的是行业待遇偏低和工作环境欠佳的现实困境。当前养老护理员的月平均工资仅为3000~4500元，即使在北京、上海等一线城市，也很少超过6000元，与医院护士8000~12000元的收入水平形成鲜明对比。同时，养老护理工作具有高强度、高压力的特点，护理员往往需要承担超出合理配置标准的工作量，经常面临突发状况和繁重的体力劳动，这些因素导致了行业年均30%以上的离职率，严重影响了护理服务的质量和连续性。

（二）人才培养体系仍有较大的改善空间

养老护理专业教育资源的严重短缺制约着专业人才的培养。目前全国范围内开设养老服务相关专业的高职院校仅有200所左右，本科层次的相关专业更是寥寥无几，远不能满足市场对专业养老护理人才日益增长的需求。而且教育内容存在明显的重理论轻实践倾向，实践教学比例普遍低于《关于加强养老护理员职业技能培训工作的指导意见》中规定的60%标准，导致毕业生难以快速适应实际工作。

师资力量的匮乏和培训体系的不完善进一步加剧了人才培养的困境。调查显示，养老护理专业教师中具有实际工作经验的比例仅为25%左右，大多数教师缺乏养老服务一线实践经验。培训市场存在内容标准不统一、培训质量参差不齐等问题，部分培训机构为追求经济效益而压缩培训时长和简化培训内容。同时，培训经费来源有限，政府补贴标准（每人每年1000~2000元）远低于优质培训课程的市场价格，且培训资源在城乡之间分布极不均衡，这些因素共同影响着人才培养的质量和效果。

（三）职业发展空间受限

养老护理员的职业发展面临着晋升通道狭窄的严峻挑战。尽管《养老护理员国家职业技能标准》设置了从五级到一级的职业等级体系，但在实际工作中，即使获得较高等级证书，护理员的岗位职责和待遇提升空间仍然十分有限。以中型养老机构为例，通常仅设置1名护理部主任和2~3名护理组长的管理岗位，而具备晋升条件的护理员可能有15~20人之多，这种严重的结构性矛盾导致大多数护理员难以获得向上发展的机会。

职业技能认证的社会认可度不足和激励机制的缺失进一步加剧了发展空间受限的问题。调查显示，仅有30%左右的养老机构在人才招聘和薪酬制定时将职业技能等级证书作为重要参考依据，这严重影响了护理员提升专业技能的积极性。同时，现有的激励措施多局限于基础性奖金，缺乏针对服务创新和专业提升的有效激励机制。虽然部分地区开始探索设立“首席护理员”等岗位，实施“星级护理员”评选制度，但整体而言，行业的职业发展通道仍然不够通畅，难以满足护理员的职业发展需求。

（四）行业规范与监管体系不完善问题

养老护理行业的标准执行和监管体系存在明显短板。虽然国家制定了《养老机构服务质量基本规范》等标准文件，但2022年的全国养老服务质量督查显示，超过三分之一的养老机构存在服务标准执行不到位的问题，包括护理记录不规范、照护计划制订不完善、操作流程不标准等。特别是在人员资质管理方面，全国养老机构持证上岗的护理员比例仅为65%左右，部分民营小型养老机构的持证率甚至低于40%，这严重影响了行业服务质量和专业化水平。

监管机制的不完善进一步加剧了行业规范化建设困难。目前养老护理行业的监管职责分散在民政、卫健、人社等多个部门，存在职责交叉和监管盲区的问题。监管力度不足的现象普遍存在，养老机构平均每年接受的专项检查不足3次，有相当比例的机构长期处于监管真空状态。同时，对违规行为的处罚力度偏轻，多数地区的处罚标准仅为警告或1万元以下罚款，难以形成有效的震慑作用。这种监管体系的不完善不仅影响了行业的规范化发展，也在一定程度上损害了养老护理行业的社会信誉。

（五）人才队伍结构失衡问题

养老护理员队伍的结构性失衡已成为制约行业发展的重要因素。从年龄结构来看，目前养老护理员队伍中45岁以上人员占比超过60%，35岁以下的年轻护理员仅占15%左右。这种“老龄化”队伍结构不仅影响了服务质量，也制约着行业的创新发展和长期可持续性。学历结构方面，具有大专以上学历的护理员比例不足20%，其中本科及以上学历仅占5%左右，专业型、高学历人才的匮乏严重制约了养老服务的专业化、精细化发展进程。

地区发展的不平衡进一步加剧了人才队伍的结构性问题。一线城市和经济发达地区的养老护理员队伍相对稳定，在持证率、专业化水平等方面具有明显优势；而农村和欠发达地区不仅面临更严重的人才短缺问题，在培训资源获取和职业发展机会方面也处于明显劣势。这种城乡二元分化的格局不仅影响了养老服务的均衡发展，也加剧了行业整体的结构性矛盾。要改善这一状况，需要通过政策引导、资源倾斜等手段，逐步优化人才队伍的年龄结构、学历结构和地域分布，建设一支数量充足、结构合理的专业化养老护理队伍。

（六）尚未形成专门面向家庭照护者的支持政策

通过前面对相关政策的梳理和分析，从公共政策层面看，面向家庭照护者的直接支持政策十分有限，最重要的体现是我国至今还没有专门针对家庭照护者的制度安排。现有的公共政策体系只是强调子女对老人应尽的责任和义务。《宪法》《中华人民共和国婚姻法》《中华人民共和国老年人权益保障法》都规定，赡养人应当履行对老年人经济上供养、生活上照料和精神上慰藉的义务。但对于作为照料者主力军的女性成年子女面临的困难和挑战以及她们履行照料责任的保障条件，却没有明确规定。不过，现有社会化养老服务的相关政策的发展在很大程度上为家庭照护者获得社会支持提供了可能性，减轻了家庭照护者的负担，提高其参与可能性与责任感。

以上六方面的挑战相互关联、相互影响，形成了制约养老护理员人才队伍建设的困境。解决这些问题需要政府、行业组织和养老机构的协同努力，通过完善政策支持、改善待遇条件、加强教育培训、优化发展通道、健全监管体系等多管齐下的方式，逐步构建起适应社会需求的现代化养老护理服务体系。

三、增加人力资源供给的相关政策

（一）做好长期照护人力资源规划

虽然有效的劳动力市场机制可以在长期内保证护理人才的需求与供给的均衡，但护理人才需求的快速增长和劳动力市场的滞后效应会导致供求的失衡。因此，需要采取有效的措施促使需求与供给相均衡。从目前我国情况来看，从国家法律和政策层面提出了加强养老护理员队伍建设的原则和基本措施。

1. 建立国家层面的战略规划体系

建立国家层面的长期照护人才发展战略规划体系，从顶层设计入手，将其纳入国民经济和社会发展总体规划框架。例如，国务院制定《长期照护人才发展中长期规划纲要（2024—2035）》，明确未来发展的指导思想、基本原则和战略目标。规划应当基于人口老龄化趋势预测和长期照护服务需求分析，科学确定人才培养的规模目标和结构要求。同时，建立由民政部牵头，人力资源社会保障部、教育部、国家卫生健康委员会、国家医疗保障局等多部门参与的联席会议制度，形成统筹协调机制。各部门根据职责分工，制定配套政策文件，确保战略规划落地实施。在规划制定过程中，充分听取行业协会、养老服务机构、教育培训机构等各方意见，提高规划的科学性和可行性。

战略规划体系要建立分层分类的实施机制，形成中央、省、市三级联动的规划体系。中央层面重点明确战略方向、构建制度框架、完善政策体系；省级层面结合区域发展实际，制定具体实施方案，统筹区域内资源配置；市级层面负责具体项目落地和监督评估。规划实施应当建立动态调整机制，定期开展评估，及时发现问题并进行调整优化。同时，建立规划实施考核问责机制，将人才发展目标完成情况纳入相关部门和地方政府绩效考核体系。要特别注重规划的实效性，避免形式主义，确保各项政策措施真正惠及长期照护服务体系建设。通过建立完善的战略规划体系，为长期照护人才队伍建设提供制度保障和政策支持，推动长期照护服务体系持续健康发展。

2. 构建科学的人才需求预测体系

构建科学的长期照护人才需求预测体系，要建立以大数据为支撑的综合预测模型。该模型应整合多个维度的数据来源：一是人口数据，包括人口普查数据、人口变动抽样调查数据、老年人口规模和结构数据等；二是健康状况数据，包括老年人失能状况调查数据、慢性病患病率数据、医疗保险数据等；三是养老服务数据，包括养老机构数量和床位数据、社区养老服务设施数据、居家养老服务数据等；四是人才供给数据，包括养老护理从业人员数量、学历结构、年龄分布、流动情况等。

在此基础上，运用人工智能和机器学习技术，建立多层次、多维度的预测模型，科学测算未来 5~15 年的长期照护人才需求。预测体系要充分考虑区域差异性，分别对东部、中部、西部地区进行分类预测，并细化到省级和地市级层面。同时，建立养老护理人才供需动态监测平台，实现数据的实时采集、分析和预警。该平台应与人力资源市场信息系统、养老服务信息平台等互联互通，形成数据共享机制。定期发布《长期照护人才需求预测报告》，为政府部门制定人才培养政策、教育培训机构开展培训、养老服务机构进行人才储备提供决策依据。此外，要建立预测结果的评估和修正机制，通过实际数据与预测数据的对比分析，不断优化预测模型，提高预测的准确性和科学性。预测体系的建设和运行要充分发挥专业研究机构、高等院校、行业协会等各方力量，形成政产学研协同推进的工作格局，确保预测结果的客观性和权威性。

3. 完善人才培养投入机制

完善长期照护人才培养投入机制，核心是要建立以政府投入为主导、市场化融资为补充、社会力量广泛参与的多元化投入体系。首先，在政府投入方面，设立国家级长期照护人才培养专项基金，采取中央和地方共同投入的方式，中央财政重点支持中西部地区和农村地区的人才培养工作。各省级政府要将长期照护人才培养经费纳入年度财政预算，按照本地区老年人口比例和失能老人数量，确定基础投入规模。建立稳定的经费保障机制，将人才培养经费增长幅度与财政收入增长挂钩，确保投入的持续性和稳定性。

在资金使用方面，建立科学的分配机制和绩效评估体系。资金使用重点向养老护理职业教育、继续教育和技能培训倾斜，支持开展养老护理专业建设、课程开发、实训基地建设等。设立养老护理人才培养专项补贴，对参加职业培训和继续教育的从业人员给予培训费用补贴，对培训机构按培训成效给予奖励。同时，建立养老服务机构人才培养激励机制，对主动投入资金开展员工培训的机构给予配套支持。

4. 制定产教融合发展政策

制定长期照护领域的产教融合发展政策，要以服务产业发展需求为导向，构建教育链、人才链与产业链有机衔接的发展格局。在顶层设计层面，由教育部、民政部联合出台《长期照护服务产教融合发展实施方案》，明确产教融合的目标任务、重点领域和支持政策。支持高等院校和职业院校开设养老服务相关专业，将其纳入国家重点建设专业目录，在招生计划、经费投入等方面给予支持。建立产教融合型养老服务实训基地认证制度，对认证通过的基地在项目申报、资金支持等方面给予优先考虑。同时，鼓励养老服务龙头企业与院校共建产业学院，开展订单式人才培养。建立健全校企合作机制，推动养老服务企业深度参与人才培养方案制订、课程设置、实践教学等环节，确保人才培养与产业需求精准对接。

在具体实施层面，创新产教融合模式，建立多元化的合作机制。支持养老服务机构与院校共建实训基地，为学生提供实习实训机会，并选派优秀一线员工担任实践指导教师。建立产教融合创新平台，推动养老服务技术研发、标准制定和人才培养的协同创新。实施“双师型”教师培养计划，支持专业教师到养老服务机构挂职锻炼，提升实践教学能力。建立产教融合示范项目奖励机制，对校企合作成效显著的典型案例给予表彰和推广。同时，要加强产教融合质量评估，建立以就业质量和企业满意度为核心的评价体系，定期开展评估，并将评估结果与政策支持挂钩。通过产教深度融合，实现教育链和产业链的深度对接，培养适应产业发展需求的高质量长期照护人才。

5. 建立区域协调发展机制

建立长期照护人才区域协调发展机制，从国家层面统筹规划，构建东中西部协同发展的整体框架。建立区域对口支援制度，由民政部、人社部牵头，选择长期照护人才培养体系较为完善的东部省份，与中西部地区建立结对帮扶关系。设立区域协同发展专项资金，重点支持中西部地区和农村地区的人才培养工作，对欠发达地区的养老服务机构和培训机构给予专项补助。建立区域人才培养联盟，推动优质教育资源共享，支持东部地区的重点院校、示范性养老机构向中西部地区输出培训课程、管理经验和师资力量。同时，实施“养老服务人才振兴计划”，重点支持农村地区培养本土化的养老护理人才，建立县域养老服务人才培训基地，开展订单式定向培养。

在具体实施层面，建立多层次的区域协调机制。设立区域协调发展工作专班，定期召开区域协调发展联席会议，协调解决跨区域合作中的重点难点问题。建立区域人才信息共享平台，实现各地区养老护理人才供需信息的互联互通。支持建立区域性养老护理人才培训中心，采用“总部 + 分中心”的模式，辐射带动周边地区人才培养。创新区域合作模式，探索建立跨区域的人才培养基地共建共享机制，支持东部地区优质培训机构在中西部地区设立分支机构。同时，建立区域协调发展评估机制，将人才培养工作纳入区域发展考核体系，定期评估帮扶成效，确保区域协调发展政策取得实效。通过完善的区域协调发展机制，促进各地区长期照护人才培养工作均衡发展，缩小区域差距。

6. 健全监督评估机制

健全长期照护人才发展监督评估机制，构建全方位、多层次的评估体系，确保人才队伍建设各项政策措施落地见效。建立由民政部牵头，人社部、教育部等多部门参与的联合监督评估工作机制，制定《长期照护人才发展监督评估办法》，明确评估指标体系、评估方法和工作流程。评估指标体系应包括人才培养规模、质量、结构、使用效益等核心指标，以及财政投入、政策落实、培训效果、从业人员待遇等具体指标。建立常态化的督导检查机制，采取定期评估与不定期抽查相结合的方式，对各地区人才队伍建设情况进行全面监测。

在评估实施层面，建立科学的评估方法和程序。一是建立数据监测系统，实现对人才培养各环节关键数据的实时采集和分析；二是开展实地督导，通过走访调研、座谈交流等方式，深入了解政策落实情况；三是引入第三方评估机制，委托专业评估机构开展独立评估，确保评估结果的客观公正。评估结果与政策支持挂钩，对评估结果优秀的地区给予政策倾斜和资金奖励，对问题突出的地区提出整改要求并限期整改。同时，建立评估结果公开制度，定期发布评估报告，接受社会监督。特别注重评估结果的运用，将其作为完善政策、改进工作的重要依据，推动长期照护人才队伍建设质量持续提升。

7. 完善配套支持政策

在推进长期照护人才队伍建设过程中，配套支持政策是确保各项举措落地见效的重要保障。从财税支持、金融支持到土地支持等多个维度构建全方位的政策支持体系，形成政策合力，对促进长期照护服务体系的健康发展具有重要意义。

（1）财税政策支持。建立多层次的财政投入机制，包括设立专项发展基金、实施税收优惠政策和提供社会保险补贴等。具体而言，中央财政可设立长期照护人才发展专项资金，重点支持养老护理人才培养体系建设、职业技能提升和从业人员待遇改善；地方财政结合本地实际，配套相应资金，保障政策落实。在税收方面，对养老服务机构招收培养护理人员给予企业所得税优惠，对从事养老护理工作的个人实行个人所得税减免政策，同时对养老服务教育培训机构给予增值税等优惠政策。此外，进一步完善养老护理员岗位补贴制度，对持证上岗的养老护理员按照职业技能等级给予每月 200~1000 元不等的岗位补贴，并提供社会保险补贴支持，减轻用人单位负担。

（2）金融政策支持。构建多元化的融资支持体系，充分发挥金融杠杆作用，为长期照护人才发展提供充足的资金保障。首先，鼓励商业银行开发针对养老服务机构的专项信贷产品，对用于人才培养和待遇提升的贷款给予优惠利率。其次，设立养老服务产业发展基金，通过市场化运作方式，重点支持养老护理教育培训体系建设和人才培养项目。同时，积极引导社会资本参与养老服务人才培养，可采取政府与社会资本合作（PPP）模式，建设养老护理实训基地和培训中心。鼓励保险机构开发面向养老护理员的职业责任保险、意外伤害保险等保险产品，完善风险保障体系。此外，支持符合条件的养老服务企业通过发行企业债券、上市融资等方式筹集发展资金，将一定比例用于人才培养和待遇改善。

（3）土地支持政策。充分考虑长期照护人才培养体系建设的用地需求，在土地供应、规划建设等方面给予政策支持。将养老服务类教育培训设施建设用地纳入国土空间规划，优先保障用地需求。对于养老服务实训基地建设，可采取划拨方式供地或给予土地出让优惠。支持利用存量建设用地改造建设养老护理培训设施，简化审批程序，提高土地利用效率。在城市更新和老旧小区改造中，预留养老服务站点用地，为社区养老护理人才实训提供场所保障。同时，鼓励采取租赁、共享等方式盘活存量资源，为养老护理人才培训提供场地支持。建立养老服务设施建设补贴机制，对新建养老服务教育培训设施按建筑面积给予一定标准的建设补贴。这些土地支持政策的实施，需要住建、自然资源等部门加强协同配合，建立快速审批通道，提高政策落实效率。

宏观政策建议的实施需要国家层面的顶层设计和统筹协调，各地区可以根据本地实际情况制定具体实施细则。政策执行过程中要注重系统性、协同性和可持续性，确保长期照护人才队伍建设的持续健康发展。

（二）加强专业培训和继续教育培训体系建设

1. 进一步完善专业培训和继续教育培训体系

完善专业培训和继续教育培训体系，就是需要进一步构建系统化、规范化、专业化的培训体系，形成多层次、多类型的培训格局，满足不同层次人才的培训需求。建立健全培训标准体系，由民政部、人社部、教育部联合制定《长期照护人才培训标准》，明确不同层次、不同岗位的培训内容、培训方式和考核标准。培训内容涵盖专业理论知识、实操技能、职业道德、沟通技巧等多方面，并根据行业发展和技术进步及时更新。同时，建立分层分类的培训课程体系，针对养老护理员、康复师、社工等不同岗位，开发有针对性的培训课程包，确保培训内容与岗位需求精准对接。

2. 创新培训方式与手段

在培训实施层面，创新培训方式和手段。一是建立线上线下相结合的培训模式，开发智能化培训平台，推广移动学习、微课程学习等新型学习方式，提高培训的便利性和覆盖面。二是加强实训基地建设，配备先进的实训设备和智能化教学系统，为学员提供真实的实践环境。三是推行“导师制”培训模式，选聘优秀的一线工作者担任实践导师，开展“一对一”或“一对多”的技能传授。四是建立模块化、弹性化的培训机制，允许学员根据自身情况选择培训内容和时间，实现个性化学习。同时，建立培训质量监控体系，对培训机构、培训过程和培训效果进行全程监督，确保培训质量。

3. 完善终身学习体系

在继续教育方面，建立并完善终身学习体系。首先，建立继续教育学分制度，规定从业人员每年必须完成规定学时的继续教育，并将其与职业资格晋升、岗位聘用挂钩。其次，拓展继续教育渠道，支持高等院校、职业院校、行业协会等机构开展继续教育，为从业人员提供多样化的学习机会。建立继续教育基地网络，在各地区设立继续教育基地，方便从业人员就近参加培训。同时，加强继续教育内容建设，及时将新技术、新方法、新标准纳入培训内容，确保从业人员知识技能持续更新。

4. 做好相关培训政策保障

建立健全培训政策支持保障机制。一是设立专项培训资金，对参加培训的从业人员给予培训补贴，减轻其经济负担。二是建立培训激励机制，对积极参加培训并取得良好成效的人员给予表彰奖励。三是支持用人单位建立内部培训制度，对主动开展员工培训的机构给予政策支持。四是建立培训评价反馈机制，定期开展培训效果评估，及时调整完善培训内容和方式。通过完善的政策保障体系，确保培训工作持续有效开展。

（三）加强养老护理职业宣传

1. 构建智慧化传播矩阵

打造“智慧养老护理”全媒体传播平台，整合传统媒体与新媒体资源，形成立体化传播网络。在抖音、快手等短视频平台开设“暖心养老故事”专栏，通过 AI 智能剪辑技术，生成富有感染力的养老护理工作场景短视频。在 B 站建立“养老护理新时代”频道，通过沉浸式 VR 直播展示智能化养老院和科技养老设备的应用场景。开发“智慧养老云展厅”小程序，通过 3D 全景技术展示现代化养老机构的服务环境和工作流程。利用5G技术打造“云上养老护理”直播间，邀请行业专家在线分享养老护理知识和经验。同时，建立养老护理行业数字资讯库，运用大数据分析持续优化传播策略和内容。

2. 开展创新主题活动

策划具有时代特色的主题活动，提升养老护理职业的社会认可度。举办“智慧养老护理创新大赛”，鼓励养老护理人员运用人工智能、物联网等新技术开展服务创新。组织“元宇宙养老体验周”活动，通过虚拟现实技术让公众体验未来养老生活场景，理解养老护理工作的价值。开展“养老护理科技展”活动，展示智能康复设备、远程照护系统等前沿科技产品，展现养老护理行业的发展前景。建立“养老护理创新实验室”，支持养老护理人员开展科技创新项目，树立行业现代化形象。同时，举办“养老护理达人秀”网络评选活动，通过社交媒体展示优秀养老护理工作者的职业风采。

3. 建立多维互动平台

构建政府、企业、社会组织和公众等多方参与的互动平台。设立“养老护理发展基金”，支持养老护理文化建设和形象提升项目。与知名企业合作开展“企业养老护理体验日”，通过沉浸式体验增进对养老护理工作的理解。发起“跨代共融”公益项目，通过“青老互助”模式展现养老护理工作的社会价值。建立“养老护理职业发展联盟”，整合各方资源，形成宣传合力。开发“养老护理职业体验”数字课程，通过游戏化学习方式向青少年普及养老护理知识。同时，打造“养老护理云社区”，为从业者提供线上交流和经验分享平台。

4. 创新文化传播方式

运用现代传播技术和艺术形式，创新养老护理文化的表达方式。制作养老护理主题的数字艺术作品，通过NFT形式展现养老护理工作的人文关怀。开发养老护理题材的互动式纪录片，通过多媒体叙事手法讲述感人故事。举办“养老护理文创设计大赛”，征集具有现代审美的文创产品，提升行业形象。建立“养老护理数字博物馆”，通过数字孪生技术展示行业发展历程和成就。开展“智慧养老护理云课堂”，通过直播和在线课程形式普及养老护理知识。同时，建立养老护理文化传播效果评估系统，运用大数据分析持续优化传播策略。

（四）吸引非经济活动人口参与老年长期照护工作

可以借鉴许多经合组织国家的相关政策，吸引那些非经济活动人口加入老年护理行业。

1. 建立灵活就业机制

针对非经济活动人口的工作时间特点和生活需求，构建弹性工作制度。推行“时间银行”模式，允许照护人员将服务时间储存起来，未来可用于兑换照护服务或其他福利，实现服务时间的价值转化和储备。实施“共享照护员”制度，通过智能调度平台，让照护人员可以自主选择工作时间和服务对象，实现供需精准匹配。建立“社区照护岗位池”，将长期照护工作细分为生活照料、康复辅助、陪护陪聊等具体岗位，支持非经济活动人口根据个人情况选择适合的工作内容和时长。开发“养老照护共享平台”APP，运用大数据分析，实现供需精准对接，提高工作效率和灵活性。同时，建立“照护工作评价体系”，通过服务质量评估和用户反馈，形成科学的工作考核机制。

2. 完善培训支持体系

为非经济活动人口提供便捷的培训服务和技能提升途径。建立“社区照护培训站”，就近开展职业技能培训，降低参训成本和时间投入。开发“微课程”培训包，通过短视频、在线课程等形式，实现碎片化学习，满足个性化学习需求。推行“导师带徒”制度，由有经验的照护人员担任指导师，开展一对一帮扶，促进技能传承。设立“技能提升补贴”，对参加培训并取得资格证书的人员给予培训费用补贴。建立“照护技能等级认证”制度，设置初级、中级、高级等不同等级，形成清晰的职业发展通道。同时，开发“照护技能学习 APP”，提供在线学习、技能测评、经验交流等功能，打造便捷的学习平台。定期组织技能竞赛和经验交流会，营造良好的学习氛围。

3. 优化激励保障政策

建立多层次的激励机制，提高非经济活动人口参与照护工作的积极性。进一步完善“照护津贴”制度，根据服务时长、技能等级和服务质量给予差异化补贴。提供“照护保险”支持，为参加照护工作的人员购买意外伤害保险和职业责任保险，降低职业风险。实施“子女入学优惠”政策，对从事照护工作的人员子女就近入学给予照顾。建立“养老积分”制度，将照护服务时间转化为养老服务积分，可用于未来养老服务需求或兑换其他公共服务。持续开展“优秀护理员”评选活动，通过精神和物质奖励提升职业荣誉感。同时，建立“照护工作者权益保障机制”，提供法律咨询和维权服务，保障合法权益。

4. 创新服务模式

通过创新服务模式，提高照护工作的专业性和价值感。推行“智慧照护”模式，运用智能设备和远程监护系统，减轻照护人员的体力负担，提高工作效率。建立“专业化分工”机制，将照护服务细分为生活照料、康复护理、心理慰藉等专项服务，允许照护人员根据个人特长选择专攻方向，实现专业化发展。开展“家庭照护支持”项目，为居家照护的家庭成员提供专业指导和喘息服务，扩大服务范围。发展“互助照护”模式，鼓励有相似经历的人群组建互助小组，实现资源共享和经验交流。同时，继续探索“照护 + 康养”融合发展模式，拓展服务内容和形式，提升职业发展空间。

5. 构建支持网络

建立完善的支持体系，为非经济活动人口参与照护工作提供全方位保障。设立“照护工作者之家”，提供业务交流、心理疏导、权益维护等服务，打造温暖的职业家园。组建“照护工作者联盟”，促进经验分享和互助合作，增强行业凝聚力。开发“照护工作者服务平台”，提供政策咨询、技能提升、职业发展等一站式服务，实现资源整合。建立“照护工作者关爱基金”，为遇到困难的照护人员提供帮助，增强职业保障。同时，开展“照护工作者心理关爱”项目，定期组织心理辅导和减压活动，促进身心健康。建立“照护工作者发展联盟”，整合政府、企业、社会组织等多方资源，为照护工作者发展提供全方位支持。

（五）强化老年护理志愿服务工作

近几年来，公益服务理念深入人心，许多人具有较强的志愿服务老年人的意识，如何形成有效的老年护理志愿服务机制将是引导人们合理参与志愿服务的关键和核心问题之一。

1. 构建智慧化志愿服务平台

建立“智慧养老志愿服务综合平台”，运用现代信息技术提升志愿服务的组织化、专业化水平。开发“养老志愿云”APP，实现志愿者招募、培训、调度、评价一体化管理。设计智能匹配算法，根据志愿者特长和老年人需求进行精准对接，提高服务效率。建立“志愿服务地图”，通过可视化展示志愿服务需求分布和资源配置情况，实现精准投放。推行“智慧考勤”系统，采用人脸识别、电子签到等技术，规范志愿服务记录。开发“志愿服务数据中心”软件，通过大数据分析，科学评估志愿服务效果，优化资源配置。同时，建立“志愿者信用档案”，记录服务时长、质量评价等信息，形成激励约束机制。

2. 完善志愿者培训体系

建立分层分类的志愿者培训体系，提升志愿服务的专业水平。设计“老年护理志愿者课程包”，包括基础护理知识、应急救助技能、沟通技巧、心理关怀等模块。开展“线上 + 线下”混合式培训，通过微课程、直播课堂、实操演练等多种形式，提供便捷的学习渠道。建立“志愿者导师制”，选聘专业护理人员担任指导老师，开展一对一帮扶指导。组织“志愿服务经验分享会”，促进优秀经验交流和推广。建立“志愿者技能等级认证”制度，通过考核认证，明确志愿者的服务范围和权限。同时，开发“志愿服务实训基地”，配备模拟训练设备，提供真实实践环境。定期组织技能竞赛和案例研讨，营造学习提升的良好氛围。

3. 创新志愿服务模式

探索多元化的志愿服务模式，提升服务的针对性和有效性。推行“专业志愿者 + 助老志愿者”双层服务模式，形成优势互补的服务网络。开展“家庭照护志愿服务”项目，为居家老年人提供上门服务和照护指导。建立“互助式养老志愿服务圈”，鼓励老年人参与志愿服务，实现以老助老。推广“时间银行”模式，将志愿服务时间储存起来，未来可用于兑换服务。发展“智能照护 + 人工服务”结合模式，通过智能设备辅助提升服务效率。设立“特殊老年群体关爱项目”，为失能、独居等特殊老年人提供个性化服务。同时，开展“代际融合”志愿服务活动，促进青少年与老年人的互动交流。建立“社区—机构—医院”联动机制，整合各类资源，提供全方位服务。

4. 健全激励保障机制

建立完善的激励保障机制，提高志愿者参与老年护理的积极性和持续性。制定“志愿服务积分制”，将服务时间转化为积分，可用于兑换公共服务或商业优惠。提供“志愿者保险”保障，为志愿者购买人身意外险和责任险。建立“志愿服务嘉许制度”，定期评选表彰优秀志愿者和优秀项目。设立“志愿者关爱基金”，为志愿服务中遇到困难的志愿者提供帮助。继续推行“志愿服务证书”制度，将志愿服务经历纳入个人信用记录。同时，建立“志愿者权益保护机制”，为志愿者提供法律咨询和维权服务。开展“志愿者心理关爱”活动，定期为志愿者组织减压和心理辅导。

5. 强化组织协调管理

建立健全的组织管理体系，提升志愿服务的规范化水平。成立“老年护理志愿服务联盟”，整合各类志愿服务组织资源。建立“区域志愿服务协调中心”，统筹区域内志愿服务资源配置。制定“志愿服务质量标准”，规范服务流程和服务要求。建立“志愿服务督导制度”，定期开展服务质量评估和监督。进一步完善“志愿服务投诉处理机制”，及时解决服务过程中的问题。同时，建立“应急志愿服务预案”，提高突发事件应对能力。开展“志愿服务项目评估”，定期总结经验，持续改进服务质量。建立“志愿服务研究基地”，推动志愿服务理论创新和实践探索。

四、现有人力资源的充分利用相关政策

（一）加强招聘和入职培训

在我国的长期护理行业中，加强招聘和入职培训对提高员工留任率至关重要。机构应该充分利用线上线下相结合的招聘渠道，如微信公众号、抖音短视频、本地就业网站以及传统的人才市场等，以吸引更多潜在候选人。在招聘过程中，应该突出强调工作的社会价值和意义，因为在中国文化中，“孝道”和“尊老爱幼”的传统观念仍然深入人心，这可以吸引那些希望在有意义的工作中实现自我价值的求职者。

在入职培训方面，机构应该设计一个为期至少两周的全面培训计划。这个计划应该包括理论学习和实践操作两个部分。理论学习涵盖老年护理的基础知识、中医保健知识、心理学基础等内容，而实践操作则包括基本护理技能、紧急情况处理、与老年人沟通的技巧等。此外，还应该安排新员工与有经验的员工进行“师徒制”配对，让新人在实际工作中得到及时指导和帮助。

入职培训结束后，机构还应该定期组织“回炉培训”，确保员工的知识和技能始终保持更新。

（二）提供具有竞争力的薪酬和福利待遇

提供具有竞争力的薪酬和福利待遇是留住优秀护理人才的关键。首先，机构应该根据当地的生活成本和行业平均工资水平，制定合理的基本工资标准。除此之外，还应该设立多层次的绩效奖金制度，如“月度优秀员工奖”“季度服务之星奖”等，激励员工不断提升服务质量。

在福利方面，除了基本的“五险一金”，机构还可以考虑提供一些特色福利。例如，考虑到护理工作的特殊性，可以为员工提供额外的健康保险，包括定期体检、心理咨询等服务。此外，可以设立“员工关爱基金”，帮助遇到困难的员工渡过难关。针对中国的实际情况，机构还可以考虑提供一些与传统节日相关的福利，如春节红包、中秋节礼品等，体现出对中国传统文化的尊重和对员工的关怀。

考虑到许多护理人员是外地务工人员，机构可以提供免费或低价的员工宿舍，减轻他们的生活压力。对于有子女的员工，可以考虑提供托儿服务或教育补贴，帮助他们平衡工作和家庭生活。这些福利不仅能够提高员工的工作满意度，也能增强他们对机构的归属感和忠诚度。

（三）灵活的排班促进工作生活平衡

实施灵活的排班制度促进工作生活平衡对提高员工留任率具有重要意义。首先，机构可以采用“弹性工时”制度，允许员工在保证工作质量的前提下，根据个人情况选择工作时间。例如，可以设置“核心工作时间”和“弹性工作时间”，让员工有一定的自主权安排自己的工作。

此外，机构可以引入“轮休制”，让员工能够定期享有较长时间的连续休假。这对那些需要回老家探亲或者照顾家庭的员工来说尤为重要。在中国的传统节日期间，如春节、中秋节等，机构应该尽可能安排员工轮流休假，让他们有机会与家人团聚。

考虑到护理工作的高强度和高压力特性，机构还可以实施“工间休息”制度，让员工在工作中有短暂的休息时间，以恢复精力。例如，可以设立

“员工休息室”，配备按摩椅、阅读区等设施，让员工在短暂的休息时间里得到充分放松。

为了进一步促进工作生活平衡，机构可以定期组织员工活动，如团建旅游、文化沙龙等，丰富员工的业余生活。同时，可以鼓励员工参与志愿服务或社区活动，让他们在工作之外也能感受到自己的社会价值。通过这些措施，不仅可以提高员工的工作满意度，也能增强团队凝聚力，从而提高员工的留任率。

（四）促进员工职业发展

为员工提供清晰的职业发展路径和持续的学习机会是提高员工留任率的重要策略。首先，机构应该建立完善的职业晋升体系，明确各个职级的要求和晋升标准。例如，可以设置初级护理员、中级护理员、高级护理员、护理主管等不同级别，每个级别都有相应的薪资待遇和职责范围。这样，员工就能清楚地看到自己的职业发展方向，增强工作动力。

其次，机构应该重视员工的继续教育和技能提升。可以与当地的职业学校或医疗机构合作，定期组织专业培训。这些课程可以包括最新的护理技术、老年病防治知识、心理学知识等。同时，可以鼓励员工参加行业资格认证考试，如养老护理员职业资格证、康复理疗师证等，并为通过考试的员工提供奖励。

再次，机构可以设立“内部讲师”制度，鼓励有经验的员工分享自己的工作经验和技巧。这不仅可以促进知识的传播，也能给予优秀员工更多的展示机会和荣誉感。对于表现突出的员工，机构可以提供进修机会，如资助他们参加高级培训课程或考取更高级别的职业资格证。

最后，机构可以与国外的养老机构建立交流合作关系，选派优秀员工出国学习先进的护理理念和技术。这不仅能够提升员工的专业水平，也能开阔他们的视野，增强他们对机构的认同感和忠诚度。通过这些多元化的职业发展机会，员工能够看到机构内部的长期发展前景，从而更愿意长期留任。

（五）形成支持性工作环境

在中国的长期护理行业中，创造一个支持性的工作环境对提高员工留任率至关重要。首先，机构应该建立开放、透明的沟通机制。可以定期举行员工座谈会，让员工有机会直接与管理层交流，表达自己的想法和建议。同时，也可以设立匿名意见箱或在线反馈系统，让员工能够自由地表达自己的意见和建议。

其次，机构应该重视员工的心理健康。可以聘请专业的心理咨询师，定期为员工提供心理辅导服务。考虑到一些人可能对心理咨询存在一些误解或顾虑，机构可以通过宣传教育，消除员工对心理咨询的偏见，鼓励他们主动寻求帮助。

机构应该建立公平、公正的评价体系。可以采用360度评价方法，综合考虑同事、上级、服务对象的反馈，给予员工全面、客观的评价。在进行评价和反馈时，应该注意方式方法，避免让员工感到尴尬或失面子。

机构可以组织多种团队建设活动，如团队运动会、集体生日会等，增强团队凝聚力。同时，也可以设立“互助基金”，鼓励员工之间互帮互助，营造温暖的工作氛围。

最后，机构应该重视对优秀员工的表彰和奖励。可以设立“月度之星”“年度最佳员工”等荣誉称号，并在全体员工面前进行表彰。这不仅能够激励优秀员工，也能树立榜样，激发其他员工的工作热情。通过这些措施，可以创造一个让员工感到被重视、被尊重的工作环境，从而提高他们的工作满意度和留任意愿。

（六）指导和同伴支持项目

建立有效的指导和同伴支持项目对提高员工留任率具有重要作用。首先，机构可以实施现代学徒项目。选择经验丰富、工作表现优秀的员工作为导师，与新入职或经验较少的员工结对。这种一对一的指导不仅可以帮助新员工更快地适应工作，也能让有经验的员工获得成就感和责任感。考虑到中华传统文化中“尊师重道”的观念，这种师徒关系可能会更容易被接受和重视。

其次，机构可以成立“同伴支持小组”。将工作性质相似或面临相似挑战的员工组织在一起，定期举行小组会议，分享工作经验、讨论解决问题方案。这种同伴模式可以创造一个安全、信任的环境，让员工能够坦诚地交流工作中遇到的困难和压力。人们可能更倾向于在小群体中表达自己的想法和感受，因此这种小组形式可能会比较有效。

机构可以建立“经验分享平台”。利用微信群、企业微信等常用的社交媒体工具，创建在线交流平台。鼓励员工在平台上分享工作技巧、案例分析等，形成一个持续学习和互助的氛围。机构可以对积极分享的员工给予奖励，如额外的积分或小礼品，以激励更多的知识分享。

机构还可以组织跨部门交流活动。例如，可以安排护理部门的员工与行政部门、后勤部门的员工进行工作交流，增进彼此的理解和合作。这不仅可以拓宽员工的视野，也能够增强整个机构的凝聚力。

最后，机构可以设立“员工互助基金”。鼓励员工自愿捐款，用于帮助遇到困难的同事。这种互帮互助的机制不仅能够体现传统的“患难与共”精神，也能增强员工之间的情感联系。通过这些多元化的指导和支持项目，可以创造一个相互学习、相互支持的工作环境，提高员工的归属感和工作满意度，从而提高留任率。

（七）关注员工福利

关注员工的福利对提高留任率是至关重要的。首先，机构应该重视员工的身体健康。可以为员工提供定期的健康体检，包括常规体检和针对护理工作特点的专项检查，如腰椎检查等。可以聘请中医师定期为员工进行健康咨询和调理。

其次，机构应该关注员工的心理健康。可以设立“心理咨询室”，聘请专业的心理咨询师定期驻场。同时，也可以组织一些减压活动，如瑜伽课、冥想课等，帮助员工缓解工作压力。

此外，机构应该重视员工的工作环境。可以改善员工休息区的设施，如配备按摩椅、设立阅读区等。可以为员工提供营养均衡的工作餐，或者设立“健康食堂”，让员工在工作之余能享受到健康美味的食物。

考虑到许多护理人员可能是“空巢老人”或者是“留守儿童”的父母，机构可以提供一些特殊的关怀服务。例如，可以组织“亲子活动日”，让员工有机会带孩子来工作场所参观，增进家庭关系。对于那些父母年迈的员工，可以提供一些照顾老人的福利，如免费体检、优先入住等。

再次，机构可以推出“员工关爱计划”。例如，在员工生日时送上祝福和礼物，在传统节日如春节、中秋节等为员工准备应景的礼品。这些小细节能够让员工感受到机构的重视和关怀。

机构可以设立“员工发展基金”，用于支持员工的个人成长和职业发展。例如，可以资助员工参加与工作相关的培训课程、考取专业资格证书等。这不仅能提升员工的专业能力，也能增强他们对机构的归属感。

考虑到护理工作的特殊性，机构还可以为员工提供“压力管理课程”。可以邀请专家讲授压力管理技巧、情绪调节方法等，帮助员工更好地应对工作中的挑战。同时，可以组织“经验分享会”，让资深员工分享他们处理压力和困难的经验，为新员工提供指导和支持。

最后，机构可以推行“弹性福利计划”。根据员工的不同需求，提供一系列可选择的福利项目，如额外的带薪休假、健身房会员、子女教育补贴等。这种个性化的福利方案能够更好地满足不同员工的需求，提高他们的工作满意度。

通过这些全方位的关怀措施，机构可以创造一个重视员工身心健康、支持员工个人发展的工作环境。这不仅能够提高员工的工作满意度，也能增强他们对机构的忠诚度，从而提高留任率。

五、降低长期照护人力资源需求相关政策

（一）推进智慧照护体系建设

1. 建立智能化照护设施设备体系

智能化照护设施设备是智慧照护体系的物质基础，通过配置先进的智能设备，可以显著提升照护效率，降低人力成本。在基础照护方面，通过部署智能床位管理系统，包括电动护理床、自动体位调整系统、智能防褥疮气垫等设备，实现对老年人的自动化照护。同时，配置智能移位机、电动升降机等移位辅助设备，有效减轻护理人员的体力负担，提高照护安全性。

在生活照料方面，通过引入智能送餐系统、智能沐浴设备、环境管理系统等设施，全面提升老年人的生活品质。智能送餐机器人可以实现餐食的自动配送和温度控制，智能沐浴系统能够保障洗浴安全和舒适度，而智能环境管理系统则可以维持良好的居住环境。这些设备的应用不仅提高了老年人的

自理能力，也大大减少了人工照护的成本。

2. 建立智慧照护管理平台

智慧照护管理平台是实现照护科学化、精细化管理的重要手段。通过建立完善的照护信息管理系统，整合老年人的健康档案、照护计划、服务记录等信息，实现照护工作的全程跟踪和科学管理。系统能够根据评估结果自动生成个性化照护方案，并支持方案的动态调整和效果评估。

平台还具备智能预警功能，通过对老年人生命体征和行为数据的实时监测和分析，及时发现潜在风险。系统可以自动识别行为异常、健康风险等情况，并通过智能呼叫系统实现快速响应。这种智能化的管理模式不仅提高了服务效率，也确保了照护质量的持续提升。

3. 推进远程照护服务模式建议

远程照护服务是智慧照护体系的重要创新，通过远程监护系统实现对老年人的全天候关注。系统通过智能摄像头、定位设备等设施，实时掌握老年人的活动状态和位置信息，有效预防意外事件的发生。同时，远程探视功能的设置，使家属能够随时了解老年人的状况，增强情感联系。

在医疗支持方面，远程照护服务可以整合远程会诊、用药管理、康复指导等功能。通过与医疗机构的连接，为老年人提供便捷的在线诊疗和健康咨询服务。智能药盒的应用确保了用药安全，而远程康复指导则提供了专业的康复训练支持。这种服务模式既提高了医疗资源的可及性，也降低了专业医护人员的工作负担。

4. 智慧照护保障机制

完善的保障机制是智慧照护体系持续运行的关键。在技术支持方面，建立了设备定期维护保养制度和故障应急预案，确保系统的稳定运行。同时，通过开展系统化的技术培训，提高工作人员对智能设备的操作能力，保障设备的有效使用。

在数据管理方面，制定严格的信息安全制度和隐私保护机制，规范数据的采集、存储和使用。通过建立统一的服务标准和数据规范，促进各系统间的互联互通，实现资源共享。同时，定期开展系统评估和优化，确保智慧照护体系能够持续满足实际需求，不断提升服务水平。这种系统化的智慧照护体系建设，需要政府、机构、企业的共同努力，通过技术创新和管理创新，实现照护服务的转型升级。在推进转型升级的过程中，要特别注意循序渐进、因地制宜，确保系统的实用性和可持续性。同时，始终坚持以人为本，在提升效率的同时，保持服务的温度和人性化。

（二）优化照护服务分级分类体系

1. 建立科学的需求评估体系

照护需求评估是服务分级分类的基础和前提。通过建立统一的评估标准体系，从日常生活能力、认知功能、精神状态、疾病状况等多方面，对老年人的照护需求进行全面评估。评估内容应包括基本生活自理能力（进食、如厕、穿衣等）、工具性日常生活能力（购物、做饭、服药等）、认知功能状况、精神心理状态、疾病康复需求等方面，确保评估的科学性和全面性。

评估工作需要建立专业的评估团队，由医生、护士、社工、康复师等多学科人员组成，采用标准化的评估工具和流程，确保评估结果的客观性和可比性。同时，建立动态评估机制，定期对老年人身体状况进行重新评估，及时调整服务等级和内容，实现精准化、个性化的服务配置。

2. 实施分级分类服务模式

基于评估结果，将照护服务对象划分为不同等级，如自理、轻度、中度、重度照护需求等级，针对不同等级制定相应的服务标准和规范。对于能自理老人，重点提供生活照料和健康管理服务；对于轻度照护需求者，提供基础护理和部分生活照料服务；对于中度照护需求者，提供专业护理和康复训练服务；对于重度照护需求者，提供全方位的专业医疗护理服务。

在服务类型方面，按照专业化要求将服务分为医疗护理、康复训练、生活照料、心理支持等不同类别。针对每类服务制定具体的服务内容、质量标准和操作规范，明确不同级别照护人员的工作职责和服务范围。通过科学的分工协作，确保各类专业人员能够充分发挥其专业优势，提高服务效率和质量。

3. 优化资源配置机制

根据不同等级、不同类型的服务需求，建立科学的人力资源配置标准。明确规定各级别服务所需的专业护理人员、护理员、生活照护员的配置比例，确保人力资源的合理分配。同时，建立弹性排班制度，根据服务需求的时间分布特点，合理安排工作人员，提高人力资源使用效率。

在设施设备配置方面，按照不同照护等级的需求，配置相应的专业设备和辅助工具。对于重度照护区域，配置专业医疗护理设备；对于康复训练区域，配置专业康复器材；对于生活照料区域，配置适老化设施设备。通过合理的资源配置，确保服务供给与需求的有效匹配。

4. 完善质量管理体系

建立服务质量评价标准，从服务及时性、规范性、有效性、满意度等多个维度，对分级分类服务的实施效果进行评估。通过建立服务记录系统，对服务过程进行全程追踪和监控，及时发现和解决服务中存在的问题。定期开展服务质量评估，收集服务对象和家属的反馈意见，持续改进服务质量。

同时，建立服务质量监督机制，成立质量管理团队，定期进行质量检查和督导。建立服务投诉处理机制，及时响应和解决服务对象的投诉和建议。通过完善的质量管理体系，确保分级分类服务的规范化和标准化，不断提升服务水平。

这种分级分类服务体系的建设，需要在实践中不断总结经验，持续优化完善。要特别注意服务的连续性和过渡性，确保不同等级、不同类型服务之间的有效衔接。同时，充分考虑老年人的个体差异和需求变化，保持服务的灵活性和适应性，真正实现“精准照护、科学服务”的目标。

（三）积极推进健康老龄化，减少长期照护服务需求

健康老龄化作为一种可行的策略，能够有效减少长期照护服务需求。实际上，我国已经出台了很多促进健康老龄化的政策和措施，通过锻炼身体、健康饮食、戒烟和减少酒精消费倡导更为健康的生活方式，以提升自我照料和健康管理能力，有效降低老人的失能流行率，降低人员需求。

1. 构建全生命周期健康管理体系

健康老龄化必须从全生命周期的视角出发，建立覆盖不同年龄阶段的健康管理体系。这一体系应包括健康教育、疾病预防、健康促进、慢性病管理等多个维度，通过系统化的健康干预措施，降低老年期疾病发生率和失能风险。要特别注重中年期的健康管理，通过早期干预和预防，减少进入老年期后的健康问题。

在具体实施层面，建立居民健康档案，运用大数据技术对居民健康状况

进行动态监测和风险评估。通过建立家庭医生签约服务制度，为居民提供连续性的健康管理服务。同时，开发智能化健康管理平台，利用移动互联网技术，为居民提供便捷的健康咨询、监测和指导服务。

针对不同年龄段的特点和需求，制订有针对性的健康促进计划。例如，为中年人群提供职业健康保护、压力管理、生活方式改善等服务，为老年前期人群提供慢性病预防、功能维持、心理健康等服务，为高龄老人提供功能康复、营养改善、社会参与等服务。

2. 推进预防为主的医疗卫生服务体系建设

进一步完善和推进以预防为主的医疗卫生服务体系，重点加强基层医疗卫生服务能力建设。通过完善社区卫生服务中心（站）的功能，提供包括健康教育、预防保健、疾病筛查、康复护理等在内的基本医疗卫生服务。同时，加强基层医疗机构与上级医院的合作，建立分级诊疗制度，提高慢性病防治的整体效能。

强化疾病预防控制体系建设，加大对老年常见病、慢性病的预防力度。开展具有针对性的健康风险因素监测和干预，如高血压、糖尿病、心脑血管疾病等重点疾病的筛查和管理。建立老年人健康危险因素预警系统，通过早期发现、早期干预，降低疾病发生率和发展速度。

完善医防融合机制，推动医疗机构将预防保健服务纳入日常诊疗活动中。建立健康教育和疾病预防的激励机制，调动医疗机构和医务人员开展预防服务的积极性。同时，加强对居民健康素养的培育，提高自我健康管理能力。

3. 完善老年健康服务体系

建立覆盖城乡的老年健康促进服务网络，在社区层面设立老年健康服务站点，提供健康教育、功能评估、康复指导等服务。整合社区卫生服务中心、养老服务机构、体育健身场所等资源，为老年人提供便捷的健康促进服务。同时，培养专业的老年健康指导员队伍，提供专业化的健康指导服务。

开展多样化的老年健康促进活动，包括健康知识讲座、运动健身指导、营养膳食指导、心理健康辅导等。特别注重提高老年人的社会参与意识，通过组织文体活动、兴趣小组、志愿服务等形式，促进老年人保持积极的生活方式和社会交往。建立老年人健康社交网络，预防老年期抑郁和认知功能退化。

推进适老化环境建设，在社区、公园、文化场所等公共空间配置适合老年人使用的健身设施和活动场地。开发老年人喜闻乐见的健康促进项目，如太极拳、广场舞、健步走等，鼓励老年人积极参与体育锻炼。同时，加强对老年人使用健身设施的指导和安全管理。

4. 完善老年人功能维护和康复服务体系

建立老年人功能评估和早期干预机制，定期对老年人的身体功能、认知功能、日常生活能力等进行评估。针对评估结果，制订个性化的功能维护和康复计划，预防功能退化和降低失能风险。特别要关注轻度功能障碍老年人的康复需求，通过及时干预防止功能进一步下降。

发展社区康复服务，在社区设立康复站点，配备基本的康复器材和专业人员。开展康复训练指导、辅具适配、家庭环境改造等服务，帮助老年人维持和改善功能状态。同时，加强对家庭照护者的康复知识培训，提高家庭康复的效果。

推进康复医疗服务体系建设，加强康复医院、康复科室建设，提高专业康复服务能力。建立康复医疗与养老服务的衔接机制，实现医养结合。同时，发展康复辅具产业，提高康复辅具的可及性和适用性，支持老年人功能维护和康复。

5. 建立积极老龄化支持政策体系

完善老年人社会保障制度，提高养老金、医疗保险等保障水平，减轻老年人的经济负担和健康支出压力。建立长期护理保险制度，为失能风险提供制度性保障。同时，发展商业健康保险，为老年人提供多层次的保障选择。

制定鼓励老年人积极参与社会活动的政策措施，包括发展老年教育、促进老年就业、支持老年志愿服务等。建立老年人才信息库，搭建老年人才与用人单位对接平台，支持老年人发挥余热。同时，完善老年人权益保护制度，预防和制止各种形式的老年歧视。

推进老年友好型社会建设，在城市规划、公共服务、产品设计等方面充分考虑老年人需求。发展适老化产业，推动养老服务、健康服务、文化休闲等相关产业发展。同时，加强老龄化问题的研究和政策创新，为健康老龄化提供理论支持和政策指导。

通过实施以上措施，可以有效提升老年人的健康水平，延缓功能退化，减少失能风险，从而降低长期照护服务需求。这需要政府、社会、家庭的共同努力，形成促进健康老龄化的合力。同时，要注意政策实施的系统性和持续性，确保各项措施能够真正发挥效果。

六、完善家庭照护者支持政策

（一）建立家庭照护者经济支持体系

1. 建立照护津贴制度

家庭照护者因承担照护责任，往往需要减少工作时间或完全放弃工作，导致经济收入下降。建立照护津贴制度，根据照护对象的失能程度、照护时间和照护强度，为家庭照护者提供分级经济补贴，可以有效缓解其经济压力。同时，将家庭照护者纳入社会保障体系，确保其享有基本的养老保险、医疗保险等社会保障待遇。

建立专项资金池，通过财政拨款、福利彩票公益金等多种渠道筹集资金，确保照护津贴的持续性和稳定性。制定科学的津贴发放标准和管理办法，建立动态调整机制，根据经济发展水平和物价变动情况适时调整补贴标准。同时，简化申请程序，提高补贴发放效率，确保政策及时惠及照护者。

2. 实施税收优惠政策

将照护支出纳入个人所得税专项附加扣除范围，包括照护用品购置、护理服务支出、医疗康复费用等。对于与照护相关用品和服务，实施增值税减免政策，降低照护成本。同时，对雇佣专业照护人员的家庭提供税收抵免，鼓励家庭获得专业照护支持。

建立完善的税收优惠申报和核验机制，简化办理流程，提高政策可及性。加强政策宣传和指导，帮助照护者充分了解和享受税收优惠政策。定期评估税收优惠政策的实施效果，根据实际情况进行调整和完善。

3. 完善就业支持政策

推动企业为承担照护责任的员工提供弹性工作制、远程办公等灵活工作方式，帮助其平衡工作与照护责任。建立带薪照护请假制度，保障照护者在紧急情况下的请假权利，确保其工作岗位和基本待遇不受影响。

为有就业意愿的照护者提供职业培训和就业指导服务，帮助其提升职业技能，增强就业竞争力。建立照护者就业信息平台，为其提供就业信息和岗位推荐。鼓励企业优先招聘有照护经验的人员，并给予适当的岗位补贴。

4. 完善长期护理保险制度

建立健全覆盖全民的长期护理保险制度，将家庭照护纳入保险补偿范围。设计多层次的保险产品体系，包括基本长期护理保险和商业补充护理保险，满足不同层次的照护保障需求。同时，建立保险理赔绿色通道，简化理赔程序，提高保险服务效率。

进一步完善长期护理保险筹资机制，采取个人缴费、单位缴费和政府补贴相结合的方式，确保保险基金的可持续性。建立科学的待遇支付标准，根据照护等级和服务项目确定保险赔付金额。同时，加强保险基金监管，确保基金安全和有效使用。

（二）提供专业化的照护技能培训

1. 建立系统培训体系

在社区层面设立照护培训中心，配备专业的医护人员、康复师，为家庭照护者提供系统的照护知识和技能培训。培训内容包括基础护理技能、康复训练方法、用药管理、营养照护等，确保照护者掌握科学的照护方法。

建立分级培训制度，设置初级、中级、高级等不同层次的培训课程，满足不同照护者的学习需求。开发标准化的培训教材和操作指南，确保培训质量的统一性和规范性。同时，建立培训考核和认证机制，对完成培训的照护者颁发相应级别的资格证书。

2. 开展针对性专项培训

针对不同类型失能老人的个性需求，开展专项技能培训。例如，针对失智老人照护者提供认知障碍照护和沟通技巧培训，针对卧床老人照护者提供压疮预防和康复训练指导，针对终末期患者照护者提供临终关怀知识培训等。

建立专业咨询和技术指导机制，设立 24 小时咨询热线，为照护者提供及时的技术支持和问题解答。定期组织经验交流活动，促进照护者之间相互学习和交流。同时，通过案例分析和实地指导，帮助照护者更好地应对实际照护过程中遇到的各种问题。

3. 发展远程培训平台

建立线上培训平台，开发多媒体课程资源，方便照护者利用碎片时间进行学习。通过视频教学、在线互动等方式，提供便捷的学习渠道。同时，建立移动学习 APP，实现培训资源的随时获取和学习进度的实时跟踪。

整合各类优质培训资源，建立培训资源库，包括视频课程、图文教程、案例分析等多种形式。开发智能学习系统，根据照护者的需求和学习情况，推送个性化的学习内容。同时，建立在线答疑机制，及时解决学习过程中遇到的问题。

4. 建立实训基地

在医疗机构、养老机构等设立实训基地，为照护者提供实践学习的场所。配备专业的实训设备和指导人员，通过实操训练提高照护者的实践能力。定期组织实训课程，让照护者在真实环境中掌握照护技能。

建立实训考核标准，对照护者的实操能力进行评估和认证。开展模拟训练，帮助照护者熟悉各种照护场景和应急处置方法。同时，建立实训档案，记录照护者的学习过程和技能提升情况。

（三）完善照护者喘息服务体系

1. 建立多层次喘息服务网络

在社区通过日间照料中心提供短期托养服务，使照护者能够暂时放下照护责任，获得必要的休息时间。发展专业的上门喘息服务队伍，由训练有素的照护人员提供暂替照护服务，确保服务的专业性和可靠性。

建立便捷的喘息服务预约系统，允许照护者根据个人需求灵活安排使用时间。制定合理的服务定价标准，对经济困难家庭提供费用补贴，提高服务的可及性。同时，建立服务质量评估和监督机制，确保喘息服务的安全性和有效性。

2. 发展互助式喘息服务

组织照护者互助小组，通过轮流照护等方式实现照护责任的分担。建立社区志愿服务队伍，为有需要的照护家庭提供临时照护支持。培养和发展照护服务志愿者，扩大喘息服务的覆盖面。

建立照护者互助网络平台，促进资源共享和经验交流。开展照护技能互助培训，提高互助服务的质量。同时，建立互助服务激励机制，对积极参与互助服务的照护者给予适当奖励和支持。

3. 建立机构式喘息服务体系

依托现有养老机构、医疗机构等设立专门的喘息服务床位，提供短期住宿式喘息服务。配备专业的医护人员和照护人员，确保服务质量和安全。建立机构与家庭之间的无缝对接机制，实现照护工作的平稳过渡。

制定机构喘息服务规范和标准，明确服务内容、质量要求和收费标准。建立服务评价体系，定期开展服务质量评估和满意度调查。同时，探索医养结合模式，为有医疗需求的照护对象提供专业医疗服务。

4. 完善应急喘息服务机制

设立 24 小时应急喘息服务响应机制，为突发情况下需要紧急喘息服务的家庭提供及时支援。设立应急服务热线，配备专业的应急服务团队，确保服务的及时性和可靠性。

建立应急喘息服务预案，明确各相关机构的职责和协作机制。建立应急服务资源储备，包括人力资源、设备设施等。同时，定期开展应急演练，提高应急服务能力。

（四）加强照护者心理健康支持

1. 提供专业心理咨询服务

在社区设立心理咨询室，配备专业心理咨询师，为照护者提供个体咨询和团体辅导服务。定期开展心理健康评估，及时发现和干预照护者的心理问题。建立心理危机干预机制，为出现严重心理问题的照护者提供紧急援助。

开展压力管理、情绪调节等专题培训，提高照护者的心理调适能力。提供家庭关系辅导，帮助照护者处理家庭矛盾，维护家庭关系和谐。同时，设立心理支持热线，为照护者提供及时的心理疏导和危机干预服务。

2. 构建社会支持网络

组织照护者互助小组，通过同伴支持的方式帮助照护者缓解心理压力。开展文化娱乐活动，帮助照护者保持社会联系，预防社会孤立。建立照护者联谊平台，促进照护者之间的交流和互动。

通过媒体宣传等方式提高社会对家庭照护者的理解和尊重，创造支持性的社会环境。开展社区教育，增进邻里互助，形成支持照护者的社区氛围。同时，动员社会力量参与照护者支持工作，形成多方参与的支持网络。

3. 开展心理健康教育

定期组织心理健康知识讲座，提高照护者的心理健康意识和自我调适能力。编制心理健康指导手册，为照护者提供实用的心理调适方法和技巧。开展心理健康主题活动，创造轻松愉悦的氛围。

建立心理健康资源库，提供各类心理健康教育资料和自助工具。开展线上心理健康课程，方便照护者随时学习和参与。同时，培养心理健康宣传员，在社区开展心理健康知识普及工作。

4. 建立家庭心理辅导支持系统

为照护家庭提供整体性心理辅导，帮助家庭成员理解和支持照护者。开展家庭沟通技巧培训，改善家庭成员间的交流方式。建立家庭矛盾调解机制，及时化解家庭矛盾冲突。组织家庭团体活动，增进家庭成员间的情感联系。提供家庭系统治疗服务，帮助处理复杂的家庭关系。同时，建立家庭支持小组，促进不同家庭之间的经验交流和互助。

（五）构建照护者权益保障机制

1. 完善法律保障体系

制定专门的照护者权益保护法规，明确规定照护者的各项权利，包括获得经济补助、享受培训服务、使用喘息服务等权利。建立照护者权益保护指南，规范照护服务机构和相关部门的行为，防止侵犯照护者权益的情况发生。

建立权益保护监督机制，设立专门的投诉和处理渠道，及时解决照护者在照护过程中遇到的问题和困难。提供法律咨询和援助服务，帮助照护者维护自身合法权益。同时，加强对权益保护工作的监督和评估，确保各项支持政策得到有效落实。

2. 推动社会价值认可

将家庭照护工作纳入社会贡献评价体系，提高照护工作的社会地位和认可度。建立照护者表彰制度，对表现突出的家庭照护者给予适当奖励和社会肯定。开展优秀照护者事迹宣传活动，提高社会对照护工作的理解和尊重。

加强政策研究和创新，根据照护者需求变化不断完善支持政策。建立照护者需求调查机制，定期了解照护者面临的困难和问题。同时，推动照护服务专业化发展，提高照护工作的社会价值认可度。

3. 建立权益维护网络

成立照护者权益保护协会，为照护者提供组织化的权益维护平台。建立照护者权益维护联动机制，整合各方资源，形成权益保护合力。设立权益维护基金，为权益受损的照护者提供必要的援助。开展权益保护宣传教育，提高照护者的权益保护意识和维权能力。建立权益保护信息平台，及时发布相关政策信息和维权指南。同时，组织开展照护者权益保护专题研讨，推动照护者权益保护工作的深入开展。

4. 完善监督评估机制

建立照护者权益保护监测体系，定期开展权益保护状况调查和评估。设立第三方评估机构，对权益保护工作进行独立评估。建立评估结果反馈机制，推动相关政策和措施的改进完善。开展政策实施效果评估，分析政策落实中存在的问题和困难。建立政策调整优化机制，根据评估结果及时调整完善相关政策措施。同时，加强社会监督，发挥媒体和社会组织的监督作用。

参考文献

一、英文文献

A. Amirkhanyan and D. A. Wolf, "Parent care and the stress process: Findings from panel data," The Journals of Gerontology, Series B: Psychological Sciences and Social Sciences, vol. 61, no. 5, pp. S248~S255, 2006.

A. Andreev, "To work or not to work: Labor supply decisions of Russia's disabled," Duke Journal of Economics, vol. 20, 2008. [Online]. Available: http://econ.duke.edu/dje/2008Symp/Andreev.pdf

Avgar, P. Tambe, and L. Hitt, "Built to learn: How work practices affect employee learning during healthcare information technology implementation," MIS Quarterly, vol. 42, no. 2, pp. 645~659, 2018.

C. D'Addio and M. Mira d'Ercole, "Trends and determinants of fertility rates: The role of policies," OECD Publishing, 2005.

Cangiano and K. Walsh, "Recruitment processes and immigration regulations: The disjointed pathways to employing migrant carers in ageing societies," Work, Employment and Society, vol. 28, no. 3, pp. 372~389, 2014.

Clegg, J. Young, S. Iliffe, M. O. Rikkert, and K. Rockwood, "Frailty in elderly people," The Lancet, vol. 381, no. 9868, pp. 752~762, 2013.

Filho, J. Mambrini, D. Malta, M. Lima-Costa, and S. Peixoto, "Contribution of chronic diseases to the prevalence of disability in basic and instrumental activities of daily living in elderly brazilians: the national health survey (2013)," Cadernos De Saúde Pública, vol. 34, no. 1, 2018.

L. Kristof, "Person-organization fit: An integrative review of its conceptualizations, measurement, and implications," Personnel Psychology, vol. 49, no. 1, pp. 1~49, 1996.

Marshall, "Developing a methodology for the local estimation and projection of limiting long term illness and disability," University of Manchester, 2009.

Ramsey and K. Montgomery, "Technology-based interventions in social work practice: A systematic review of mental health interventions," Social Work in Health Care, vol. 53, no. 9, pp. 883~899, 2014.

Seitenova and C. M. Becker, "Disability in Kazakhstan: An evaluation of official data," World Bank, 2008.

AARP, "Global focus on long-term care workforce," AARP International, 2005.

Administration for Community Living, "2020 profile of older Americans," U.S. Department of Health and Human Services, 2021. [Online]. Available: https://acl.gov/aging-and-disability-in-america/data-and-research/profile-older-americans.

Alzheimer's Association, "2023 Alzheimer's disease facts and figures," Alzheimer's & Dementia, vol. 19, no. 4, pp. 1598~1695, 2023.

Australian Bureau of Statistics, "Disability, ageing and carers: Summary of findings Australia," 2003.

Amankwaa, "Informal caregiver stress," ABNF Journal, vol. 28, no. 4, pp. 92–95, 2017.

C. Spillman and L. E. Pezzin, "Potential and active family caregivers: Changing networks and the 'sandwich generation,'" Milbank Quarterly, vol. 78, no. 2, pp. 347~374.

C. Spillman, J. Wolff, V. A. Freedman, and J. D. Kasper, "Informal caregiving for older Americans: An analysis of the 2011 National Study of Caregiving," U.S. Department of Health and Human Services, 2014.

Lichtenstein, D. Reuben, A. Karlamangla, W. Han, C. Roth, and N. Wenger,

"Effect of physician delegation to other healthcare providers on the quality of care for geriatric conditions," Journal of the American Geriatrics Society, vol. 63, no. 10, pp. 2164~2170, 2015.

Martin and D. King, "Who cares for older Australians? A picture of the residential and community based aged care workforce, 2007," Commonwealth of Australia, 2008.

Schütz, "Managed migration and the labour market-The health sector: Austrian report," International Organization for Migration, 2006.

B.-K. Yoo, J. Bhattacharya, K. M. McDonald, and A. M. Garber, "Impacts of informal caregiver availability on long-term care expenditures in OECD countries," Health Services Research, vol. 39, no. 6, Pt. 2, pp. 1401~1432, 2004.

Bureau of Labor Statistics, "Occupational employment and wage statistics," U.S. Department of Labor, 2022.

A. Surr et al., "Effective dementia education and training for the health and social care workforce: A systematic review of the literature," Review of Educational Research, vol. 87, no. 5, pp. 966~1002, 2017.

H. Van Houtven and E. D. Norton, "Economic effects of informal care," Swiss Journal of Economics and Statistics, 2006.

Harrington, T. Ng, M. LaPlante, and S. Kaye, "Medicaid home- and community-based services: Impact of the Affordable Care Act," Journal of Aging & Social Policy, vol. 24, no. 2, pp. 169~187, 2012.

L. F. Chan and E. W. T. Chui, "Association between cultural factors and the caregiving burden for Chinese spousal caregivers of frail elderly in Hong Kong," Aging & Mental Health, vol. 15, no. 4, pp. 500~509, 2011.

L. Johnson and D. J. Catalano, "A longitudinal study of family supports to impaired elderly," The Gerontologist, vol. 23, no. 6, pp. 612~618, 1983.

M. Becker and D. S. Urzhumova, "Pension burdens and labor force participation in Kazakstan," World Development, vol. 26, no. 11, pp. 2087~2103, 1998.

N. Kanellopoulos and M. Gregou, "Managed migration and the labour market-The health sector in Greece," Center of Planning and Economic Research, 2006.

V. Browne and K. L. Braun, "Globalization, women's migration, and the long-term-care workforce," The Gerontologist, vol. 48, no. 1, pp. 16~24, 2008.

Canadian Home Care Human Resources Study, "Synthesis report," 2003.

Centers for Medicare & Medicaid Services, "Biden-Harris administration takes historic action to increase access to quality care and support for families and caregivers." [Online]. Available: https://www.cms.gov/newsroom/press-releases/biden-harris-administration-takes-historic-action-increase-access-quality-care-and-support-families

Frederick, "Mitigating burden associated with informal caregiving," Journal of Patient Experience, vol. 5, no. 1, pp. 50~55, 2017.

L. Redfoot and A. N. Houser, "'We shall travel on': Quality of care, economic development, and the international migration of long-term care workers," AARP Public Policy Institute, 2005.

L. Roth, M. Perkins, V. G. Wadley, E. M. Temple, and W. E. Haley, "Family caregiving and emotional strain: Associations with quality of life in a large national sample of middle-aged and older adults," Quality of Life Research, vol. 18, no. 6, pp. 679~688, 2009.

Libault, "Concertation: Grand âge et autonomie," Ministère des Solidarités et de la Santé, 2019.

LoGiudice et al., "The psychosocial health status of carers of persons with dementia: A comparison with the chronically ill," Quality of Life Research, vol. 7, no. 4, pp. 345~351, 1998.

Seavey, "The cost of frontline turnover in long-term care," 2004.

K. Pavalko and J. E. Artis, "Women's caregiving and paid work: Causal relationships in late midlife," The Journals of Gerontology: Series B, Psychological Sciences and Social Sciences, vol. 52, no. 4, pp. S170~S179, 1997.

Kispeter, "What digital skills do adults need to succeed in the workplace now," Warwick Institute for Employment Research, 2018.

Mestheneos and J. Triantafillou, "Services for supporting family carers of elderly people in Europe: Characteristics, coverage and usage," Eurofamcare, 2002.

P. Stoller and L. L. Earl, "Help with activities of everyday life: Sources of support for the noninstitutional elderly," The Gerontologist, vol. 23, no. 1, pp. 64~70, 1983.

Quinn, "Managed migration and the labour market-the health sector in Ireland," European Migration Network, 2006.

Eurostat, "Employment statistics by gender," Eurostat Statistics Explained. [Online]. Available: https://ec.europa.eu/eurostat/statistics-explained/index.php?title=Employment_statistics

Bettio, A. Simonazzi, and P. Villa, "Changes in care regimes and female migration: The 'care drain' in the Mediterranean," Journal of European Social Policy, vol. 16, no. 3, pp. 271~285, 2006.

Carmichael and S. Charles, "The opportunity costs of informal care: Does gender matter?," Journal of Health Economics, vol. 22, no. 5, pp. 781~803, 2003.

Colombo, A. Llena-Nozal, J. Mercier, and F. Tjadens, Help wanted? Providing and paying for long-term care. in OECD Health Policy Studies. OECD Publishing, 2011.

Vadean and S. Allan, "The effects of minimum wage policy on the long-term care sector," The Economics of Social and Health Care Research Unit, 2017. [Online]. Available: http://www.pssru.ac.uk

Baetschmann, K. E. Staub, and R. Winkelmann, "Consistent estimation of the fixed effects ordered logit model," Journal of the Royal Statistical Society: Series A (Statistics in Society), vol. 178, no. 3, pp. 685~703, 2015.

Lafortune and G. Balestat, "Trends in Severe Disability Among Elderly People: Assessing the Evidence in 12 OECD Countries and the Future Implications," OECD Publishing, 2007.

Lamura, "Supporting carers of older people in Europe: A comparative report on six European countries," presented at the 11th European Social Services Conference, Venice, Italy, 2003.

Lazaridis, "Filipino and Albanian women migrant workers in Greece: Multiple layers of oppression," in Gender and migration in Southern Europe, F. Anthias and

G. Lazaridis, Eds., Berg, 2000, pp. 49~79.

Steinsheim, "Factors associated with subjective burden among informal caregivers of home-dwelling people with dementia: A cross-sectional study," BMC Geriatrics, vol. 23, no. 1, 2023.

Miranda, L. Punnett, R. Gore, and J. Boyer, "Violence at the workplace increases the risk of musculoskeletal pain among nursing home workers," Occupational & Environmental Medicine, vol. 68, no. 1, pp. 52~57, 2011.

Oxley, "Policies for healthy ageing: An overview," OECD Publishing, 2009.

Rothgang and G. Igl, "Long-term care in Germany," Japanese Journal of Social Security Policy, vol. 6, no. 1, pp. 54~85, 2007.

S. Kaye, C. Harrington, and M. P. LaPlante, "Long-term care: Who gets it, who provides it, who pays, and how much?," Health Affairs, vol. 29, no. 1, pp. 11~21, 2010.

Sauermann, "Vocational choice: A decision making perspective," Journal of Vocational Behavior, vol. 66, pp. 273~303, 2005.

van Ewijk, P. Moss, and C. Turner, "Care work in Europe: Current understandings and future directions, WP3 mapping of care services and the care workforce," Thomas Coram Research Unit, Institute of Education, University of London, 2002.

L. Harris-Kojetin, M. Sengupta, E. Park-Lee, and R. Valverde, "Long-term care services in the United States: 2013 overview," National Center for Health Statistics, National Health Care Statistics Reports No. 1, 2013.

Needham, C. Abderhalden, R. J. Halfens, J. E. Fischer, and T. Dassen, "Non-somatic effects of patient aggression on nurses: A systematic review," Journal of Advanced Nursing, vol. 49, no. 3, pp. 283~296, 2005.

Papadopoulos, C. Koulouglioti, and S. Ali, "Views of nurses and other health and social care workers on the use of assistive humanoid and animal-like robots in health and social care: A scoping review," Contemporary Nurse, vol. 54, no. 4~5, pp. 425~442, 2018.

Putri, "The relation between informal caregiver's stress towards quality of life stroke patients," Konselor, vol. 9, no. 3, pp. 108~115, 2020.

Institute of Medicine, Retooling for an aging America: Building the health care workforce. National Academies Press, 2008.

International Labour Office, "Migration of health workers: Country case study: The Philippines," 2005.

Ávila-Fuñes, S. Piña-Escudero, S. Aguilar-Navarro, L. Robledo, L. Ruiz-Arregui, and H. Amieva, "Cognitive impairment and low physical activity are the components of frailty more strongly associated with disability," The Journal of Nutrition Health & Aging, vol. 15, no. 8, pp. 683~689, 2011.

Benson, K. Washington, O. Landon, D. Chakurian, G. Demiris, and D. Oliver, "When family life contributes to cancer caregiver burden in palliative care," Journal of Family Nursing, vol. 29, no. 3, pp. 275~287, 2023.

Broekens, M. Heerink, and H. Rosendal, "Assistive social robots in elderly care: A review," Gerontechnology, vol. 8, no. 2, pp. 94~103, 2009.

Chaloff, "Mismatches in the formal sector, expansions of the informal sector: Immigration of health professionals to Italy," OECD Publishing, 2008.

Cohen-Mansfield and A. Bester, "Flexibility as a management principle in dementia care: The Adards example," The Gerontologist, vol. 46, no. 4, pp. 540~544, 2006.

Forth and A. Aznar, "Productivity in the UK's low-wage industries," Joseph Rowntree Foundation, 2018.

Gaymu, P. Ekamper, and G. Beets, "Who will be caring for Europe's dependent elders in 2030?," Population, vol. 62, no. 4, pp. 675~706, 2007.

J. J. Jensen and H. K. Hansen, "Care work in Europe, current understandings and future directions, surveying demand, supply and use of care-Denmark," Danish National Institute of Social Research, 2002.

J. Keefe and P. Fancey, "Compensating family caregivers: An analysis of tax initiatives and pension schemes," Health Law Journal, vol. 7, pp. 193~204, 1999.

J. Keefe, N. Guberman, P. Fancey, L. Barylak, and D. Nahmiash, "Caregivers' aspirations, realities, and expectations: The CARE Tool," Journal of Applied Gerontology, vol. 27, no. 3, pp. 286~308, 2008.

J. Kiecolt-Glaser, K. Preacher, R. MacCallum, C. Atkinson, W. Malarkey, and R. Glaser, "Chronic stress and age-related increases in the proinflammatory cytokinc IL-6," Proceedings of the National Academy of Sciences USA, vol. 100, no. 15, pp. 9090~9095, 2003.

J. L. Holland, Making vocational choices: A theory of vocational personalities and work environments. PAR, 1997.

J. Lee, S. Lau, E. Meijer, and P. Hu, "Living longer, with or without disability? A global and longitudinal perspective," The Journals of Gerontology: Series A, vol. 75, no. 1, pp. 162~167, 2019.

J. M. Wooldridge, Econometric analysis of cross section and panel data, 2nd ed. MIT Press, 2010.

J. S. Markowitz, E. M. Gutterman, K. Sadik, and G. Papadopoulos, "Health-related quality of life for caregivers of patients with Alzheimer disease," Alzheimer Disease & Associated Disorders, vol. 17, no. 4, pp. 209~214, 2003.

J. Spetz and N. Dudley, "Consensus-based recommendations for an adequate workforce to care for people with serious illness," Journal of the American Geriatrics Society, vol. 67, no. S2, pp. S392~S399, 2019.

J. Tjia, K. M. Mazor, T. Field, V. Meterko, A. Spenard, and J. H. Gurwitz, "Nurse-physician communication in the long-term care setting: Perceived barriers and impact on patient safety," Journal of Patient Safety, vol. 5, no. 3, pp. 145~152, 2009.

Kumamoto, Y. Arai, and S. H. Zarit, "Use of home care services effectively reduces feelings of burden among family caregivers of disabled elderly in Japan: Preliminary results," International Journal of Geriatric Psychiatry, vol. 21, no. 2, pp. 163~170, 2006.

Manton, "Recent declines in chronic disability in the elderly population: risk factors and future dynamics," Annual Review of Public Health, vol. 29, pp. 91~113, 2008.

Mavromaras et al., "The aged care workforce, 2016," Department of Health, 2017.

Spilsbury et al., “Implementation and impact of the enhanced health in care homes framework: A realist evaluation,” Age and Ageing, vol. 52, no. 2, 2023.

Annerstedt, S. Elmstahl, B. Ingvad, and S. M. Samuelsson, “Family caregiving in dementia: An analysis of the caregiver’s burden and the ‘breaking-point’ when home care becomes inadequate,” Scandinavian Journal of Public Health, vol. 28, no. 1, pp. 23~31, 2000.

Harris-Kojetin, M. Sengupta, E. Park-Lee, and R. Valverde, “Long-term care services in the United States: 2013 overview,” National Center for Health Statistics, 2013.

Moreira, “Health literacy for people-centred care: Where do OECD countries stand?,” OECD Publishing, 2018.

Pearlin, J. Mullan, S. Semple, and M. Skaff, “Caregiving and the stress process: An overview of concepts and their measures,” The Gerontologist, vol. 30, no. 5, pp. 583~594, 1990.

Shang, Y. Huang, Z. Liu, and H. Chen, “A cross-sectional survey of disability attributed to mental disorders and service use in China,” Chinese Medical Journal, vol. 130, no. 12, pp. 1441~1445, 2017.

Wray and C. S. Blaum, “Explaining the Role of Sex on Disability: A Population-Based Study,” Gerontologist, vol. 41, pp. 499~510, 2001.

L. Zwar, M. Angermeyer, H. Matschinger, S. Riedel-Heller, H. König, and A. Hajek, “Are informal family caregivers stigmatized differently based on their gender or employment status? A German study on public stigma towards informal long-term caregivers of older individuals,” BMC Public Health, vol. 21, no. 1, 2021.

Bajekal, T. Harries, R. Breman, and K. Woodfield, “Review of disability estimates and definitions,” HMSO, London, 2003.

Baumgarten, “The health of persons giving care to the demented elderly: A critical review of the literature,” Journal of Clinical Epidemiology, vol. 42, no. 12, pp. 1137~1148, 1989.

Baumgarten, R. N. Battista, C. Infante-Rivard, J. A. Hanlay, R. Becker, and

S. Ganthier, “The psychological and physical health of family members caring for elderly persons with dementia,” Journal of Clinical Epidemiology, vol. 45, no. 1, pp. 61~70, 1992.

D. Fine and A. Mitchell, “Immigration and the aged care workforce in Australia: Meeting the deficit,” Australasian Journal on Ageing, vol. 26, no. 4, pp. 157~161, 2007.

Denton, “Task shifting in the provision of home and social care in Ontario, Canada: Implications for quality of care,” Health and Social Care in the Community, vol. 23, no. 5, pp. 485~492, 2015.

M. El Khomri, “Plan national en faveur de l’attractivité des métiers du grand-âge 2020~2024,” Ministère des Solidarités et de la Santé, 2019. [Online]. Available: https://solidarites-sante.gouv.fr/IMG/pdf/rapport_el_khomri_-_plan_metiers_du_grand_age.pdf

M. Greaney, Z. Kunicki, M. Drohan, C. Nash, and S. Cohen, “Sleep quality among informal caregivers during the COVID-19 pandemic: A cross-sectional study,” Gerontology and Geriatric Medicine, vol. 8, pp. 1~9, 2022.

M. H. Cantor, “The informal support system: Its relevance in the lives of the elderly,” in Aging and society, E. F. Borgatta and N. G. McCluskey, Eds., Sage, 1980, pp. 131~144.

M. Hartmann, J. Wens, V. Verhoeven, and R. Remmen, “The effect of caregiver support interventions for informal caregivers of community-dwelling frail elderly: A systematic review,” International Journal of Integrated Care, vol. 12, no. 5, 2012.

M. J. Gibson and D. L. Redfoot, “Comparing long-term care in Germany and the United States: What can we learn from each other?,” AARP Public Policy Institute, 2007.

M. Pinquart and S. Sorensen, “Correlates of physical health of informal caregivers: A meta-analysis,” The Journals of Gerontology, Series B: Psychological Sciences and Social Sciences, vol. 62, no. 2, pp. 126~137, 2007.

M. Pinquart and S. Sorensen, “Spouses, adult children, and children-in-law as caregivers of older adults: A meta-analytic comparison,” Psychology and Aging, vol. 26, no. 1, pp. 1~14, 2011.

M. Prince et al., "The burden of disease in older people and implications for health policy and practice," The Lancet, vol. 385, no. 9967, pp. 549~562, 2015.

M. Riedl and I. Geishecker, "Keep it simple: Estimation strategies for ordered response models with fixed effects," Journal of Applied Statistics, vol. 41, no. 11, pp. 2358~2374, 2014.

M. Ruiz Morilla, M. Sans, A. Casasa, and N. Giménez, "Implementing technology in healthcare: Insights from physicians," BMC Medical Informatics and Decision Making, vol. 17, no. 1, 2017.

M. Tareque, S. Begum, and Y. Saito, "Inequality in disability in bangladesh," Plos One, vol. 9, no. 7, 2014.

A. Mathiowetz, "Methodological issues in the measurement of work disability," in Survey Measurement of Work Disability: Summary of a Workshop, N. Mathiowetz and G. Wunderlich, Eds., National Academy Press, 2000.

B. Coe and C. H. Van Houtven, "Caring for mom and neglecting yourself? The health effects of caring for an elderly parent," Health Economics, vol. 18, no. 9, pp. 991~1010, 2009.

Cherry, M. Chowdhury, R. Haque, C. McDonald, and Z. Chowdhury, "Disability among elderly rural villagers: report of a survey from gonoshasthaya kendra, bangladesh," BMC Public Health, vol. 12, no. 1, 2012.

L. Chappell and R. C. Reid, "Burden and well-being among caregivers: Examining the distinction," The Gerontologist, vol. 42, no. 6, pp. 772~780, 2002.

Perrin, N. Yragui, G. Hanson, and N. Glass, "Workplace violence against homecare workers and its relationship with workers health outcomes: A cross-sectional study," BMC Public Health, vol. 15, 2015.

National Alliance for Caregiving and AARP, "Caregiving in the U.S.," 2020. [Online]. Available: https://www.caregiving.org/caregiving-in-the-us-2020/.

National Council for Ageing, "Fact sheet: Falls," National Council for Aging Care, 2018. [Online]. Available: https://www.aging.com/falls-fact-sheet/.

National Health Service, "Accelerating artificial intelligence in health and care:

Results from a state of the nation survey," The Academic Health Science Network, 2018.

National Health Service, "Improving digital literacy," NHS England, 2017. [Online]. Available: https://www.hee.nhs.uk/sites/default/files/documents/Improving%20Digital%20Literacy%20-%20HEE%20and%20RCN%20report.pdf.

National Health Service, "Preparing the healthcare workforce to deliver the digital future - The Topol Review," Health Education England, 2019.

S. Sunde, K. R. Øyen, and S. Ytrehus, "Do nurses and other health professionals' in elderly care have education in family nursing?," Scandinavian Journal of Caring Sciences, vol. 31, no. 3, pp. 505~514, 2017.

OECD, "Health at a glance 2023," OECD Publishing, 2023. [Online]. Available: https://doi.org/10.1787/70bff492-en

OECD, "Health at a Glance 2013: OECD Indicators," OECD Publishing, 2013. [Online]. Available: http://www.oecd.org/els/health-systems/Health-at-a-Glance-2013.pdf.

OECD, "Health at a glance 2019," 2019.

OECD, "Health at a glance 2021: OECD indicators," 2021.

OECD, "Help wanted? Providing and paying for long-term care," 2011.

OECD, "OECD Health Data 2008," OECD, Paris, 2008.

Organisation for Economic Co-operation and Development, "Beyond applause? Improving working conditions in long-term care," OECD Publishing, 2023.

Organisation for Economic Co-operation and Development, "International migration outlook," OECD Publishing, 2007.

Organisation for Economic Co-operation and Development, "Labour force statistics: Population projections." OECD Employment and Labour Market Statistics Database, 2014.

Organisation for Economic Co-operation and Development, "OECD employment outlook 2018," OECD Publishing, 2018.

Organisation for Economic Co-operation and Development, "OECD employment outlook 2019: The future of work," OECD Publishing, 2019.

Organisation for Economic Co-operation and Development, "OECD pilot data collection on long-term care workers," OECD Publishing, 2008.

Organisation for Economic Co-operation and Development, "Who cares? Attracting and retaining care workers for the elderly," OECD Publishing, 2020.

Organisation for Economic Co-operation and Development, Jobs for immigrants (Vol. 4): Labour market integration in Italy. OECD Publishing, 2014.

Organization for Economic Co-operation and Development, "Long-term care for older people," OECD Publishing, 2005.

Organization for Economic Co-operation and Development, "Society at a glance 2009: OECD social indicators," OECD Publishing, 2009.

Angley and B. Newman, "Who will care? The recruitment and retention of community care (aged and disability) workers," Brotherhood of St. Laurence, 2002.

Congdon, "Statistical graduation in local demographic analysis and projection," Journal of the Royal Statistical Society. Series A. Statistics in Society, vol. 156, no. 2, pp. 237~270, 1993.

Marešová et al., "Consequences of chronic diseases and other limitations associated with old age – A scoping review," BMC Public Health, vol. 19, no. 1, 2019.

Osterman, Who will care for us? Long-term care and the long-term workforce. Russell Sage Foundation, 2017. [Online]. Available: http://www.jstor.org/stable/10.7758/9781610448673

Vitaliano, J. Zhang, and J. Scanlan, "Is caregiving hazardous to one's physical health? A meta-analysis," Psychological Bulletin, vol. 129, no. 6, pp. 946~972, 2003.

Zheng, Z. Guo, X. Du, H. Yang, and Z. Wang, "Prevalence of disability among the Chinese older population: a systematic review and meta-analysis," International Journal of Environmental Research and Public Health, vol. 19, no. 3, p. 1656, 2022.

PHI, "Workforce data center." [Online]. Available: https://phinational.org/policy-research/workforce-data-center/.

Feng, Z. Zhen, D. Gu, B. Wu, P. Duncan, and J. Purser, "Trends in ADL and

IADL disability in community-dwelling older adults in Shanghai, China, 1998-2008," The Journals of Gerontology Series B, vol. 68, no. 3, pp. 476–485, 2013.

Guo, Y. Sun, M. Fan, and Z. Li, "What is the degree of social disability risk in China under the background of the aging population? Social disability risk measurement index system design and evaluation research based on China," Frontiers in Public Health, vol. 11, 2023.

Andersen and J. F. Newman, "Societal and individual determinants of medical care utilization in the United States," The Milbank Memorial Fund Quarterly. Health and Society, vol. 51, no. 1, pp. 95~124, 1973.

Atwell, "Implementing transformational leadership in long-term care," Geriatric Nursing, vol. 32, no. 3, pp. 212~219, 2011.

Baughman and K. Smith, "Labor mobility of the direct care workforce: Implications for the provision of long-term care," Health Economics, vol. 21, no. 12, pp. 1402~1415, 2012.

Coman, C. Caponecchia, and A. McIntosh, "Manual handling in aged care: Impact of environment-related interventions on mobility," Safety and Health at Work, vol. 9, no. 4, pp. 372~380, 2018.

R. Fujisawa and F. Colombo, "The long-term care workforce: Overview and strategies to adapt supply to a growing demand," 2009.

R. I. Stone and S. M. Keigher, "Toward an equitable, universal caregiver policy: The potential of financial supports for family caregivers," Journal of Aging & Social Policy, vol. 6, no. 1~2, pp. 57~75, 1994.

R. J. Angel and J. L. Angel, Who will care? Aging and long-term care in multicultural America. New York University Press, 1997.

R. M. Andersen, "Revisiting the behavioral model and access to medical care: does it matter?," Journal of Health Social Behavior, vol. 36, no. 1, pp. 1~10, 1995.

R. Paul, S. Srivastava, T. Muhammad, and R. Rashmi, "Determinants of acquired disability and recovery from disability in indian older adults: longitudinal influence of socio-economic and health-related factors," BMC Geriatrics, vol. 21, no. 1, 2021.

R. Schulz and J. K. Monin, “The costs and benefits of informal caregiving,” in Moving beyond self-interest: Perspectives from evolutionary biology, neuroscience, and the social sciences, S. L. Brown, R. M. Brown, and L. A. Penner, Eds., Oxford University Press, 2012, pp. 178~198.

R. Schulz et al., “End-of-life care and the effects of bereavement on family caregivers of persons with dementia,” New England Journal of Medicine, vol. 349, no. 20, pp. 1936~1942, 2003.

R. Schulz, A. T. O’Brien, J. Bookwala, and K. Fleissner, “Psychiatric and physical morbidity effects of dementia caregiving: Prevalence, correlates, and causes,” The Gerontologist, vol. 35, no. 6, pp. 771~791, 1995.

R. Yokota et al., “Contribution of chronic diseases to the disability burden in a population 15 years and older, Belgium, 1997~2008,” BMC Public Health, vol. 15, no. 1, 2015.

Bindawas and V. Vennu, “The national and regional prevalence rates of disability, type, of disability and severity in saudi arabia-analysis of 2016 demographic survey data,” International Journal of Environmental Research and Public Health, vol. 15, no. 3, p. 419, 2018.

Carretero, “Technology-enabled services for older people living at home independently: Lessons for public long-term care authorities in the EU Member States,” 2015.

Cook and S. Cohen, “Sociodemographic disparities in adult child informal caregiving intensity in the United States: Results from the new National Study of Caregiving,” Journal of Gerontological Nursing, vol. 44, no. 9, pp. 15~20, 2018.

S. Edwards, A. Bitton, J. Hong, B. Landon, G. Ritter, and L. Hicks, “Task delegation and burnout trade-offs among primary care providers and nurses in Veterans Affairs Patient Aligned Care Teams (VA PACTs),” The Journal of the American Board of Family Medicine, vol. 31, no. 1, pp. 83~93, 2018.

S. H. Zarit, E. E. Femia, K. Kim, and C. J. Whitlatch, “The structure of risk factors and outcomes for family caregivers: Implications for assessment and treatment,” Aging & Mental Health, vol. 14, no. 2, pp. 220~231, 2010.

S. Harmuth, "The direct care workforce crisis in long-term care," North Carolina Medical Journal, vol. 63, no. 2, pp. 87~91, 2002.

S. Hunt et al., "Registered nurse retention strategies in nursing homes," Health Care Management Review, vol. 37, no. 3, pp. 246~256, 2012.

S. Johansson and P. Moss, "Care work in Europe, current understandings and future directions, work with elderly people: A case study of Sweden, Spain and England with additional material from Hungary," European Commission, 2004.

S. Katz, A. B. Ford, R. W. Moskowitz, B. A. Jackson, and M. W. Jaffe, "Studies of illness in the aged. The index of ADL: A standardized measure of biological and psychosocial function," Journal of the American Medical Association, vol. 185, pp. 914~919, 1963.

S. Korczyk, "Long-term workers in five countries: Issues and options," American Association of Retired Persons, 2004.

S. L. O'Bryant, "Neighbors' support of older widows who live alone in their own homes," The Gerontologist, vol. 25, no. 3, pp. 305~310, 1985.

S. Novek, "Filipino health care aides and the nursing home labour market in Winnipeg," Canadian Journal on Aging, vol. 32, no. 4, pp. 405~416, 2013.

S. O. Daatland and K. Herlofson, "'Lost solidarity' or 'changed solidarity': A comparative European view of normative family solidarity," Ageing & Society, vol. 23, no. 5, pp. 537~560, 2003.

S. R. Kunkel and R. A. Applebaum, "Estimating the prevalence of long-term disability for an aging society," 1991.

S. Rimpiläinen, C. Morrison, and L. Rooney, "Review and analysis of the digital health sector and skills for Scotland," Social Work in Health Care, vol. 53, no. 9, pp. 883~899, 2014.

S.-Y. Qian, P. Yu, Z.-Y. Zhang, D. M. Hailey, P. J. Davy, and M. I. Nelson, "The work pattern of personal care workers in two Australian nursing homes: A time-motion study," BMC Health Services Research, vol. 12, no. 1, 2012.

Skills for Care, "Core digital skills in social care," Skills for Care, 2016. [Online]. Available: https://www.skillsforcare.org.uk/Documents/Topics/Digital-working/Core-digital-skills-in-socialcare.pdf.

Ngandu et al., "A 2 year multidomain intervention of diet, exercise, cognitive training, and vascular risk monitoring versus control to prevent cognitive decline in at-risk elderly people (FINGER): A randomised controlled trial," The Lancet, vol. 385, no. 9984, pp. 2255~2263, 2015.

Ricketts and L. Goldsmith, "Access in health services research: the battle of the frameworks," Nursing Outlook, vol. 53, pp. 274~280, 2005.

The Global Ageing Network Leading Age LTSS Center@UMass, "Filling the care gap: Integrating foreign-born nurses and personal care assistants into the field of long-term services and supports," 2018.

U.S. Department of Health and Human Services, "Report to Congress: The Centers for Medicare & Medicaid Services' evaluation of the Money Follows the Person (MFP) demonstration," 2018. [Online]. Available: https://www.medicaid.gov/medicaid/ltss/downloads/mfp-rtc.pdf.

U.S. Department of Health and Human Services, "What is long-term care?" [Online]. Available: http://longtermcare.gov/the-basics/what-is-long-term-care/

United Nations, "Convention on the rights of persons with disabilities," 2006. [Online]. Available: https://www.un.org/development/desa/disabilities/convention-on-the-rights-of-persons-with-disabilities.html

United Nations, "Madrid international plan of action on ageing," 2002. [Online]. Available: https://www.un.org/esa/socdev/documents/ageing/MIPAA/political-declaration-en.pdf.

A. Freedman, J. C. Cornman, and D. Carr, "Is spousal caregiving associated with enhanced well-being? New evidence from the Panel Study of Income Dynamics," The Journals of Gerontology, Series B: Psychological Sciences and Social Sciences, vol. 69, no. 6, pp. 861~869, 2014.

Waights, P. Bamidis, and R. Almeida, "Technologies for care-the imperative for upskilling," 2018. [Online]. Available: http://oro.open.ac.uk/55287/.

H. Greene and D. A. Hensher, Modeling ordered choices: A primer. Cambridge University Press, 2010.

J. Scholte op Reimer, R. J. de Haan, P. T. Rijnders, M. Limburg, and G. A. van den Bos, “The burden of caregiving in partners of long-term stroke survivors,” Stroke, vol. 29, no. 8, pp. 1605~1611, 1998.

Laing, Calculating a fair market price for care: A toolkit for residential and nursing homes. The Policy Press/Joseph Rowntree Foundation, 2008.

N. Leutz, “Immigration and the elderly: Foreign-born workers in long-term care,” Immigration Policy in Focus, vol. 5, no. 12, pp. 1~12, 2007.

World Health Organization, “Ensuring a human rights-based approach for older persons,” 2015. [Online]. Available: https://www.who.int/ageing/publications/human-rights-based-approach/en/.

World Health Organization, “Global age-friendly cities: A guide,” 2007. [Online]. Available: https://www.who.int/ageing/publications/Global_age_friendly_cities_Guide_English.pdf.

World Health Organization, “Integrated care for older people (ICOPE) implementation framework,” 2019. [Online]. Available: https://www.who.int/ageing/publications/ICOPE-handbook/en/.

World Health Organization, “Supporting informal caregivers of people living with dementia,” 2015. [Online]. Available: https://www.who.int/mental_health/neurology/dementia/Supporting_informal_caregivers_of_people_living_with_dementia.pdf.

World Health Organization, “World Report on Ageing and Health,” WHO Press, Geneva, 2015.

Peng, S. Song, S. Sullivan, Qiu J., and W. Wang, “Ageing, the urban-rural gap and disability trends: 19 years of experience in china - 1987 to 2006,” Plos One, vol. 5, no. 8, 2010.

Zheng et al., “Twenty-year trends in the prevalence of disability in China,” Bulletin of the World Health Organization, vol. 89, no. 11, pp. 788~797, 2011.

Arai, K. Kumamoto, M. Washio, T. Ueda, H. Miura, and K. Kudo, “Factors related to feelings of burden among caregivers looking after impaired elderly in Japan under the Long-Term Care insurance system,” Psychiatry and Clinical

Neurosciences, vol. 58, no. 4, pp. 396~402, 2004.

Arai, M. Sugiura, H. Miura, M. Washio, and K. Kudo, "Undue concern for others' opinions deters caregivers of impaired elderly from using public services in rural Japan," International Journal of Geriatric Psychiatry, vol. 15, no. 10, pp. 961~968, 2000.

Y. Arai, M. Sugiura, M. Washio, H. Miura, and K. Kudo, "Caregiver depression predicts early discontinuation of care for disabled elderly at home," Psychiatry and Clinical Neurosciences, vol. 55, no. 4, pp. 379~382, 2001.

Y. Chen and F. Sloan, "Explaining disability trends in the u.s. elderly and near-elderly population," Health Services Research, vol. 50, no. 5, pp. 1528~1549, 2015.

Y. Guo, T. Ge, and Q. Jiang, "Prevalence of self-care disability among older adults in China," BMC Geriatrics, vol. 22, no. 1, 2022.

Y. Hirakawa, M. Kuzuya, Y. Masuda, H. Enoki, and A. Iguchi, "Influence of diabetes mellitus on caregiver burden in home care: A report based on the Nagoya Longitudinal Study of the Frail Elderly (NLS-FE)," Geriatrics & Gerontology International, vol. 8, no. 1, pp. 41~47, 2008.

Y. K. Do, E. C. Norton, S. Stearns, and C. H. Van Houtven, "Informal care and caregiver's health," National Bureau of Economic Research, 2013.

Y. Liang, A. Welmer, R. Wang, A. Song, L. Fratiglioni, and C. Qiu, "Trends in incidence of disability in activities of daily living in Chinese older adults: 1993-2006," Journal of the American Geriatrics Society, vol. 65, no. 2, pp. 306~312, 2016.

Y. Tian, Y. Zhang, Y. Yan, H. Zhang, and X. Li, "The active aging level of the rural older adults with disability in China: A cross-sectional study," Frontiers in Public Health, vol. 11, 2023.

Y. Yu et al., "The experiences of informal caregivers of people with dementia in web-based psychoeducation programs: Systematic review and metasynthesis," JMIR Aging, vol. 6, p. e47152, 2023.

Y. Zeng, Q. Feng, T. Hesketh, K. Christensen, and J. Vaupel, "Survival, disabilities in activities of daily living, and physical and cognitive functioning among the oldest-old in China: A cohort study," The Lancet, vol. 389, no. 10079, pp. 1619~1629, 2017.

二、中文文献

曾毅、沈可:《中国老年人口多维度健康状况分析》,《中华预防医学杂志》2010 年第 2 期。

杜娟、徐薇、钱晨光:《失能老人家庭照料及家庭照顾者社会支持需求——基于北京市东城区的实证性研究》,《学习与探索》2014 年第 4 期。

杜鹏、武超:《中国老年人的生活自理能力状况与变化》,《人口研究》2006 年第 1 期。

杜鹏、尹尚菁:《中国老年人残疾与生活不能自理状况比较研究》,《残疾人研究》2011 年第 2 期。

顾大男、曾毅:《1992—2002 年中国老年人生活自理能力变化研究》,《人口与经济》2006 年第 4 期。

李强、刘海洋:《变迁中的职业声望——2009 年北京职业声望调查浅析》,《学术研究》2009 年第 12 期。

刘晶:《上海城市生活不能自理老人生活照料状况及意愿研究》,《西北人口》2001 年第 2 期。

刘群、吴荣琴、孙复林:《老年期痴呆患者照料者负担及其相关因素调查》,《上海精神医学》2009 年第 4 期。

潘金洪、帅友良等:《中国老年人口失能率及失能规模分析——基于第六次全国人口普查数据》,《南京人口管理干部学院学报》2012 年第 4 期。

任颉、许百华:《Henry Sauerman 的职业选择模型及其现实意义》,《人类工效学》2007 年第 1 期。

宋春玲:《我国老年长期护理人才需求预测与供给政策探析》,《中国民政》2013 年第 5 期。

王广州:《人口出生性别比变动的监测方法研究》,《中国人口科学》2010 年第 4 期。

王烈、杨小湜、候哲:《Zarit 护理者负担量表的初步应用与评价》,《中国公共卫生》2006 年第 8 期。

尹尚菁、杜鹏:《老年人长期照料需求现状及趋势研究》,《人口学刊》2012 年第 2 期。

张文娟、付敏:《长期护理保险制度中老年人的失能风险和照料时间——基于 Barthel 指数的分析》,《保险研究》2020 年第 5 期。

中国老龄科学研究中心课题组:《全国城乡失能老年人状况研究》,《残疾人研究》2011 年第 2 期。

王广州等:《山东农村养老保障现状与需求调查研究》,载于中国社会科学院人口与劳动经济研究所编:《中国人口年鉴》,中国社会出版社 2009 年版。

周国伟:《中国老年人自评自理能力:差异与发展》,《南方人口》2008 年第 1 期。

周云等:《中国老年人的照料需求与社会养老机构》,载于曾毅等:《老年人口家庭、健康与照料需求成本研究》,科学出版社 2010 年版。

中华人民共和国民政部编:《中国民政统计年鉴:中国社会服务统计资料》,中国社会出版社 2018 年版。

养老护理员职业认知状况调查

调查问卷编号：____________

调查地点：________________

尊敬的先生/女士：

您好！本调查主要为了了解大家对养老护理员职业情况的认知情况，希望您根据实际情况回答下面问题。如果对您生活和工作造成不便，我们非常抱歉，请您理解和支持我们的工作。您所提供的任何信息，在未获得您许可的前提下，我们绝对保密。调查人员接受过严格的培训，并严格遵守相关法律和规定。非常感谢您的支持和帮助！

山东工商学院课题组

2013 年 3 月

一、个人信息

1. 性别：

□男　　□女

2. 出生年月：

__________ 年 ___________ 月

3. 教育程度：

□未上过学　□小学　□初中　□高中 / 职业院校　□大专

□本科及以上

4. 您的居住地：

□城市　□城镇　□乡村

5. 婚姻状况：

□未婚　□初婚有偶　□再婚有偶　□离异　□丧偶

6. 您是否与父母 / 公婆 / 岳父母同住：

□是　□否

7. 您现在的职业：

____

8. 您过去一年的收入：

□ 5000 元及以下　□ 5001~9999 元　□ 10000~19999 元

□ 20000~29999 元　□ 30000~49999 元　□ 50000 元及以上

□无收入

二、对养老护理员职业的认知

1. 据您了解，您所在地区是否有养老院 / 福利院 / 老年公寓?

□有　□没有　□没听说过

2. 您了解养老护理员这个职业吗?

□非常了解　□比较了解　□基本不了解　□没听说过

3. 您知道养老护理员的工作内容有哪些?

□照顾老人日常生活　□急救护理　□给老人做基本体检

□陪老人聊天　□其他______________________

4. 您认为从事养老护理员需要参加相关培训和取得国家资格认证吗?

□需要　□不需要　□不清楚

5. 您认为从事老年人护理员工作需要哪些技能? （多选）

□一般护理技术　□急救技术　□人际沟通技能

□老年心理健康常识　□其他____________

6. 您认为养老护理员职业的地位怎么样?

□地位很高　□地位较高　□地位一般　□地位较低

□社会最低层

7. 您认为养老护理员的工作收入水平怎么样?

□很高　□较高　□一般　□较低　□很低

8. 您认为养老护理员工作压力大吗?

□非常大　□比较大　□一般　□不太大　□很轻松

9. 您认为养老护理员假期或休息状况如何?

□没有休息　□偶尔会放假休息　□经常会放假休息

□放假休息自己说了算

10. 您认为护理专业的学生所掌握的护理知识能满足从事养老护理员这个职业的要求吗?

□能满足　□基本满足　□不能满足　□不清楚

三、个人选择意愿

1. 如果时间充足，您是否愿意参加养老护理员的免费培训?

□非常愿意　□比较愿意　□一般　□不愿意　□非常不愿意

2. 如果时间充足，您愿意参加去养老院做义工护理老人的活动吗?

□非常愿意　□比较愿意□一般　□不愿意　□非常不愿意

3. 您是否会选择养老护理员作为您的职业?

□非常愿意【跳问 4~5】　□比较愿意【跳问 4~5】

□一般【跳问 4~5】　□不愿意　□非常不愿意

4. 您不愿意做养老护理员的原因是?

□已经有其他工作　□工作压力大　□不会相关技能

□不愿意伺候老人　□工资太低　□子女不愿意

□没听说过，不了解

5. 哪方面条件如果改善，您愿意选择做养老护理员?

□提高工资水平　□改善工作环境　□工作时间灵活

□提高社会地位　□政府政策改善

6. 如果选择做养老护理员，您愿意在哪里工作?

□附近农村养老院　□附近老年护理院　□本社区或相邻社区

□上门服务

7. 如果做养老护理员，您喜欢什么样的工作方式?

□由家政公司安排　□自己上门服务　□养老院　□社区服务中心

8. 您希望的工作形式是：

□全职　□兼职

9. 您期望的月工资水平（元 / 月）是：

□ 1000 元及以下　□ 1000~1499 元　□ 1500~1999 元

□ 2000~2499 元　□ 2500~3499 元　□ 3500 元及以上

10. 您期望接受哪些关于老年护理的相关培训？

□清洁卫生，睡眠照料，饮食照料的知识、方法和技巧

□给药、观察、消毒、冷热应用、急救、常见病护理等护理知识

□肢体康复

□老年人的心理特征，观察老人日常生活中的心理变化及疏导技巧

□与老人沟通、协调及情绪疏导的具体方法

□临终关怀技巧

□其他（请注明）

11. 对于现在的老年护理专业教育，您有什么建议或意见？

____

____

问卷到此结束，非常感谢您的参与！

老年家庭照护者状况调查

尊敬的先生/女士：

您好！

本调查主要为了了解您照顾生活半自理或不能自理老人的情况，为获得准确数据，希望您根据实际情况回答下面问题。如果对您生活和工作造成不便，我们非常抱歉，请您理解和支持我们的工作。

根据《中华人民共和国统计法》第三章第二十八条，您所提供的任何信息，在未获得您许可的前提下，我们绝对保密。调查人员接受过严格的培训，了解《中华人民共和国统计法》的相关内容，并严格遵守相关法律和规定。

非常感谢您的支持和帮助！

山东工商学院课题组

2022 年 12 月

一、基本情况

1. 性别：

□男　　□女

2. 民族：

□汉族　□回族　□壮族　□瑶族

□朝鲜族　□满族　□蒙古族　□其他

3. 您的年龄（周岁）：

____

3.1 您的生育属相：

□鼠 □牛 □虎 □兔 □龙 □蛇

□马 □羊 □猴 □鸡 □狗 □猪

4. 您的居住地：

□城市 □城镇 □乡村

5. 您的文化程度：

□未上过学 □小学未毕业 □小学 □初中

□高中 / 职高 / 中专 □大专及以上

6. 与您同住的有多少人？（不包括您本人）

____

请列出与您一起居住的住户成员的情况。（如不知年龄，填 888）

序号	关系	性别	年龄	受教育程度	婚姻状况
1					
2					
3					
4					
5					
6					
7					
8					
9					
10					
11					

与被访家庭照护者的关系：

①配偶 ②子女 ③子女配偶 ④孙子女 ⑤孙子女配偶

⑥重孙子女 ⑦兄弟姐妹 ⑧父母或岳父母或公婆 ⑨其他（请注明）

性别：①男 ②女

受教育程度：

①未上过学 ②小学未毕业 ③小学 ④初中 ⑤高中 ⑥大专及以上

婚姻状况：

①未婚 ②初婚有偶 ③再婚有偶 ④离异 ⑤丧偶

7. 您的职业：

□专业技术人员 / 医生 / 教师　　□行政管理

□一般职员 / 服务人员 / 工人　　□自由职业者

□农民　　□家务劳动　　□军人　　□无业人员

□其他（请注明）

8. 过去一周，您平均每天从事下列活动的时间大约有几小时？

活动类型	时间（小时）	活动类型	时间（小时）
a. 照料老人		f. 睡眠	
b. 工作或下地干活		g. 打牌、下棋、打麻将	
c. 做家务		h. 散步或参加体育锻炼	
d. 看电视/听广播		i. 串门/闲聊/走亲访友	
e. 读书看报		j. 其他重要活动	

9. 您的家庭月收入：

□ 1000 元以下　　□ 1000~1999 元　　□ 2000~2999 元

□ 3000~4999 元　　□ 5000~9999 元　　□ 10000 元及以上

10. 您个人月收入：

□ 1000 元以下　　□ 1000~1999 元　　□ 2000~2999 元

□ 3000~4999 元　　□ 5000~9999 元　　□ 10000 元及以上

11. 您的健康状况：

□很好　　□较好　　□一般　　□不好　　□很不好

12. 您是否有慢性病：

□有　　□没有　　□不知道

二、被照料老人基本情况

1. 老人的生活自理能力：

□能够自理　　□半卧床状态　　□卧床状态

1.1 如果处于半卧床或卧床状态，开始时间是：

______年____月

2. 您与接受照料的老人关系：

□配偶　□子女　□子女配偶　□孙子女　□孙子女配偶

□重孙子女　□兄弟姐妹　□父母或岳父母　□其他（请注明）

3. 您护理和照料老人已经有多长时间？

□少于 1 个月　□ 1~4 个月　□ 4~8 个月

□ 9~12 个月　□ 1~3 年　□ 3 年以上

4. 与您一起照料老人的人数（包括轮流照料）：

□没有　□ 1 人　□ 2 人　□ 3 人　□ 3 人以上

5. 您现在是不是只做护理和照料老人工作？

□是　□否

6. 您在生活上是否需要帮助？

□一点也不需要　□偶尔需要　□常常需要　□总是需要

7. 您在做家务上是否需要帮助？

□一点也不需要　□偶尔需要　□常常需要　□总是需要

8. 您在健康问题是否需要帮助？

□一点也不需要　□偶尔需要　□常常需要　□总是需要

9. 您在交通上是否需要帮助？

□一点也不需要　□偶尔需要　□常常需要　□总是需要

三、请在以下各问题中您认为最合适的答案前面打钩

1. 您是否认为，您所照料的老人会向您提出过多的照顾要求？

□没有 0　□偶尔 1　□有时 2　□经常 3　□总是 4

2. 您是否认为，由于护理老人而使自己的时间不够？

□没有 0　□偶尔 1　□有时 2　□经常 3　□总是 4

3. 您是否认为，在照料老人的同时努力做好家务及工作会有压力？

□没有 0　□偶尔 1　□有时 2　□经常 3　□总是 4

4. 您是否会因老人的行为而感到为难？

□没有 0　□偶尔 1　□有时 2　□经常 3　□总是 4

5. 您是否会因为有老人在身边而感到烦恼？

□没有 0 □偶尔 1 □有时 2 □经常 3 □总是 4

6. 您是否认为，您的老人已影响到您和您的家人与朋友间的关系？

□没有 0 □偶尔 1 □有时 2 □经常 3 □总是 4

7. 您对老人的将来感到担心吗？

□没有 0 □偶尔 1 □有时 2 □经常 3 □总是 4

8. 您是否认为，老人依赖于您？

□没有 0 □偶尔 1 □有时 2 □经常 3 □总是 4

9. 当老人在您身边时，您感到紧张吗？

□没有 0 □偶尔 1 □有时 2 □经常 3 □总是 4

10. 您是否认为，由于护理老人，您的健康受到影响？

□没有 0 □偶尔 1 □有时 2 □经常 3 □总是 4

11. 您是否认为，由于护理老人，您没有时间办自己的私事？

□没有 0 □偶尔 1 □有时 2 □经常 3 □总是 4

12. 您是否认为，由于护理老人，您的社会交往受到影响？

□没有 0 □偶尔 1 □有时 2 □经常 3 □总是 4

13. 您有没有因为老人在家而放弃请朋友来家的想法？

□没有 0 □偶尔 1 □有时 2 □经常 3 □总是 4

14. 您是否认为，老人只期盼着您的照料，您好像是他 / 她唯一可依赖的人？

□没有 0 □偶尔 1 □有时 2 □经常 3 □总是 4

15. 您是否认为，除去您的生活花费，您没有余钱用于护理老人？

□没有 0 □偶尔 1 □有时 2 □经常 3 □总是 4

16. 您是否认为，您有可能花更多的时间护理老人？

□没有 0 □偶尔 1 □有时 2 □经常 3 □总是 4

17. 您是否认为，自从护理老人以来，按照自己的意愿生活已经不可能了？

□没有 0 □偶尔 1 □有时 2 □经常 3 □总是 4

18. 您是否希望把老人留给别人照料？

□没有 0 □偶尔 1 □有时 2 □经常 3 □总是 4

19. 您对老人有不知如何是好的情形吗?

□没有 0　□偶尔 1　□有时 2　□经常 3　□总是 4

20. 您认为应该为老人做更多的事情吗?

□没有 0　□偶尔 1　□有时 2　□经常 3　□总是 4

21. 您认为在护理老人上您能做得更好吗?

□没有 0　□偶尔 1　□有时 2　□经常 3　□总是 4

22. 您怎样评价自己在护理老人中承受的压力?

□没有 0　□偶尔 1　□有时 2　□经常 3　□总是 4

四、个人感觉及期望

1. 目前照顾老人的方法与技巧，您是从哪里获得的?

□没有学过　□医院护理人员　□亲戚朋友告知

□自己摸索　□社区卫生服务人员　□其他（请注明）

2. 为了更好地照顾老人，您觉得还需要学习哪些方面的知识和技能?

□清洁卫生，睡眠照料，饮食照料的知识、方法和技巧

□给药、观察、消毒、冷热应用、急救、常见病护理等护理知识

□肢体康复

□老年人的心理特征，观察老人日常生活中的心理变化及疏导技巧

□与老人沟通、协调及情绪疏导的具体方法步骤

□临终关怀技巧

□其他（请注明）

3. 您是否希望他人来帮助您照料老人 1 天，使您有时间来做别的事情?

□非常希望　□比较希望　□一般

□不希望　□用不着

4. 您认为政府应该出台哪些政策减轻您的负担?

□为老人提供日常生活照料　□给老人提供补贴

□完善社区上门照料服务　□减免老人医疗费用

□给予照料老人带薪假期（如每月 2 天）　□提供照料老人的培训

□其他（请注明）

5. 您对目前养老院（老年公寓、敬老院）的了解程度如何?

□非常了解　□比较了解　□一般　□不太了解

□完全不了解

6. 您是否愿意（现在或将来）将老人送到养老院?

□非常愿意【跳问 7】　□比较愿意【跳问 7】

□说不上来　□不太愿意　□不愿意

序号	D6-1 您不愿意将老人送到养老院的原因?	D6-2 如果该项条件改善了，您是否愿意将老人送到养老院?
a. 子女们不同意	□是　□否	□是　□否
b. 怕被人家说	□是　□否	□是　□否
c. 老人不自由	□是　□否	□是　□否
d. 收费标准高	□是　□否	□是　□否
e. 服务质量差	□是　□否	□是　□否
f. 居住环境差	□是　□否	□是　□否
g. 其他（请注明）	□是　□否	□是　□否

7. 根据您的经济状况，您每个月最多能支付给养老院多少钱?

________元

8. 您对目前养老院的总体印象如何?

□好　□较好　□一般　□较差　□很差